Über dieses Buch

»Wenn jemand sich mit mir beschäftigen will, soll er meine Werke ansehen«, hat Paul Hindemith geschrieben. Sein vielseitiges, umfangreiches Werk, das nicht nur im Nationalsozialismus Anfeindungen ausgesetzt war, zeigt Hindemith als einen Komponisten, der, von Kritik unbeeinflußt, stets seiner eigenen Auffassung gefolgt ist.
In Briefen ist er sparsam mit Äußerungen über sich selbst, und doch ergibt sich aus seiner Korrespondenz ein deutliches Bild seiner Persönlichkeit. Nicht selten verbirgt sich diese Persönlichkeit mit allen ihren Schwierigkeiten hinter der Maske subtilen Humors. Seine Gabe des humorvollen Schilderns macht auch den Reiz vieler Briefe – vor allem der Berichte an seine Frau von langen Amerika-Reisen – aus. Zu Fragen der Kunst, der Neuen Musik, für die er sich engagiert eingesetzt hat, zu seiner eigenen Komponierpraxis enthalten die Briefe entschiedene Stellungnahmen, vor allem in der Korrespondenz mit Willy Strecker, dem Leiter des Schott-Verlages.
Folgende Bände mit Briefen berühmter Komponisten sind bisher erschienen: Brahms, herausgegeben von Hans Gal (Bd. 2139); Mozart, herausgegeben von Albrecht Goes (Bd. 2140); Verdi, herausgegeben von Hans Busch (Bd. 2141).

Der Herausgeber

Dieter Rexroth wurde 1941 in Dresden geboren. Er studierte Musikwissenschaft, Germanistik und Philosophie in Bonn und Wien und promovierte in Bonn mit einer Arbeit über ›Arnold Schönberg als Theoretiker der tonalen Harmonik‹. Danach musikjournalistische Arbeiten für Rundfunkanstalten und Zeitschriften. Seit 1972 bei der Hindemith-Stiftung und Leiter des Paul-Hindemith-Instituts in Frankfurt/Main. Wissenschaftliche Veröffentlichungen über Liszt, Wagner, Mahler, Schönberg u.a., Werkmonographien zu Beethovens 9. Symphonie und Mozarts ›Eine kleine Nachtmusik‹.

Paul Hindemith
Briefe

Herausgegeben von
Dieter Rexroth

Fischer Taschenbuch Verlag

Originalausgabe
Fischer Taschenbuch 2146
Mai 1982

Lektorat: Corinna Fiedler
Umschlaggestaltung: Jan Buchholz / Reni Hinsch
Gesamtherstellung: Hanseatische Druckanstalt GmbH, Hamburg
Printed in Germany 1982
1280-ISBN-3-596-22146-3

Inhalt

Vorwort

1922 erschien in der ›Neuen Musikzeitung‹ das Selbstporträt eines Komponisten, der im Jahr zuvor die Musikwelt in Staunen versetzt hatte und nun auf dem Wege war, die Musikszene der Zwanziger Jahre in Deutschland entscheidend mitzuprägen.

»Ich bin 1895 zu Hanau geboren. Seit meinem 12. Jahre Musikstudium. Habe als Geiger, Bratscher, Klavierspieler oder Schlagzeuger folgende musikalische Gebiete ›beackert‹: Kammermusik aller Art, Kino, Kaffeehaus, Tanzmusik, Operette, Jazz-Band, Militärmusik. Seit 1916 bin ich Konzertmeister der Frankfurter Oper. Als Komponist habe ich meist Stücke geschrieben, die mir nicht mehr gefallen: Kammermusik in den verschiedensten Besetzungen, Lieder und Klaviersachen. Auch drei einaktige Opern, die wahrscheinlich die einzigen bleiben werden, da infolge der fortwährenden Preissteigerungen auf dem Notenpapiermarkt nur noch kleine Partituren geschrieben werden können.

Analysen meiner Werke kann ich nicht geben, weil ich nicht weiß, wie ich mit wenigen Worten ein Musikstück erklären soll (ich schreibe lieber ein neues in dieser Zeit). Außerdem glaube ich, daß meine Sachen für die Leute mit Ohren wirklich leicht zu erfassen sind, eine Analyse also überflüssig ist. Den Leuten ohne Ohren ist ja auch mit solchen Eselsbrücken nicht zu helfen. Einzelne Themen schreibe ich auch nicht auf, sie geben stets ein falsches Bild.«

Im siebenundzwanzigsten Lebensjahr stand Paul Hindemith, als er diese Sätze über sich niederschrieb. Die lapidare Knappheit, verbunden mit forschem Tonfall, ist bezeichnend für ihn. Daraus spricht ein Typus von Künstler, dem die bekenntnishafte Selbstdarstellung und das Ausbreiten der eigenen Bewußtseins- und Stimmungslage, wie es den »romantischen« Künstlern im 19. Jahrhundert Bedürfnis war, fremd sind. Hindemith setzt auf Sachlichkeit. Die Mitteilungen gelten äußeren Dingen, zeichnen Stationen nach; wo Erklärungen oder Selbstanalysen von ihm erwartet werden, da wehrt er ab. Seine Sache ist die Musik, und die versteht er als eine Angelegenheit wie jede andere berufliche Arbeit auch.

Die künstlerische Arbeit wird nicht als etwas Besonderes oder gar Überirdisches angesehen, sondern in den Zusammenhang der Alltagswelt und deren ökonomischer Bedingungen gestellt. Hindemith macht und versteht Musik, wie der Schneider einen Anzug macht oder der Architekt ein Haus baut. Nur dies auch kann und darf die Öffentlichkeit interessieren. Die private Seite des Lebens eines Komponisten ist für ihn nicht nur nebensächlich, sie wird auch der Öffentlichkeit vorenthalten. Sie hat mit der Musik selbst, um die es nur gehen kann, nichts zu tun.

Was also über Hindemith zu sagen wäre, das steht, wie er selbst sagt, in seinem Werk: »Wenn sich jemand mit mir beschäftigen will, soll er meine Werke ansehen.« Trotzdem kommt auch in seinem Fall den Briefen, die er geschrieben und hinterlassen hat, ein bedeutender Stellenwert zu. Sie vermitteln auf eine ganz andere Weise als seine Musik oder Zeugnisse von Zeitgenossen etwas von seiner Persönlichkeit, und aus ihnen gewinnt die Biographie konkrete Kontur.

Deutlichkeit und Umfang des so gewonnenen Bildes hängen freilich von dem verfügbaren Briefmaterial ab. Soweit sich sehen läßt, hat Hindemith eine rege Korrespondenz geführt. Doch viele Briefe sind verloren gegangen oder befinden sich in unbekanntem Privatbesitz. Nicht mehr erhalten sind die an die Familie gerichteten Briefe aus den frühen Ferienaufenthalten in der Schweiz und auch die Briefe an die Mutter aus den Kriegsjahren 1917/18. Sie sind zusammen mit anderen wichtigen Dokumenten 1944 bei der Zerstörung des »Kuhhirtenturms«, den Hindemith auch nach seinem Weggang aus Frankfurt weiter gemietet hatte, vernichtet worden.

In der zweiten Lebenshälfte erledigte seine Frau Gertrud einen erheblichen Teil seiner Korrespondenz. Diese Praxis begann schon sehr früh, bereits in den Zwanziger Jahren, als Hindemith viel auf Konzertreisen unterwegs war. Gertrud Hindemiths Teilnahme an der Arbeit ihres Mannes machte sie schließlich zur unentbehrlichen und unersetzlichen Gesprächspartnerin auch in künstlerischen Fragen und zur »Beraterin« bei Projekten, die der Komponist zusammen mit Dichtern und Schriftstellern verfolgte. Das gilt bereits für die Zusammenarbeit mit Gottfried Benn, deren Ergebnis das Oratorium ›Das Unaufhörliche‹ war. Ganz entscheidend war sie schließlich darum bemüht, den Kontakt zu französischen

Künstlern wie Jean Cocteau oder Paul Claudel im Interesse einer musikalisch-literarischen Gemeinschaftsproduktion zu pflegen. Die Korrespondenz mit diesen Künstlern lag ausschließlich in ihren Händen. Hindemiths Ausdrucksschwierigkeiten im Französischen gaben dazu wohl in erster Linie Anlaß. Doch bleibt auch unübersehbar, daß einerseits die außerordentlich starke Belastung durch die ausgedehnte Lehr- und Konzerttätigkeit in den Fünfziger Jahren und andererseits das Bedürfnis nach Ruhe und Konzentration bei der zunehmenden Verschlechterung seines Gesundheitszustandes Hindemith dazu zwangen, das Briefeschreiben zu delegieren.

Freilich waren Briefe für ihn auch nur selten dazu da, Persönliches mitzuteilen. Im allgemeinen dienten sie der Regelung »geschäftlicher« Dinge. So geht es in dem umfangreichen, die Jahre 1919 bis 1963 umspannenden Briefwechsel mit dem Mainzer Schott-Verlag immer wieder um die Probleme, die im Zusammenhang mit neu komponierten Werken, mit deren Drucklegung und Aufführungen anfielen. Der Ton in diesen Briefen, meist an den Verleger-Freund Willy Strecker geschrieben, ist gelöst und freundschaftlich, ohne daß man den Eindruck gewänne, hier würden auch einmal Versuche gemacht, private Sorgen und persönliche Probleme anzusprechen. Solche Dinge rangieren am Rande und werden, wenn sie aufgrund der bedrückenden Zeitverhältnisse unumgänglich sind, in eine oft floskelhaft konventionelle und bündige Form verpackt. Man kann durchaus annehmen, daß Hindemith ganz bewußt seine Mitteilungen von Persönlichem freihalten wollte. Ausnahmen freilich gibt es, wie beispielsweise den Brief vom 15. Juli 1946 an Willy Strecker. Hier äußert sich in Hindemiths Darlegung seiner Position im Musikleben der Nachkriegszeit eine innere Bewegtheit und Spannung, die diesem Brief eine ganz eigene Bedeutung und Gewichtigkeit innerhalb der gesamten Korrespondenz verleihen.

Nahezu vergeblich sucht man in Hindemiths Briefen nach Äußerungen zu Fragen der Kunst, der »Neuen Musik« und seiner eigenen Komponierpraxis und Musikauffassung. Wenn solche Probleme angesprochen werden, dann äußerst knapp zusammengefaßt und als gebündelte Antwort auf Anfragen, Vorschläge oder Vorstellungen, die vom Verlagshaus an ihn herangetragen wurden. Dazu zählen seine Reaktion vom 11. April 1920 auf die Irritationen, die ihm die Verleger angesichts seiner neuen Kompositionen eingestanden hatten, und die Korrespondenzen, die in Verbindung mit den Opernplänen und den Schwierigkeiten stehen, geeignete Libretti oder Textdichter zu finden. Doch auch bei diesem Thema finden wir Ausnahmen: vor allem die Briefe an den Wiener Musiktheoretiker Heinrich Schenker oder an den Kollegen Gian Francesco Malipiero. Beide Dokumente überraschen durch die Offenheit, mit der Hindemith sich zu seiner Musikauffassung bekennt oder auch seinen negativen Eindruck von einem Werk des Adressaten durch Argumente zu begründen versucht.

Einen wieder ganz anderen Stil repräsentieren die frühen Briefe aus den Jahren zwischen 1913 und 1918. Empfänger sind das von den Ferienaufenthalten her bekannte Ehepaar Dr. Weber in Aarau in der Schweiz, die Klavierpartnerin und Freundin Irene Hendorf in Mainz und Emmy Ronnefeldt in Frankfurt am Main, in deren Elternhaus die Brüder Paul und Rudolf Hindemith in den Kriegsjahren versorgt wurden. Diese Brieffolgen – leider die einzigen erhalten gebliebenen aus den Jugendjahren – sind geschrieben in einer entscheidend wichtigen Lebensphase, nämlich in einer Zeit, als für Hindemith die Bestimmung zum Musiker und schließlich Komponisten Gewißheit wurde und das eigene Innere in diesem Prozeß starken Spannungen unterlag. In diesen Briefen wird Persönliches unverstellt offengelegt. Sie sprechen von Bedürfnissen, vermitteln wechselnde und konträre Stimmungen und lassen in bekenntnishaften Äußerungen eine idealistisch-expressionistische Musikauffassung hervortreten, die ihren Niederschlag auch in musikalischen Werken dieser Zeit gefunden hat, so in den Drei Gesängen für Sopran und Orchester op. 9 oder in dem Zyklus ›Melancholie‹ op. 13 für Altstimme und Streichquartett und den Whitman-Gesängen op. 14 für Bariton und Klavier. Der expressionistische »Ton« dieser Musik wirkt aus der Sicht der heute gängigen Hindemith-Rezeption befremdend.

Der Zug von Selbstoffenbarung in diesen frühen brieflichen Äußerungen mag auch damit zusammenhängen, daß Hindemith in den Gesprächspartnern Freunde und Freundinnen sah – Menschen, denen er sich nahe und vertraut fühlte. In diesen Briefen wird nichts zurückgedrängt, weder die schlechte Laune noch die ausgesprochene Sucht nach dem Musizieren, aus der schon in diesen frühen Jahren ein Arbeitsdruck resultierte, der auch später zum beständigsten Begleiter in Hindemiths Leben gehörte. Freimütig und unmittelbar äußert sich Hindemith, und so hindert ihn in dem Brief von Pfingsten 1916 an Dr. Weber auch nichts daran, den Bericht vom Tod des Vaters abzubrechen und unvermittelt überzuwechseln zu eher heiteren Angelegenheiten. Hier wird ein Charaktermoment sichtbar, dessen prägende Funktion auch in der Gestalt- und Ausdrucksgebung seiner Musik wahrnehmbar ist, denken wie an die »Doppelwelt« in seinen Werken um 1920, etwa an die berühmte 1. Kammermusik op. 24 oder an die Klaviersuite von 1922, wo die stillen und melancholischen »Nachtstücke« umgeben sind von Sätzen, deren lärmendes Auftrumpfen die laute Banalität des Alltags wiedergibt und die oberflächliche Sucht nach dem Genuß des Augenblicks und dem modisch-letzten Schrei widerspiegelt.

In Hindemiths frühen Briefen wird diese Zweiseitigkeit der Orientierung nach draußen, nach dem Ereignishaften in der ihm begegnenden Welt einerseits und nach dem Inneren andererseits, dem Bereich, wo Selbstgewißheit ihren Halt sucht, immer wieder deutlich. Nach 1920 verlieren seine Briefe diesen Zug, der so viel Charakteristisches klar hervortreten ließ. Vom Inneren wird immer weniger preisgegeben. Was zur Sprache kommt, sind Fakten, Ereignisse, also äußere Dinge; oder es sind klar umrissene Vorstellungen und Urteile. Und die Art, wie diese formuliert werden, läßt auf Selbstbewußtsein schließen. Das Inhaltsspektrum der Briefe ist um den Bereich der inneren Probleme und Auseinandersetzungen verkleinert. Was aber beibehalten ist, ist das direkte Ansprechen des Gegenübers, die Vermeidung einer konventionellen Form. Trotzdem finden sich unter Hindemiths Briefen keine Beispiele, die ein wirklich freundschaftliches Verhältnis erkennen ließen. Den Freund, den Vertrauten suchen wir in Hindemiths Leben vergebens. Es gab ihn einmal im Ersten Weltkrieg: Karl Köhler hieß er. Er fiel und hinterließ in Hindemith ein Verlustgefühl, das er nur sich selbst gegenüber einzugestehen vermochte. In seinen Briefen wird der Fall nicht erwähnt; er bleibt dem Tagebuch vorbehalten, und in Erinnerung an den verlorenen Freund wird nach dem Krieg in Frankfurt der Zyklus ›Melancholie‹ nach Christian Morgenstern fertig komponiert, doch nie zu Lebzeiten veröffentlicht. Der Verlust des Freundes wird gegenüber der »Welt« ebenso verborgen gehalten, wie Hindemith seine innere Einsamkeit abzudecken versteht. Ganz unsichtbar freilich bleibt diese Einsamkeit nicht. Cardillac, Mathis und Kepler – Hindemiths Opernfiguren, in deren Prägung seine innere Biographie eingeflossen ist – tragen an ihr. Und sie wird auch greifbar in der spürbaren Distanz zu seinen Partnern, die Hindemith wahrt, indem er sich an die sachliche Mitteilung und eine geradlinige Form der Verständigung hält. Doch der darin enthaltenen Gefahr einer Befremdung auf seiten des Partners weiß Hindemith als Briefschreiber auf eine ihm eigene Art zu begegnen. Geradezu virtuos und zugleich wie selbstverständlich bringt er immer wieder witzige Pointen an, treibt Wortspiele und präzisiert seine Darstellung zu lebendigen Bildeindrücken. Seine Briefe wirken deshalb nie unpersönlich, denn sie lassen etwas für ihn Charakteristisches deutlich hervortreten: seine auf »Verfremdung« und spielerische Verwandlungen hin angelegte Art des Umgangs. Aus der Anrede Licco Amars, des Quartettkollegen, beispielsweise wird einmal »Liquot«, das andere Mal »Liquör«, wie er denn auch innerhalb der brieflichen Mitteilungen mitunter den Gedanken und Formulierungen assoziativ freien Lauf läßt. Wie wichtig dieses Moment der »Verfremdung« bis hin zur Verkleidung und Verwandlung ist, belegen auf eindrucksvolle Art die Briefe an Gertrud Hindemith. Die beiden Ehepartner tragen darin exotische Phantasienamen, und mitunter tauchen Ausdrücke auf, die einer nur ihnen vertrauten Geheimsprache anzugehören scheinen. Wir finden diese Neigung Hindemiths noch in einem anderen Bereich, in den er mitunter eintauchte: in seinen zahlreichen Zeichnungen. Hier treffen wir auf sehr eigenartige Verfremdungsformen menschlicher Gestalten, stoßen auf phantastische Fabelwelten, die eigentlich immer wie Reflexe von Wirklichkeitserfahrungen anmuten und doch in ihrer scharfen und sehr detailgenauen Präzisierung der Verfremdungen ein Eigengewicht der Bildrealitäten vermitteln.

Ähnliches läßt sich von manchen seiner Briefe sagen. Was Hindemith mitunter zu erzählen hat, gewinnt oft die Qualität einer ganz eigenen, einer erzählten Wirklichkeit, die sich von

der tatsächlichen Wirklichkeit abzuheben scheint. Freilich ist dies nicht in dem Sinne zu verstehen, daß die Dinge unwahr wären. Was Hindemiths Erzählweise auszeichnet, ist ihre Plastizität und Dichte, ihre farbige Bildhaftigkeit, wodurch gleichsam im Gegenzug zu dem Bestreben, das »Ich« draußen zu lassen, zu verstecken, die Subjektivität des Schreibenden sich mitteilt. Beispiele dafür bieten schon die Feldpostberichte aus den Jahren 1917/18 oder die Schilderung der befremdlichen Situation in der Heimatstadt Frankfurt (am 23. Juli 1918 an Irene Hendorf). Besonders ausgeprägt begegnet uns diese Darstellungsweise in den Briefen an Gertrud, und hier wieder vor allem in den Briefen, die Hindemith auf seinen drei Reisen in die USA 1937, 1938 und 1939 an seine Frau geschrieben hat. Diese »Reise«-Briefe nehmen innerhalb seiner Korrespondenz eine besondere Stellung ein. Sie bilden eine Art Tagebuch und vermitteln in diesem Sinne gleichsam lückenlos Reise- und Tourneeprogramme, Begegnungen und Vorfälle. Hindemiths Berichte halten sich an Tatsachen, an Geschehnisse. Doch deren Schilderungen geraten immer wieder so lebendig und anschaulich, daß sie zugleich sehr charakteristische Züge der Person des Briefschreibers hervortreten lassen.
Mit diesem Band werden zum ersten Mal Briefe von Paul Hindemith in einer größeren und die gesamte Lebensspanne umfassenden Auswahl der interessierten Öffentlichkeit zugänglich gemacht. Es sind darin entschieden weniger Briefe aus der Zeit nach 1945 vertreten als aus den Jahren vor dem Krieg. Ein Grund dafür ist, daß Gertrud Hindemith einen großen Teil der Korrespondenz übernommen hat. Hinzu kommt, daß Hindemiths spätere Briefe im Vergleich zu denen der früheren Jahre immer knapper ausfallen und sich auf sachliche Mitteilungen beschränken. Den Briefstil, den Hindemith lange Zeit gepflegt hatte, legte er in seinen späteren Jahren fast gänzlich ab. Bereits publiziert – in den vom Frankfurter Paul-Hindemith-Institut herausgegebenen Hindemith-Jahrbüchern – wurden lediglich die Briefe an Emmy Ronnefeldt und ihre Eltern in Frankfurt aus den Kriegsjahren 1917/18 und die Briefe von der ersten Amerika-Reise im Frühjahr 1937 an Gertrud Hindemith. Außerdem liegt, herausgegeben von Ann Clark Fehn, der gesamte Briefwechsel zwischen Gottfried Benn und Paul Hindemith vor (Limes Verlag, München/Wiesbaden 1978). Für die freundliche Ge-

nehmigung zum Abdruck der in diesem Band enthaltenen Briefe sei der Hindemith-Stiftung, Vevey, und dem Schott-Verlag, Mainz, in deren Besitz sich die Originaldokumente befinden, gedankt.

Von ganz wenigen Ausnahmen abgesehen, sind die vorgelegten Briefe ungekürzt wiedergegeben. Wo Kürzungen vorgenommen wurden, da handelt es sich um Mitteilungen, die sich auf Fehler im Notenstich oder auf die Zusammenstellung von gegenseitigen Sendungen beziehen. Die Ausführlichkeit solcher Briefinhalte machte Kürzungen erforderlich. Bedauerlich ist, daß die Briefe an Emmy Ronnefeldt sich nur in gekürzten Abschriften erhalten haben. Die Vorenthaltungen scheinen allerdings nur geringfügig zu sein.

Die Auslassungen sind mit [...] markiert. Bei undatierten Briefen wurde das Jahr bzw. das genauere Datum in eckigen Klammern vermerkt. Hindemiths Orthographie und Zeichensetzung entspricht im allgemeinen der modernen Schreibweise. Das von ihm durchgehend angewendete ss für ß wurde unserer heutigen Gepflogenheit angepaßt. Flüchtigkeitsfehler wurden stillschweigend berichtigt.

Biographische Skizze

Paul Hindemith wurde am 16. November 1895 in Hanau am Main geboren. Die Verhältnisse, in denen er zusammen mit den jüngeren Geschwistern Toni und Rudolf aufwuchs, waren bescheiden. Die Vorfahren lebten in Schlesien. Der Vater Rudolph, 1870 in Naumburg am Queis geboren, war als junger Mann nach Hessen gekommen und hatte in Hanau die zwei Jahre ältere Marie Sophie Warnecke geheiratet. Er war Weißbinder und ein großer Musikliebhaber, der in seiner Freizeit die Zither spielte. Nach verschiedenen Zwischenstationen zog die Familie 1905 nach Frankfurt am Main. Als Zehnjähriger erhielt Paul bei Anna Hegner erstmals geregelten Violinunterricht. Nach dem Volksschulabschluß nahm ihn Adolph Rebner dann 1908 in seine Violinklasse an Dr. Hoch's Konservatorium auf. Die Ausbildung war zunächst ganz auf das Geigenspiel hin angelegt. Erst 1912 kamen Studien in Kontrapunkt und Komposition bei Arnold Mendelssohn hinzu. 1913 wurde Hindemith Schüler von Bernhard Sekles, dessen erfahrener und umsichtiger Anleitung er das technische Rüstzeug des Komponisten verdankt. Als Zwanzigjähriger wurde er schließlich 1915 als Konzertmeister an das Orchester der Frankfurter Oper verpflichtet. Bereits im Sommer 1913 hatte er sein erstes professionelles Engagement erhalten. Als Mitglied eines Kurorchesters verbrachte er die Ferien auf dem Bürgenstock oberhalb des Vierwaldstädter Sees. Im Jahr darauf war er wieder in der Schweiz tätig, diesmal im appenzellischen Heiden.
Der Vater Hindemiths zog 1914 begeistert in den Krieg. Er fiel im folgenden Jahr. Zusammen mit der Mutter sorgte Paul in schwieriger Zeit für den Unterhalt der Familie. Im August 1917 wurde er selbst eingezogen. Anfang 1918 mußte er Frankfurt verlassen. Er kam zu einer Militärkapelle und stieß auf einen musikbegeisterten Vorgesetzten seines Regiments. Die ersten wichtigen und für seinen Weg als Komponist entscheidenden Werke entstanden in dieser Zeit: die drei Gesänge für Sopran und Orchester op. 9, das Streichquartett op. 10, die Sonaten für Violine und Klavier op. 11. Unmittelbar nach Kriegsende begann bei Hindemith eine Phase starker

äußerer und innerer Aktivität. Entscheidende Ereignisse fallen ins Jahr 1921: die Uraufführung der Operneinakter ›Mörder, Hoffnung der Frauen‹ (nach Oskar Kokoschka) und ›Das Nusch-Nuschi‹ (nach Franz Blei) in Stuttgart und die Aufführung des 2. Streichquartetts op. 16 bei den Tagen für zeitgenössische Kammermusik in Donaueschingen. Diesem Forum der jungen Komponistengeneration blieb Hindemith in den folgenden Jahren eng verbunden; 1923 wurde er Mitglied des Programmausschusses. Die maßgeblichen Impulse gingen in Donaueschingen wie auch später von 1927 bis 1929 in Baden-Baden von ihm aus. Auch wenn seine kompositorische Arbeit in den frühen zwanziger Jahren immer mehr Raum einnahm, gab Hindemith das praktische Musizieren nicht auf. Den Dienst als Orchestergeiger quittierte er zwar. Doch, schon von jeher geübt als Quartettspieler, gründete er 1922 das Amar-Quartett mit Licco Amar als Primgeiger. Über Jahre hinweg war dieses Ensemble ein wichtiger Anwalt der Neuen Musik. Sein Ruf war ausgezeichnet; das Repertoire, dem man sich widmete, muß exemplarisch und das Interpretationsniveau hervorragend genannt werden.

Wichtige Werke entstanden in den frühen und mittleren Zwanziger Jahren, so der bedeutende Liederzyklus ›Das Marienleben‹ nach Rainer Maria Rilke, das 3. und 4. Streichquartett op. 22 und 32 und die Reihe der sogenannten »Kammermusiken« für konzertierende Soloinstrumente und kleines Orchester. 1926 eroberte sich Hindemith mit der in Dresden unter Fritz Busch uraufgeführten Oper ›Cardillac‹ (Libretto von Ferdinand Lion nach E.T.A. Hoffmann) endgültig die Anerkennung der Öffentlichkeit. Als Instrumentalist – als Bratscher und als Wiederentdecker der »alten« Viola d'amore – und als Komponist gehört er zu den berühmtesten Künstlern der Zeit.

1924 heiratete er Gertrud, die Tochter seines ehemaligen Chefs, des ersten Kapellmeisters der Frankfurter Oper, Ludwig Rottenberg. Als originellen Wohnsitz mietete er von der Stadt Frankfurt den mittelalterlichen Kuhhirtenturm auf der Sachsenhäuser Mainseite. Doch allzu lange blieb er nicht mehr in seiner Heimatstadt. Wie von anderen Beispielen zur Genüge bekannt, scheiterten auch in seinem Fall so manche Initiativen im Interesse einer lebendigen Kultur am Starrsinn und Kurzblick der Mitbürger. So zog Hindemith schließlich

1 Hindemith mit der Viola d'amore. Um 1928

1927 nach Berlin, nachdem ihn ein Ruf an die Berliner Musikhochschule als Kompositionslehrer erreicht hatte. Damit näherte sich seine Karriere ihrem Höhepunkt. Sein Schaffen tendierte nun auch zwangsläufig zum musikalisch Repräsentativen. Große Aufträge erreichten ihn: Der Dirigent Serge Koussewitzki bat Hindemith, zum fünfzigjährigen Jubiläum des Boston Symphony Orchestra eine Komposition zu schreiben. 1932 bestellte Wilhelm Furtwängler das ›Philharmonische Konzert‹ zum fünfzigsten Geburtstag des Philharmonischen Orchesters Berlin. In die Jahre 1931/32 fiel auch die Zusammenarbeit mit Gottfried Benn an dem Oratorium ›Das Unaufhörliche‹, das Otto Klemperer an der Krolloper uraufführte. Doch das »große« repräsentative Werk ist nur eine Seite von Hindemiths Arbeit. Auf der anderen Seite standen Bemühungen um die Laienmusik und experimentelle Übungen auf dem Gebiet der Radio- und Filmmusik. Die Zusammenarbeit mit Bertolt Brecht im Falle des ›Lehrstücks‹ (1929) ist ebenso charakteristisch für Hindemiths engagiertes Künstlertum wie sein aktives Interesse an historischen Musizierpraktiken oder an der Entwicklung elektroakustischer Klangerzeuger.
Das Jahr 1933 brachte für Hindemith wie für viele deutsche Künstler die Wende. Sein Schaffen war unerwünscht. Reflex der Erfahrungen, die Hindemith als Künstler machen mußte, dem die Möglichkeit einer sinnvollen Kommunikation mit seinen Zeitgenossen genommen wurde, der sich im Interesse seiner Tätigkeit aber auch »versucht« sah, ein Arrangement mit den Machthabern einzugehen, ist die Oper ›Mathis der Maler‹.
Noch auf andere Weise versuchte Hindemith in jenen Jahren, für sich Verbindlichkeiten und Halt zu finden. Er schrieb die ›Unterweisung im Tonsatz‹ und entwickelte darin die auf die alte Tradition des Musikbegriffs zurückgehende Theorie, wonach die musikalische Ordnung nicht Ausdruck einer freien Verfügung des Komponisten über das Material sein darf, sondern letztlich gebunden ist an eine vorgegebene und verbindliche Naturordnung der Töne. Außer der Oper und dem ›Schwanendreher‹-Konzert für Bratsche entstanden in diesen mittleren Dreißiger Jahren nur kleinere Werke – Sonaten für verschiedene Instrumente, und zahlreiche Lieder auf Texte von Hölderlin, Brentano, Novalis, Nietzsche und anderen.

Im Herbst 1938 verließ Hindemith Deutschland. Der Druck, unter dem er stand, war unerträglich geworden. Zunächst bot die Schweiz Aufenthalt; von dort aus unternahm Hindemith zahlreiche Reisen. Drei Jahre hintereinander bereiste er in den Frühjahrsmonaten die Vereinigten Staaten. 1940 übersiedelte er ganz in dieses Land. Nach verschiedenen Gastdozenturen und Verpflichtungen, darunter an der musikalischen Sommerakademie »Tanglewood«, die in ihrer Mischung von Tradition und Experiment, Disziplin und Freiheit Hindemith besonders interessierte, erfolgte 1941 die Berufung zum regulären Professor an die Yale University in New Haven. Als Instrumentalist oder Dirigent trat er nun nicht mehr an die Öffentlichkeit. Doch er praktizierte die Musizierform, die er bereits in Berlin gepflegt hatte: die Aufführung alter Musik auf historischen Instrumenten. Er gründete ein Collegium musicum, von dessen Konzerten maßgebliche Impulse zur Gründung von Ensembles ausgingen, die sich fortan in Amerika »alter Musik« widmeten. In der amerikanischen Zeit entstanden wieder große Orchesterwerke, das Cellokonzert und die Sinfonie in Es von 1940, die ›Vier Temperamente‹ für Klavier und Streichorchester, die ›Sinfonischen Metamorphosen‹ über Themen von Carl Maria von Weber, das Klavierkonzert von 1945 und vieles andere. Bezeichnend für diese Werke ist der Versuch eines Brückenschlags zwischen der Alten und der Neuen Welt und die Verbindung von deutscher Tradition mit der amerikanischen Kulturperspektive. Besonders beispielhaft, verbunden mit einer pädagogischen Zielgebung, tritt dieses Konzept beim ›Ludus tonalis‹ für Klavier von 1942 hervor.
Als Hindemith nach Beendigung des Zweiten Weltkrieges im Herbst 1945 seinen 50. Geburtstag beging, da schien es, als wäre Amerika für ihn zur zweiten Heimat geworden. Ausdruck dafür ist das Requiem nach Walt Whitmans Dichtung ›When Lilacs Last in the Door Yard Bloom'd‹. Das Werk ist auf den Tod des Präsidenten Roosevelt geschrieben, zugleich gilt es den Toten des Krieges.
1946 erreichten ihn Anfragen aus Deutschland. Man wünschte ihn als Hochschulleiter in Berlin, in Frankfurt. Auch in Donaueschingen sollte er wieder helfen, der Neuen Musik ein Forum aufzubauen. Hindemith reagierte durchweg ablehnend. Doch ganz verschloß er sich nicht. 1947 reiste er zum

erstenmal nach dem Krieg wieder nach Europa, und die Dankbarkeit und Herzlichkeit, die er erfuhr, war so unerwartet groß, daß bei den immer umfangreicher werdenden Tätigkeiten in den folgenden Jahren (Kurse, Dirigieren) die Erwägung einer festeren Bindung an Europa nicht ausbleiben konnte. 1949 kam das Angebot einer musikwissenschaftlichen Professur an der Universität Zürich. Hindemith nahm an und las bis 1953 im Wechsel an den Hochschulen in Zürich und New Haven. 1954 fand sich schließlich in Blonay oberhalb Vevey am Genfer See ein Haus, das Hindemiths letzte Wohnung sein sollte. Es bot beste Gelegenheit, sich völlig zurückzuziehen. Doch allzu reichlich waren die Erholungen nicht. Aufgrund seiner Verpflichtungen als Dirigent und Lehrer war er fast ständig unterwegs. Die ausgedehnten Konzertreisen, etwa mit den Wiener Philharmonikern durch Europa, Nord- und Südamerika, Japan, veranlaßten ihn schließlich zum Verzicht auf eine regelmäßige Lehrtätigkeit. Als hochangesehene und vielfach geehrte Persönlichkeit und zugleich in fast rastloser Tätigkeit verbrachte Hindemith sein letztes Lebensjahrzehnt. Höhepunkte bildeten die Uraufführung der Oper ›Die Harmonie der Welt‹ bei den Münchener Festspielen 1957, die erste vollständige Aufführung der Paul-Claudel-Kantate ›Ite, Angeli Veloces‹ im Rahmen des Niederrheinischen Musikfestes 1955, die Einstudierung des ›Orfeo‹ von Claudio Monteverdi 1954 in Wien und 1963 in Rom und die Uraufführung des Einakters ›Das lange Weihnachtsmahl‹ (nach dem Bühnenstück von Thornton Wilder) in Mannheim 1961.

Ganz so schattenlos, wie es nach außen hin den Anschein hatte, war diese letzte Lebensphase nicht. Der Entwicklung der Neuen Musik nach 1950 stand Hindemith kritisch, ablehnend gegenüber. Er selbst verzichtete in seinem Spätwerk auf musiksprachliche Aktualität im Sinne neuer Grenzüberschreitungen. Viele seiner Werke halten freilich die gefährliche und erst wesentlich später evident werdende Problematik eines gesellschaftlich-kulturellen Verfalls fest, so vor allem der 1958 komponierte zwölfteilige Zyklus von Madrigalen auf Texte von Josef Weinheber. Sein Pessimismus fand reichlich Nahrung in der nach seiner Meinung blinden Hingabe an die Illusion von einem unbegrenzten Fortschritt und in dem damit verbundenen Verlust einer auf Gemeinschaftsbildung hin angelegten und solcherart sozialmoralisch konstituierten Kunst.

Die Folge der offenen Konfrontation und der Entschiedenheit, mit der Hindemith seine traditionsgebundene Musikanschauung vertrat, war, daß er in einen unüberbrückbaren Gegensatz zur jungen Komponistengeneration kam und sich bald isoliert sah; die Entwicklung der Musik ging über ihn hinweg. Trotz der äußeren Ehrungen, die ihm zuteil wurden – natürlich auch gerade von denen, die in ihm den Anwalt ihrer überholten und entleerten Wertvorstellung sahen –, ist der Zug zur Vereinsamung, zu einer mit Unsicherheit gepaarten Resignation in seinem letzten Lebensstadium unverkennbar.

Das letzte Werk, das Hindemith vollenden konnte, ist eine Messe a cappella. Eine zweite, entschieden leichter und von Laien ausführbar, sollte folgen. Sie blieb unvollendet. Die fertiggestellte Messe wurde am 12. November 1963 in Wien uraufgeführt. Kurz nach seinem 68. Geburtstag am 16. November wurde Hindemith nach Frankfurt ins Marienkrankenhaus gebracht. Am 28. Dezember 1963 starb er.

Die Verbundenheit Paul Hindemiths mit der Schweiz, die ihn später, im Jahre 1954, dazu bewog, in Blonay oberhalb des Genfer Sees für die letzten Lebensjahre seinen Wohnsitz zu nehmen, geht auf Erlebnisse in früher Jugend zurück. In den Jahren 1909 bis 1914 verbrachte er die Sommerferien in Aarau. Dort wohnte er bei dem Bezirksarzt Dr. Gustav Weber, in dessen Haus er sehr umfassenden kulturellen und musikalischen Interessen begegnete. Das gemeinsame Musizieren mit der Pianistin Martha Braun aus dem benachbarten Reinach gehörte in diesen Ferienwochen zur täglichen Übung.
Den Weg in die Schweiz hatte Hindemith wahrscheinlich nicht zufällig genommen. Bevor er 1908 von Adolph Rebner Violinunterricht erhielt, hatte er bei Anna Hegner Stunden genommen, einer Basler Geigerin, die in Frankfurt unterrichtete. Sie war es wahrscheinlich, die das Interesse ihres Schülers an ihrer Heimat weckte und die Ferienaufenthalte vermittelte.
Die recht ärmlichen familiären Verhältnisse haben Paul Hindemith früh dazu veranlaßt, nach Verdienstmöglichkeiten Ausschau zu halten. So waren denn auch die Sommeraufenthalte in der Schweiz nicht nur Ferienaufenthalte. Im Sommer 1913 wirkte Hindemith in dem recht stattlich besetzten Kurorchester auf dem Bürgenstock oberhalb des Vierwaldstädter Sees als Konzertmeister. Im folgenden Jahr musizierte er in gleicher Funktion in dem appenzellischen Kurort Heiden.

AN MARTHA BRAUN

Aarau 6. VII. 13

Aarau hat wieder einen provisorischen Einwohner mehr. Es ist aber nicht gut, daß der Mensch allein Musik mache; darum bitte ich Dich (Frau Dr. Weber auch), daß Du morgen mit dem ersten Zug sofort herüber kommst. Aber sicher! In einigen Tagen trete ich mein Engagement auf dem Bürgenstock an, und das könnte ich nicht mit ruhigem Gewissen tun, ohne vorher noch einmal ausgiebig mit Dir gespielt zu haben. Also komme sicher. Für Noten (Schubert sämtlich) ist gesorgt.
Mit bestem Gruß Dein Paul Hindemith.

AN MARTHA BRAUN

[Aarau, Juli 1913]

Liebes Schwyzermeidli! Nachdem mein Steckbrief ohne jede Wirkung geblieben ist, möchte ich doch mal fragen, was das für eine Art ist: du bist am Seenachtfest in Luzern und kommst nicht mal herauf zu mir! Ich hätte mich bald von der

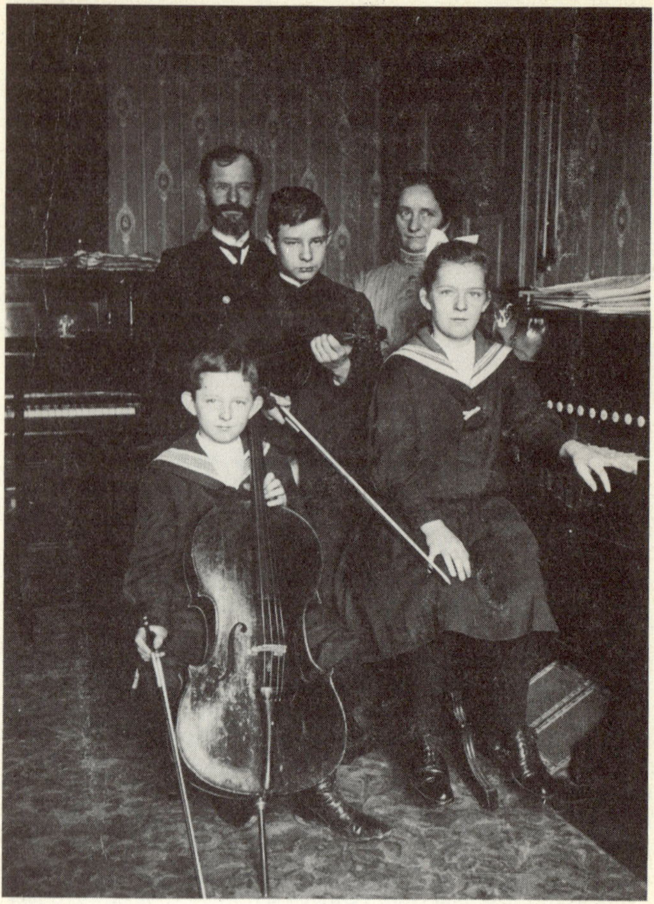

2 Die Familie Hindemith mit den Kindern Rudolf, Paul und Toni.
Um 1910

Hammetschwand in den See gestürzt, wie ich es erzählt bekommen habe! Ich nehme an, daß Du mit dem nächsten schönen Wetter einmal herauf kommst. Bis jetzt regnets nur. Also erscheine bald mal. Mit Gruß an Dich und Deine Eltern

Dein Paul Hindemith Bürgenstock.

Seit 1908 besuchte Hindemith das Hoch'sche Konservatorium in Frankfurt. Die ersten Semester waren ganz dem Violinstudium bei Adolph Rebner gewidmet, in dessen Streichquartett er bald die zweite Violine spielte. Erst im Herbst 1912 begann er mit den Studien in Kontrapunkt und Komposition. Arnold Mendelssohn, ein universal gebildeter und dem Fortschrittsglauben gegenüber skeptisch eingestellter Künstler, und Bernhard Sekles waren seine Lehrer. Bis 1917 dauerte diese »Lehre«. Sie lief parallel mit einer geigerischen Ausbildung, die einem Aufstieg ohne Schwankungen und Rückschläge gleicht. Bald war Hindemith nur mehr dem äußerlichen Status nach Schüler. Im Jahresbericht des Konservatoriums für 1915/16 heißt es: »Aus den Instrumentalklassen wurde Herrn Paul Hindemith – Kompositionsklasse des Herrn Sekles und Violinschüler der Klasse Rebner – in Anerkennung seiner Leistungen (Einreichung eines Streichquartetts) ein Preis von Mk. 750,– aus dem Vermögen der Felix-Mendelssohn-Bartholdy-Stiftung verliehen. Bei dem Wettbewerb um den Joseph-Joachim-Preis von 1915 erhielt Herr Hindemith eine wertvolle Geige. Er wurde als erster Konzertmeister an das Orchester der Frankfurter Oper verpflichtet.« Eingereicht hatte er das bisher unveröffentlichte Quartett in C-Dur, op. 2.
In den Jahren 1915 bis 1917 entstanden auch die ersten Kompositionen, die klar die zukünftige Bestimmung erkennen lassen: das Konzert für Violoncello und Orchester in Es-Dur op. 3 (1915), die ›Lustige Sinfonietta‹ für kleines Orchester op. 4 (1916), geschrieben zum Gedenken an Christian Morgenstern, und schließlich neben einigen Kammermusikwerken die ›Drei Gesänge‹ für Sopran und großes Orchester op. 9 (1917) auf Gedichte von Ernst Wilhelm Lotz und Else Lasker-Schüler.

AN FAMILIE WEBER

Frankfurt Main 27. VII. 13

Liebe Frau und Herr Doktor!
Über meiner Tätigkeit als Briefeschreiber schwebt ein Fluch. Bis jetzt habe ich noch nie einen Brief mit reinem Gewissen geschrieben und immer mußte ich mit Entschuldigungen beginnen wegen dem langen Zeitraum, der zwischen dem Erscheinen von zwei Briefen lag. So auch heute wieder. Vor 3½ Monaten habe ich Ihnen das letzte Mal geschrieben und von da ab habe ich mich in einem fort geärgert, daß ich es noch nicht wieder getan hatte. Aber ich konnte es beim besten Willen nicht tun. Wie oft habe ich an Sie gedacht und gewußt,

daß Sie böse sind, weil ich Ihnen nicht schreibe. Sie werden sicher oft geglaubt haben, ich hätte Sie vergessen. Aber das ist unmöglich. Wären alle meine Gedanken an Sie Briefe gewesen, dann hätten Sie genug zu lesen bekommen. Doch jetzt genug dieser Art. Ich will Ihnen jetzt erzählen, was mir alles passiert ist und was ich getrieben habe seit der Zeit, wo ich Ihnen nicht mehr geschrieben habe.
Vom Bürgenstock aus bin ich, wie Sie wissen, nach Lugano mitgegangen. Mir hat es dort großartig gefallen. Der See, die wunderschöne Landschaft, das italienische Treiben und die Gotthardfahrt hatten mir so imponiert, daß ich gerne noch länger wie bis zum 15. Sept. dageblieben wäre. Unser Kapellmeister war noch sehr zufrieden mit mir. Er ist zum Abschied zu meinem Zug auf den Bahnhof gekommen und hat mir eine große Flasche Chianti mitgegeben. Mit den übrigen Musikern bin ich sehr gut ausgekommen und es hat mir sehr leid getan, wie ich von ihnen fort mußte, denn es waren wirklich liebe und nette Leute darunter. Unsere Kapelle war in Lugano schlechter als wie auf dem Bürgenstock. Wir hatten nämlich 4 neue Musiker bekommen, weil 4 andere abgegangen waren. Die neuen 4 konnten aber nicht so viel. Der Cellist verpatzte alles und der 1. Hornist hatte keinen Ansatz mehr. Dann mußten wir bei dem ständigen Regenwetter meistens im Garten spielen und da stimmt ja von der Nässe kein Instrument mit dem anderen überein. Und dann das Platzen der Saiten! Zu jedem Konzert sprang mindestens eine und das wirkt sehr deprimierend auf die musikalische Laune. Den ganzen Sommer über habe ich mir von hier allein für 25 Mark E-Saiten schicken lassen müssen. (50 Stück à 3 Zug=150 Bezüge!) und habe trotzdem noch welche in Luzern und Lugano kaufen müssen. Sonst war es aber herrlich! Am 16. September bin ich wieder zurückgefahren und am 17. habe ich wieder im Conservatorium gesessen, nachdem ich 2 Wochen länger Ferien gemacht hatte. Von da an ging aber hier wieder meine Arbeit los! – Ich hab wieder viel Stunden seitdem: Violine, Klavier, Contrapunkt, Komposition, Instrumentation, Orchester und Kammermusik. Herr Rebner hatte sich sehr gefreut, wie ich wieder da war. Ich habe ziemlich viel gelernt bis jetzt: Das ganze Mendelssohn-Konzert, ein Konzert von Theodore Dubois, die große C dur Sonate von Bach und fast die ganze Ecole moderne von

Wieniawski. Jetzt spiele ich das Beethoven-Konzert. Ich freue mich riesig, daß mich Herr Rebner ein solches Meisterwerk spielen läßt und ich will mir alle Mühe geben, es ihm nach den Ferien gut vorzuspielen – wenigstens besser wie das Fräulein bei der Conservatoriumsprüfung in Zürich. Wenn ich so spielen würde, würde er es mir sicher an den Kopf werfen. Er sagt, er sei sehr zufrieden mit mir und ist so gut und freundlich zu mir, wie er es noch nie in der langen Zeit, wo ich ihn kenne, war. Er läßt mich der Reihe nach jetzt alle großen Konzerte (Dvorak, Brahms, Tschaikowsky, Saint-Saëns etc) spielen. Ich freue mich sehr auf das neue Jahr. Es wird zwar für mich äußerst anstrengende Arbeit bringen und große Anforderungen an mich stellen; aber ich will tapfer drangehen und tüchtig weiter arbeiten. Mein Lehrer soll auch weiterhin immer zufrieden mit mir sein. Sein Lob erleichtert mir die Arbeit und seine Güte und Freundlichkeit ist mir mehr, als wenn er mir Geld schenken würde (was doch bei einem Musiker viel heißen will). Mein Beruf macht mir so viel Vergnügen wie noch nie und ich lebe ganz der Musik. Allerdings geht es auch nicht ohne unangenehme Zwischenfälle ab. Erst neulich hat mir Herr Rebner einen furchtbaren Krach gemacht und mich nach allen Regeln der Kunst ausgeschimpft, weil ich auf einem Vortragsabend nicht ganz so gespielt hatte, wie er es wünschte, obwohl es mir gar nicht schlecht schien. Aber das macht mich nicht an seiner Freundschaft irr. Sie sehen daran, was er verlangt, und ich bin froh, wenn er so große Anforderungen stellt. In dieser Beziehung schätze ich ihn höher als alle anderen Lehrer. Auch in der Art und Weise seines Spielens habe ich ihn lieber wie die meisten der bekannten Virtuosen. –

Unser lieber Herr Professor Mendelssohn ist schon seit Oktober krank. Die Kontrapunkt- und Kompositionsstunde habe ich jetzt bei Herrn Sekles. Er ist sehr erfreut über das, was ich bringe und lobt es bis in den siebenten Himmel. Ich arbeite eben an einem Trio für Clarinette, Horn und Klavier. Es macht mir viel Kopfzerbrechen, weil bei der Verschiedenartigkeit der Instrumente sich ganz ungewohnte Wirkungen bieten. Da kann man wirklich noch Probleme lösen (in klanglicher und darum satztechnischer Richtung). Ich spanne auf den Augenblick, wo ich das Stück einmal hören kann. Bis jetzt habe ich nur 2 Sätze fertig. Es geht sehr langsam vorwärts, weil es eine sehr schwierige Arbeit ist. Für die

Bläser (besonders den Hornisten) ist es sehr schwer zu blasen. Sekles gefällt das Stück außerordentlich. Es ist harmonisch sehr interessant und das imponiert ihm. Er nennt mich immer »Herr College«, weil ich jetzt vollendete Kompositionen bringe, während meine Arbeiten bis vor kurzem unvollkommen waren. Ich weiß nicht, woran das liegt. Seit einiger Zeit neige ich zu einer ganz anderen Kompositions-Richtung; ich will einmal sehen, wo das noch hinausläuft. Im Kontrapunkt machen wir 2-stimmige Klavierfugen. Da ist es bei Sekles ziemlich langweilig. Prof. Mendelssohn versteht es besser, einem die Sache klarzulegen und hilft einem und arbeitet selbst mit, als wenn er auch noch mit uns lernen würde. Hoffentlich kommt er nach Neujahr wieder. Er leidet an Gallensteinen. Ich habe bei ihm doch vieles gelernt.
Er hat mir einen vernünftigen Satz beigebracht und mich gelehrt, das, was ich früher gelernt hatte, auszubeuten und zu verwerten. Er war immer so nett zu mir, daß ich es sehr bedauert habe, meine Stunden durch seine Krankheit unterbrochen zu sehen. –
So, jetzt muß ich mich anziehen, um in das Mirakel zu gehen. Näheres darüber schreibe ich weiter unten. Morgen früh schreibe ich weiter. Adieu derweilen.

den 28. XII. 13

Gestern war ich in einer Vorstellung des Vollmoellerschen »Mirakel«, welches Max Reinhardt jetzt in der Festhalle aufführt! Wenn Sie einmal Gelegenheit haben, das Stück zu sehen, so versäumen Sie es ja nicht! Man sollte nicht glauben, daß es möglich wäre, solche ungeheure Massen von Spielern im Zaum zu halten. Ich war ganz überwältigt und hätte nie geglaubt, daß man so etwas Grandioses und Glänzendes auf der Bühne oder vielmehr der Arena bewerkstelligen kann. Die ganze riesige Festhalle ist in eine kolossale Klosterkirche verwandelt. Alle Lampen sind zu Kirchenlaternen und alle Fenster sind zu Kirchenfenstern geworden. Kirchenglocken läuten zum Beginn und die ganze Halle wird stockfinster. Dann Orgelspiel und der Gesang der Nonnen. Unerhörte Beleuchtungseffekte, eine Prozession von ¾ Stunden Dauer, eine wunderbare Musik und ein Aufwand an Menschen, Kostümen und Dekorationen! Und wie spielen die Schauspieler! – Ich bin ganz im Taumel aus der Halle gekommen

und habe erst heute morgen den klaren Verstand wiederbekommen. Es reißt einen ganz hin und man vergißt, daß das Ganze bloß Theater ist. Ich gehe auf jeden Fall noch einmal hin und wenn ich 20 Mark dafür geben müßte. Am 1. Januar haben wir hier Parsifal. Ich werde einmal sehen, wo ich eine mitleidige Seele finde, die mir einen Platz bezahlt. Finde ich keine, so muß eben mein eigenes Portemonnaie herhalten. – Da ich doch gerade beim Theater bin: auch eine lustigere Seite davon. Ich spiele im Neuen Theater in der Operette als Konzertmeister mit. »Filmzauber«, der konzentrierteste Blödsinn und doch lustig und reizvoll. Heute abend zum 17. Mal! Ich habe es bald über. Wir spielen den ganzen Kram schon auswendig und hören nur noch, wenn ein neuer Witz oben aufleuchtet. Die Musik werden Sie vielleicht auch schon gehört haben. Wenigstens die Stücke von geradezu klassischer Schönheit: »Unter'n Linden«, »Kind, ich schlafe so schlecht« etc. –
Ich habe bis jetzt schon in sehr viel Konzerten gespielt. Programme kann ich Ihnen keine schicken, teils weil ich selbst keine habe, teils weil es zu viel würden. Ich schreibe Ihnen darum einen kleinen Auszug aus den Programmen.

1. Darmstadt 12. November Instrumental-Verein
Orchesterkonzert. Ich habe gespielt:
Haydn Konzert C dur mit Orchesterbegl.
4 kleine Stücke mit Klavierbegl.

a Allemande b Gigue	Leclair
c Adagio	Bach
d La chasse	Mondonville

Professor Mendelssohn war trotz seiner Krankheit auch da. Von ihm ist eine Ouvertüre für großes Orchester aufgeführt worden. Er war sehr erfreut. Die Kritiken waren ausgezeichnet.

2. Darmstadt 16. November Kirchenkonzert

Adagio	– Nardini	Orgel u. Violine
Largo	– Biber	
Arioso	– Händel	
Grave	– Bach	für Solovioline

Eine Sängerin, ein Sänger und der Organist hatten sich mit mir in das Programm geteilt. Kritik sehr gut.

3. *Bad Nauheim Vortrags-Verein*
Kammermusik-Konzert
Rudolf hat auch mitgespielt
Programm:
Trio D dur . . . . Wilh. Hill
(Herr Dr. Schmidt aus Friedberg und wir beiden)
Lieder . . . . (Herr Eweyk aus Berlin.)
Grave und Fuge a moll für
Solo-Violine . . . . Bach
Lieder
Trio Es dur . . . . Fr. Schubert
Lieder.

Das Konzert war sehr anstrengend. Das Schubert-Trio ist sehr lang und sehr schwer zu spielen. Der Beifall war sehr stark, die Kritik aufgedunsen und überschwenglich wie ein Hefekloß. Der Kerl versteht nichts.

4. *Bad Nauheim Vortrag eines Professors*
über Parsifal. Ein Herr Marguth, Rudolf und ich haben die erläuternde Musik dazu gemacht.

5. *Abonnementskonzert im Conservatorium*
Sehr gemischtes Programm. Ich habe wieder Grave und Fuge von Bach gespielt und einen riesigen Beifall bekommen. Herr Rebner hat gesagt, so schön hätte ich noch nie gespielt; ein anderer sehr guter Violinlehrer: besser könnte man das Stück überhaupt nicht spielen. Er hätte es noch nie so schön und stilgerecht gehört. Der Direktor und die Professoren waren sehr erfreut und haben mich gelobt. Ich war auch zufrieden. An diesem Abend hat mich das Stück zum ersten Mal sehr angestrengt, während ich die vielen früheren Male gar nichts gemerkt hatte. – Ferner habe ich noch bei verschiedenen Konzerten im Orchester mitgespielt: zweimal in Offenbach und zweimal hier. Dann habe ich noch im Oktober bei Hochzeitsfeierlichkeiten in Nauheim, vor zwei Wochen bei einer solchen in Friedberg und noch bei einer Weihnachtsfeier in Niederrad mitgespielt. Das wäre alles. Sie werden jetzt die Knappheit meiner Zeit begreifen und mir verzeihen, wenn ich Ihnen so lange nicht schrieb. Für die Konzerte mußte ich alle die Proben

mitmachen und durfte auch meine eigenen Studien und Arbeiten nicht vernachlässigen.

Dann die vielen Proben im Neuen Theater und die Plage mit meinen eigenen Schülern. Ich habe von dieser Sorte 3 hier, je einen in Friedberg und Nauheim. Sie sind zwar alle recht fleißig, und besonders das kleine Kerlchen in Friedberg macht mir durch seinen Fleiß und seine Lust immer viel Freude. Trotzdem bin ich aber jedesmal froh, wenn ich eine Stunde hinter mir habe. Ich wußte manchmal gar nicht, wo mir der Kopf steht. Ich war den ganzen Tag über fort und bin fast nie vor Mitternacht heimgekommen. Meinen Vater und meine Schwester habe ich 3 Wochen lang überhaupt nicht gesehen. Es war wirklich höchste Zeit, daß die Weihnachtsferien kamen. Nicht daß ich müde oder abgespannt oder nervös geworden wäre. Im Gegenteil, es war mir ganz wohl dabei. Aber man wird sich selbst fremd und verliert in mancher Beziehung gewissermaßen den Zusammenhang zwischen seinem inneren und äußeren Menschen. Ich war, wie gesagt, herzlich froh, als die Ferien kamen. Am Weihnachtstage habe ich mir in meinem Zimmer den Ofen angezündet, alle erreichbaren Teppiche, Koltern und Kopfkissen auf den Boden gelegt und Kisten und Kästchen mit Gebäck und Obst dazu gestellt. Dann habe ich mich in die Kissen vergraben und habe gelesen. Ich bin mir vorgekommen wie ein Sultan. Da war ich das erste mal nach langer Zeit wieder Paul Hindemith. Ich lese eben 1001 Nacht. Die blühende Phantasie und die altertümliche Art dieser Erzählungen reizt mich sehr. Weihnachten haben wir sehr schön und zufrieden verlebt. Ein junger Schweizer war bei uns zum Heiligen Abend. Er spielt im Mirakel Harfe und kann deswegen in den Ferien nicht nach Basel fahren. Ich habe die Beethoven-Quartette, einen Tristan-Klavier-Auszug, eine Brieftasche, ein Necessaire mit Bürsten, Kämmen und Spiegel und sonst noch allerhand Kleinkram und Gebrauchsgegenstände bekommen. Rudolf hat ein Gewehr, ein Paar Stiefel, Bücher, Wäsche, Mantel und noch Verschiedenes gekriegt. Ich habe eine ganze Menge Einkäufe gemacht. Kartoffeln für meine Mutter, Bücher für meinen Vater, Stoff zu einem Kleid für Toni und Bücher für Rudolf. Alles in allem waren wir sehr zufrieden und froh. – Als größte Errungenschaft der letzten Monate wäre die

Gründung unseres Conservatoriums-Clubs »Urian« zu nennen. Wir sind 6 Mitglieder (einer immer verrückter als der andere) und bezwecken hauptsächlich, uns zu amüsieren. 3 sind Schweizer und die übrigen Deutsche. Am schönsten sind die Clubversammlungen, welche in den einzelnen Buden der verschiedenen Mitglieder abgehalten werden. Dress: Helle Hose und Smoking. Absolute Alkoholfreiheit bei den Sitzungen. Nur Wasser und Pfefferminzpastillen. Wir machen auch Musik, jedoch solche, welche nur extra präparierte Ohren ertragen können. Am besten solche, die mit Watte zugestopft sind. Wir haben ein Drama mit Musik verbrochen, welches wir nach Neujahr aufführen werden. Auch Sie sind herzlich dazu eingeladen. Bringen Sie aber bitte gleich Aspirin mit. Fräulein Hegner hat im November hier ein Konzert mit ihrer Schwester gegeben. Ich konnte leider nicht hingehen, weil ich im Conservatorium zu spielen hatte. Ich habe mich hier bei Firnberg nach ihrer Adresse erkundigt. Er wußte sie aber nicht. Würden Sie sie mir bitte schreiben? Ich habe ihr so lange schon nicht mehr geschrieben und muß es wieder einmal tun. – Martha Braun habe ich hier gar nicht mehr gesehen. Hat sie eigentlich das Konzert in Aarau gegeben? Ich werde ihr einmal nach Reinach schreiben. – Neulich hat Marteau hier gespielt, einfach schändlich. Ich habe ihn das erste Mal gehört und war bitter enttäuscht. Voriges Jahr habe ich angeboten bekommen, ein oder 2 Jahre zu ihm zu gehen. Wie froh war ich, daß ich es ausgeschlagen habe. – So, jetzt bin ich am Ende. Rudolf hat wieder schwache Stunde, nebenan schießen sie um Preise, da kann ich doch nicht fehlen. Man wundert sich überhaupt schon, daß ich den ganzen Nachmittag noch kein Lebenszeichen von mir gegeben habe. Ich schließe darum jetzt.
Hoffentlich haben Sie die Weihnachtsfeiertage gut verbracht und erfreuen sich einer guten Gesundheit. Ich wünsche Ihnen alles Gute und hoffe, daß Sie das Neue Jahr gut anfangen und fortführen. Meine Eltern und Geschwister lassen Sie auch recht vielmals grüßen.
Du lieber Gott, bis Neujahr habe ich noch 6 Briefe zu schreiben!

Mit vielen herzlichen Grüßen an Sie
und alle Aarauer Bekannten
Ihr Paul Hindemith

Es gehört zu Hindemiths Eigenarten, in seine Brieftexte immer wieder kleine Zeichnungen einzufügen oder auf andere »Hintersinnigkeiten« zu verfallen. Den folgenden Brief hat er auf ein in der Größe originalgetreues Plakat mit einer deutschen Granate geschrieben.
Der Kriegsausbruch von 1914 war für die Entwicklung des jungen Hindemith von entscheidender Bedeutung. Der Vater hatte sich freiwillig an die Front gemeldet. Er fiel 1915 in Nordfrankreich. Gemeinsam mit der Mutter sorgte Paul für den Unterhalt der Familie mit den jüngeren Geschwistern Toni und Rudolf. Seine rastlose Musiziertätigkeit hatte auch wirtschaftliche Gründe.

AN FAMILIE WEBER

Frankfurt am 23. Sept. 1914

Liebe Frau und Herr Doktor!
Das ist das Sinnbild der Stimmung, die hier herrscht! 42-cm-Freude, Franzosenhalloh und Kriegsrummel! Überall freut man sich, daß die Franzosen Hiebe kriegen und wenn man gegen Abend oder Mittags in die Stadt geht, kommt man in ein Gedränge, wie man es in Friedenszeiten nicht oft bemerkt. Man spürt hier kaum etwas von den Lasten des Kriegs. Man könnte meinen, es seien überhaupt keine Männer fort, so viele laufen noch da herum. Wenn Deutschland alle Männer, die noch dienstfähig sind und noch im Reich sind, einziehen würde, wäre das Deutsche Heer sicher ½–¾ größer, obwohl nach sicheren Angaben bis jetzt *13 Millionen* unter Waffen stehen! Auch Militär ist noch sehr viel da. Hier sind sicher noch 6–7000 Mann, die noch nicht draußen waren und am 1. Okt. werden die meisten diesjährigen Rekruten eingezogen. In den großen Waffenplätzen ist es noch ärger, dort ist alles voll Militär (Mainz, Straßburg etc). Jedes Infanterie-Regiment ist vierfach vorhanden, hat also 12000 Mann (3000 aktiv & Reserve, 3000 Reserve, 3000 Reserve & Landwehr und 3000 Landwehr.) Das Regiment Infanterie, welches jetzt hier ausgebildet wird (Ersatz des in Frankreich kämpfenden No 81) führt die No 223! Es kommt wahrscheinlich nach Rußland. Überhaupt wird jetzt viel nach Osten transportiert. In der Nähe unserer Wohnung sind auf freien Plätzen große Mengen Autos aufgestellt, die dort feldgrau gestrichen und nach Frankreich transportiert werden. In den Mobilmachungstagen sollen die Autos zu Tausenden hier gestanden haben. Bis jetzt sind ungefähr 50000 im Feld. Pferde sind in ungeheurer Anzahl hier durchgekommen. Hauptsächlich aus Pommern und dort sind noch sehr viele. Die Militärbehörde

hat Autos und Pferde sehr hoch eingeschätzt und *sofort bar bezahlt.* Auch Nahrungsmittel sind zu dem regulären Tageswert eingekauft worden, ja vielfach sind die Preise getrieben worden, so in Mainz, wo bei den Metzgern höhere Preise als im Kleinverkauf gezahlt worden sind. Allgemein bewundert man diese Leistungsfähigkeit der Regierung. Vor einigen Tagen ist die erste Kriegsanleihe gemacht worden, welche hauptsächlich von Banken, Städten und Sparkassen gedeckt worden ist (die größeren Städte haben alle einige Millionen gegeben.) Im Ganzen sind *4½ Milliarden* gezeichnet worden! Welche Summen werden, falls der Krieg noch lange dauern sollte, einkommen, wenn erst die Reichen und dann noch das ganze Volk freudig sein Scherflein dem Vaterland gibt? Deutschland hält den Krieg wohl aus! Länger als alle anderen, sowohl was den Aufwand an Geld als auch an Leuten anbetrifft. Im ganzen Reiche herrscht die größte Zuversicht, daß Deutschland gewinnt, und wenn man all die fröhlichen Soldaten, die noch hier sind und die Begeisterung sieht, weiß man, daß es nicht anders sein kann. Frankreich hat schon alle Truppen im Felde, aber ich glaube, Deutschland hat erst die Hälfte draußen. Die Truppentransporte sollen ausgezeichnet funktioniert haben.
Über den Rhein haben die Pioniere etliche Brücken geschlagen, damit das Militär hinüberkonnte. Auf allen größeren Bahnhöfen sind Verpflegungsstationen eingerichtet, wo die Soldaten zu Essen und Trinken bekommen. Die ganzen Ersatzreservisten werden, da ja doch zu viel Leute da sind, dazu verwandt, die Mauern und Schanzen der Festungen zu erneuern. Mainz, dessen Mauern, da altmodisch, vor einigen Jahren geschleift wurden, wird jetzt modern befestigt. Man sieht die Soldaten in den komischsten Uniformen. Früher hatte die Infanterie nur eine Kleidung im ganzen Reich (außer Bayern), jetzt läuft sie in 6–8 verschiedenen herum. Durch die feldgrauen Kleider weiß man überhaupt nicht mehr, mit was für Leuten man es zu tun hat, alle sehen gleich aus. Die Uniformfabriken haben mit Hochdruck gearbeitet. Seit Beginn des Krieges werden in einer Fabrik täglich 4000 vollständige Uniformen gemacht. Die Ledervorräte sind jetzt fast erschöpft, weil jeder Soldat 2 Paar Stiefel, Helm, Tornister, Koppel und Patronentasche bekommen hat außer den ungezählten Pferdesätteln und Geschirren. Die neuen Truppen

sollen Rucksäcke kriegen. Die Schutzleute haben ihre Helme hergeben müssen, weil sie für das Militär gebraucht werden. Es sind sehr viele Verwundete hier, (die meisten nur leicht) und viele können es kaum abwarten, wieder hinauszukommen und sich für ihre Verwundung zu rächen. Meine Mutter kocht in einem Lazarett (No 98!) und erzählt mir immer. Die Verwundeten berichten die haarsträubendsten Geschichten über die französischen Grausamkeiten. Ein Bekannter von mir hat ein Bein 2 × gebrochen, weil er in eine von den Franzosen gegrabene und zugedeckte Wolfsgrube gefallen ist und mein Vater schreibt immerfort aus Namur, welche Last sie dort mit den Franktireurs hätten. Viele Franzosen stellen sich tot oder verwundet, um dann von hinten auf unsere Truppen zu schießen. Es ist ganz die Schuld der Franzosen, wenn die deutschen Truppen erbittert werden und rücksichtslos vorgehen. Wenn die Bayern durch das gemeine Vorgehen der Franzosen gereizt sind, gehen sie, statt zu schießen, mit Messer und Kolben vor und dann gibt es, wie sie selbst sagen, keine verwundeten Franzosen mehr: entweder Lebendige oder Tote, anders ist diesen Meuchelmördern nicht beizukommen. Allerdings leiden dadurch auch die Unschuldigen, aber das ist bei unseren Truppen auch der Fall und es gibt keine Deutsche Familie, die nicht in irgend einer Beziehung zum Krieg stünde. Wenn ich vom Beginn des Krieges hier gewesen wäre, stünde ich schon längst in Frankreich, so aber habe ich anstatt der Deutschen Begeisterung die Schweizerische Aufregung mitgemacht und dadurch versäumt, mich dem Vaterland zu stellen. Jetzt, da mein Vater fort ist, muß ich dableiben, weil jemand zu Hause sein muß, aber im März muß ich auf jeden Fall zur Ziehung und dann wollen wir sehen, was es gibt. Die meisten meiner Schulkameraden stecken jetzt im blauen Rock und ich sehe sie jeden Morgen mit Sang & Klang und fröhlichen Gesichtern vom Exerzierplatz kommen. Alles freut sich, ins Feld zu kommen und wenn man sieht, daß alles freudig zu den Waffen greift und keiner zurückbleiben will, müssen selbst die Feinde eingestehen, daß das Deutsche Volk für eine gerechte Sache streitet und nicht, wie die französische, russische & englische Lügenfabrik so gerne verbreiten möchte, nur aus Rauflust in den Krieg zog. Die französischen Gefangenen sollen sich ganz wohl und zufrieden befinden. Der Truppenübungsplatz bei Darmstadt ist ganz von ihnen besetzt. Sie werden da zu Aufforstungsarbeiten verwandt. Sie werden sich wundern, daß ich plötzlich so patriotisch geworden bin, aber man kann wirklich nicht anders! Glauben Sie nicht, daß das, was ich geschrieben habe, Übertreibungen sind. Die Zahlen sind alle niedrig gegriffen. Das Volk ist in einer riesigen Begeisterung. Als damals (ich war noch in der Schweiz) das falsche Gerücht telegraphiert wurde, Belfort sei gefallen, läuteten alle Glokken und die wildfremden Leute sind sich unter Tränen und Küssen um den Hals gefallen. Einem Volke, das so voll Vaterlandsfreude ist, sollte man gern die kleinen Ausschreitungen verzeihen, die in den ersten Wochen gelegentlich des Kampfes gegen alles Undeutsche vorkamen. (Ein Kino wurde demoliert, weil der Besitzer sich weigerte, keine französischen Filme mehr vorzuführen, die ganzen Hotels sind umgetauft;) Man sagt nicht mehr »adieu«, sondern grüßt sich auf echt deutsche Art. – Die Franzosen sollen herzlich schlecht schießen ohne zu zielen (nach Aussage von vielen Verwundeten), während unsere Soldaten gute Schützen sind. Daher haben wir auch verhältnismäßig wenig Tote. Mein Vater ist auf Feldwache bei Namur und schickt oft Briefe und Photographien. Es geht ihm gut bis auf die Plackereien mit den Franktireurs; Die Kerle schießen aus jedem Busch. Die Bahnen in Belgien sind in Deutschem Betrieb und fast täglich geht von hier Bahnpersonal nach dort ab. Unsere Eisenbahnregimenter stellen sämtliche zerstörten Bahnlinien in Belgien & Frankreich wieder her.

So! Jetzt einiges über meine Erlebnisse seit Aarau! In Basel mußte ich eine Woche bleiben, bis ich meinen Paß bekam. In der Zeit habe ich zweimal im Restaurant Bären mitgespielt. Bei Frl. Hegner war es gar nicht so nett, wie ich glaubte. Mit Frl. Anklin habe ich mich bald gezankt, weil sie furchtbar auf die Deutschen schimpfte und alle übrigen in den siebten Himmel hob. Sie sagte u. a., die Deutschen fingen den Krieg nur an, weil sie zu viel Leute haben und diese auf die Art los werden wollten; oder: die Deutschen hätten kein Geld und wüßten ganz genau, daß sie siegen würden, sie führen deshalb den Krieg nur, weil die Franzosen dann alles bezahlen müßten. Meiner Ansicht nach gehört schon ein ganzes Teil Rücksichtslosigkeit dazu, solche Ansichten zu äußern, zumal wo Frl. Anklin lange genug in Deutschland war und selbst

weiß, daß hier alles ordentlich zugeht und daß nicht, wie sie es gern hinstellen würde, das deutsche Volk eine Horde von Räubern und Mordbrennern ist. Wenn Frl. Anklin einmal zu Ihnen kommen sollte, so lesen Sie ihr doch bitte einige Sätze aus diesem Briefe vor und sagen ihr, daß *alle Deutschen* so denken! – Wir haben bei Frl. Hegner Quartett gespielt (ich habe gebratscht) und wir waren öfters ganz auseinander, was mich einigermaßen komisch berührt hat, da ich das (und dazu noch in dem leichten Jagd-Quartett v. Mozart) bis jetzt nur bei Dilettanten erlebt habe. Ich habe Frl. Hegner das Beethoven-Konzert vorgespielt, und ich glaube, es ist mir nie so schön gelungen wie da, aber es schien ihr nicht gefallen zu haben, oder es war ihr nicht recht, daß ich das nicht bei ihr gelernt habe!
Am Montag mittag bin ich nach einer 14stündigen Fahrt hier angelangt. Von Basel bis St. Ludwig bin ich gelaufen, dort um 11.21 nachts abgefahren. 6 Std. bis Straßburg, von da bis 10 Uhr nach Karlsruhe und von da Schnellzug nach Frankfurt. Meine Lehrer haben sich gefreut, wie ich wieder ins Cons. gekommen bin und haben mir schon wieder gehörig Arbeit aufgehalst. Herr Rebner hat mich in der Stunde sehr gelobt und Sekles hat mit Verwunderung mein Quartett gesehen. Im Cons. sind ziemlich viel Lehrer & Schüler fort. Bei uns zu Hause ist den ganzen Tag niemand und Rudolf und ich sind bei Ronnefeldt in Sachsenhausen. Abends kommen wir alle heim. Ich spiele jetzt das Brahms-Konzert und habe wieder eine Mords-Freude von der Musik. Meine Schüler finden sich allmählich wieder ein und vielleicht bekomme ich ab 1. Okt. irgend was zu spielen.
Meinen herzlichen Dank für die freundliche Aufnahme bei Ihnen wiederhole ich, ebenso läßt Ihnen meine Mutter danken und grüßt Sie vielmals. Dasselbe tue ich, Rudolf schreibt selbst. Was macht Herr Arnold in Troyes?
Ihr dankbarer

Paul H. Franken-Allee 257

Da ich bei Tage fort, nie zu Hause bin, mußte ich immer mit großen Unterbrechungen an dem Brief schreiben, darum so spät.

Frankfurt aM 5. Sept. 15

Liebe Frau und lieber Herr Doktor!

Wissen Sie noch, wer Paul Hindemith ist? Sie werden mir jetzt aber sehr, sehr böse sein; ich habe Ihnen ja so entsetzlich lange nicht geschrieben. Ich habe ein riesig böses Gewissen, das mich täglich daran erinnert hat, wie faul und pflichtvergessen ich sei. Bis vor einiger Zeit konnte ich dagegen immer anführen, daß bei der vielen und äußerst anstrengenden Kopfarbeit gar nicht daran zu denken sei, irgend etwas Vernünftiges zu schreiben. Und dann kam Ihre tieftraurige Nachricht, die mich sehr erschüttert hat. Ich wollte Ihnen dann etliche Male schreiben, brachte es aber niemals fertig. Was hätte ich Ihnen in diesem Falle auch sagen sollen? Ich fürchtete mich sogar davor, Ihnen einmal zu schreiben, und auch heute setze ich mich mit sehr beklommenem Herzen dazu nieder. In einem Trauerhause ist wohl ein fremder Mensch meistens ein Stein im Wege und was er sagt, ist doch nur überflüssiges Geschwätz. Deshalb will ich auch nicht versuchen, Ihnen einen schön gedrechselten Trost zu sagen. Ich weiß, wie lächerlich das wäre, wenn ich als junger, unerfahrener Mensch versuchen wollte, Sie zu trösten. Nicht wahr, Sie nehmen es mir nicht übel, wenn ich nichts mehr über Herrn Arnolds Tod schreibe. Ich brauche Ihnen nicht zu sagen, wie sehr mich Ihr großes Unglück bewegt hat, wie ich mit Ihnen Ihren tiefen Schmerz fühle. Sie werden es selbst wissen. Es wäre mir eine große Beruhigung, wenn Sie mir bei Gelegenheit einmal schreiben würden, wie alles gekommen ist. Wenn es Ihnen aber zu schmerzlich ist, dann tun Sie es nicht. Wilma aus Leipzig hat mir ja den Hergang ungefähr beschrieben. Ich habe in diesem Jahre auch genug Trauriges erlebt. Erst vor kurzem ist einer meiner Vettern in Rußland gefallen. Meine Tante ist untröstlich, zumal ihr vor ¾ Jahren auch eine Tochter gestorben ist. Ein anderer Vetter liegt in Aachen mit einem Granatsplitter im Gesicht. Bei Ronnefeldts in Sachsenhausen, wo Rudolf und ich unseren täglichen Aufenthalt während des Krieges haben (da Mutter immer im Lazarett ist), ist an Ostern der Sohn von 21 Jahren in Frankreich gefallen, er war freiwilliger Dragoner. Einer meiner Mitschüler, ein guter Freund, liegt in Bonn im Lazarett, da er durch eine Mine auf der linken Seite gelähmt ist. Zu diesen traurigen Begebenheiten gesellt sich dann noch die Angst um die, welche noch im Felde sind. Man muß immer auf das Schlimmste gefaßt sein, wenn man mal einige Tage ohne Nachricht ist. Ich bin wohl der einzige aus meiner ganzen Verwandtschaft, der noch nicht eingerückt ist. Ein Onkel ist Pionier in Rußland, ein anderer beim Landsturm in Schlesien; ein Vetter steht in den Argonnen, ein anderer ist soeben nach Köln eingerückt. Vater ist eben bei Souain in der Champagne. Es geht ihm bis jetzt immer gut. Von Kriegsanfang bis Oktober war er bei einer Feldwache vor Namur. Von da kam er nach Lille, wo er die Straßenkämpfe mitgemacht hat. Bis zum Winter lag er dann nördlich Lille den Engländern gegenüber. Dort errettete er einmal eine verlaufene Patrouille und erhielt dafür das Eiserne. Von Lille wurde das Regiment nach der Champagne verlegt, wo es jetzt noch, bald hier, bald da, ist. Auf Pfingsten hatte Vater 12 Tage Urlaub. Sie können sich unsere Freude denken, als gänzlich unverhofft der bärtige Landwehrmann ankam. Zwar war er von einer fabelhaften Schmutzigkeit und seine Uniform war ganz steif vor »Schützengrabendreck«, aber er war gesund, munter und kreuzfidel, was ja die Hauptsache ist. Er sah so gut und frisch aus wie noch nie; ein Zeichen, daß ihm der Krieg sehr gut bekommen ist. Sein Mantel war sehr zerschossen und er hatte uns auch einige Granatstücke mitgebracht, die ihm die Hosenbeine durchlöchert hatten. Seine jetzige Stellung scheint nicht das Ideal einer Sommerfrische zu sein. Er schrieb zuletzt, daß er an einem Morgen vier mal um »Haaresbreite am Massengrab« vorbei gerutscht sei. Zuerst im Horchposten zwischen den beiden Gräben, wo ihm ein Splitter gerade am Ohr vorbeiflog und dann nach Verlassen des Postens das Loch, in dem er gelegen hatte, durch eine Granate zerstört wurde. Sodann im Graben. Als er mit einigen Kameraden im Unterstand saß, schlug gerade vor der Türöffnung eine ein. Nach sofortiger Flucht wurde auch der vollständig mit Handgranaten gefüllte Unterstand mit einem Volltreffer beehrt. Das mögen schöne Gefühle sein. Jetzt werden wir wohl bald eine Änderung in dem Laufe dieses elenden Krieges erleben. Man spricht davon, daß nächstens die Offensive gegen Frankreich ihren Anfang nehmen wird. Na, die Franzosen und die englischen Lumpenhunde werden schön Mund und Nase aufreißen, wenn sie auch so flott gedroschen werden wie die Russen!

Geschieht ihnen aber auch recht. Warum fangen sie so einen gräßlichen Krieg an? Mich hat man noch nicht in die Reihe der Vaterlandsverteidiger aufgenommen, worüber ich auch nicht böse bin. Zweimal hatte ich schon Musterung, wurde aber zurückgestellt wegen allg. Körperschwäche und einem Herzfehler!! Nächstens sind wahrscheinlich wieder Musterungen und da habe ich keine Hoffnung, noch einmal zurück zu kommen. Letzteres wäre mir gar nicht lieb. Ich habe nämlich gerade meinen Posten am hiesigen Opernhaus angetreten, wo ich bis 1921 angestellt bin. Dieses Jahr als I. Geiger und von Sept. 1916 ab als II. Konzertmeister. Das ist doch ganz nett? Der Opernbetrieb macht mir bis jetzt viel Vergnügen; aber ich bin ja geduldig: ich warte, bis die Sache mir zum Ekel wird. Das verflossene Studienjahr war für mich eine Zeit der angestrengtesten Arbeit. Im Frühjahr habe ich im hiesigen großen Saalbau (Frankfurter Tonhalle) das Beethoven-Konzert mit Orchester mit großen Erfolg gespielt. Ich habe viel daran schaffen müssen: Danach stand ein Kompositionsabend im Conservatorium in Aussicht, an dem mein Streichquartett aufgeführt werden sollte. Da ich jedoch dasselbe erst bis zur Hälfte fertig hatte, hatte ich noch fabelhaft zu tun, wenn ich die Sache zum festgesetzten Zeitpunkt bringen wollte. Es gelang, jedoch unter Aufopferung jeder verfügbaren Minute. Jede Nacht saß ich bis 2 oder 3 Uhr und schrieb Noten. Die Partitur und alle Stimmen mußte ich selbst schreiben, da kein Kopist darauf einging, diese Riesenarbeit in der kurzen Zeit zu leisten. Nach diesen Arbeitsnächten, von denen ich das Zittern in alle Knochen und einen halbverrückten Schädel bekommen hatte, begannen die entnervenden Proben für das Stück. Abgesehen davon, daß die Stimmen schon sehr schwer waren, war die Geschichte so hanebüchen schwer zusammen zu spielen, daß wir eine Unzahl Proben nötig hatten, um damit fertig zu werden.
Zum Unglück wurde eine Woche vor der Aufführung der II. Geiger eingezogen, so daß Prof. Bassermann diese Stimme dann übernahm. In dieser Woche wurde in Folge dessen auf Tod und Leben probiert und am Konzertabend klappte alles so ziemlich. Es war ein großer Erfolg. Die Kritiken waren zwar miserabel, aber das Publikum, sowie alle Sachverständigen höchlichst zufrieden. Die beiden Kapellmeister von der Oper waren auch da und einige Tage später hatte ich schon

meinen Anstellungsvertrag in der Tasche. Die Sache ging aber auch nicht ohne Schaden für mich ab: ich mußte mich 3 Wochen ins Bett legen, weil ich total mürbe war. Diese viele Arbeit noch einmal – das hielte ich nicht mehr aus. Bis vorigen Monat verspürte ich noch die bösen Nachwirkungen dieser Periode im Kopfe, aber jetzt bin ich wieder ganz normal. Im Juni habe ich das Brahms-Konzert im Cons. gespielt, mit kolossalem Beifall. Herr Rebner sogar war entzückt, was er sonst nie ist. Als er eine Woche später einrücken mußte, fiel mir die ehrenvolle, aber unangenehme Aufgabe zu, alle Stunden für ihn zu geben, was ich bis zum Ferienanfang auch getan habe. Er ist jetzt wieder zurückgekommen. Die Ferien sind mir äußerst erwünscht gekommen. Es war doch ein bischen viel zu viel Arbeit gewesen. Außer den genannten Konzerten hatte ich noch etliche kleinere Aufführungen hier und auswärts, abgesehen von den schrecklich vielen Wohltätigkeits- und Soldatenkonzerten, die man notgedrungen mitmachen muß. Dazu noch meine 6 Schüler in Friedberg und jeden zweiten oder dritten Abend Operette im Neuen Theater; das hält auf die Dauer kein Pferd aus und ich habe mir fest vorgenommen, nicht mehr so furchtbar viel zu arbeiten. Wer weiß, ob die Arbeit kleiner wird in diesem Winter? In den Ferien war ich erst zu Hause und habe mich dann auf die Reise zu meiner Tante in Westfalen gemacht, wo ich inmitten meiner 4 Basen mich von der schweren Arbeitszeit erholte. D.h. so viel das möglich war. Ich hatte nämlich vollauf zu tun, mit meinem frechen Schnabel die auch nicht auf den Mund gefallenen Cousinen zu übertönen. Ich kann mir aber das befriedigende Zeugnis ausstellen, daß ich als vollkommener Sieger wieder abgezogen bin. Jetzt sitze ich schon seit einem Monat im Opernhaus und kaue eine Oper nach der anderen. Heute vor einem Jahr hatten wir gerade das Konzert in der Kantons-Schule in Aarau. Ungefähr um diese Stunde ging die Sache in Scene! Trotz Krieg und Kriegsgeschrei war damals doch eine schöne Zeit für mich – und sie wird wohl so bald nicht wiederkommen. In dem einen Jahr ist viel geschehen, wer weiß, wie es im nächsten Jahre um diese Zeit steht?! Hoffen wir das beste! – Morgen geht das Conservatorium wieder an, ich gedenke aber nicht mehr so eifrig hinzugehen. Als »wohlbestalltes« Orchestermitglied werde ich nicht mehr so übereifrig studieren, vielleicht wird auch der Dienst im

Winter noch streng genug, um das Studium zeitweise einzuschränken. Am 1. Oktober bekomme ich von der Jos. Joachim-Stiftung in Berlin eine Geige geschenkt. Im Juni d. J. war ein Preisausschreiben, bei welchem ich die besten Zeugnisse vorlegen konnte, und so will ich mal sehen, was das für ein Holz sein wird. – Sonst wüßte ich Ihnen nichts mitzuteilen. Über den Krieg sind Sie ja gut unterrichtet.
Auch bin ich jetzt riesig müde und meine Hand tut mir sehr weh, weil ich das viele Schreiben nicht mehr so lange aushalte.
Mit herzlichstem Gruß Ihr ergebener

Paul Hindemith

Vielleicht werden Sie von meinem Geschreibsel auf andere Gedanken gebracht und das wäre für einige Augenblicke doch sehr gut, nicht wahr? Wenn mir dies gelungen ist, freue ich mich sehr darüber, das ist besser, als wenn ich lamentieren würde.

Montag:
Eben fällt mir's ein, beinahe hätte ichs vergessen:
Viele herzliche Glückwünsche zu Frau Doktors Geburtstag!

Paul.

AN FAMILIE WEBER

Frankfurt/M, Pfingstferien 1916

Liebe Frau und lieber Herr Doktor Weber!
Ein böses Gewissen ist eine scheußliche Sache, und mich petzt's und kneipt's nun schon seit Monaten, so daß ich mich jetzt endlich einmal hinsetzen muß, um Ihnen zu schreiben. Ich bin ein hartgesottener Sünder, und darum mache ich auch gar nicht den Versuch, mich zu entschuldigen, weil ich auch obendrein noch fürchten muß, daß ich bei Herrn Doktors dräuenden Blicken gar nicht die richtigen Worte finden würde. Ich schrieb Ihnen im Januar, kurz nach Neujahr einen langen Brief; da ich aber seitdem nichts von Ihnen gehört habe, muß ich wohl annehmen, daß Sie ihn gar nicht erhalten haben. Oder ist dem nicht so? Dann laufen Sie Gefahr, daß ich Ihnen jetzt Manches noch einmal erzähle, was ich damals schon schrieb, aber das ist ja schließlich nicht so schlimm.
Wie geht es Ihnen denn immer? Ich will doch hoffen, daß Sie

gesund und wohlauf sind? Der Krieg wird Ihnen wohl nicht gar zu viel zu schaffen machen. Jedenfalls ist es jetzt doch viel angenehmer im schönen Schwizerländli zu leben als hier. Ich wäre auch viel lieber dort; aber ich habe nicht die geringste Aussicht, in absehbarer Zeit jemals wieder hinzukommen. Ich kann hier gar nicht fort, erstens wegen meiner Anstellung am Theater, zweitens weil ich felddienstfähiger Infantriste bin. (!) In letzterer Eigenschaft hätte ich eigentlich schon am 1. Mai nach Mainz einrücken sollen, bin aber vom Theater noch einmal reklamiert worden. Ende dieses Monats läuft die Reklamation ab und ich muß dann wohl im Juli zu den Preußen, wenn ich nicht das Bombenglück habe, noch einmal reklamiert zu werden. In Mainz wäre ich zu demselben Regiment gekommen, bei dem mein Vater war.
In meinem letzten Brief schrieb ich Ihnen, daß mein Vater vermißt sei. Vor 3 Wochen erhielten wir nun durchs Rote Kreuz die Nachricht, daß er am 25. September 1915 gefallen sei. Eigentlich hatten wir schon seit längerer Zeit damit gerechnet, denn wenn man seit September ein halbes Jahr ohne Nachricht ist, kann man wohl annehmen, daß auch keine mehr kommen wird. Im Mai vorigen Jahres war er auf Urlaub hier, da haben wir ihn zum letzten Mal gesehen. Dann fuhr er wieder in seine Stellung (den sog. Hexenkessel bei Tahure in der Champagne). Er schrieb dann noch immer ganz vergnügt, bis wir seinen letzten Brief vom 12. September erhielten. Dann kam die große französische Offensive. Die Stellung, wo er damals war, wurde französisch und daher glaubten wir erst, er sei in Gefangenschaft geraten. Ein Kamerad aus seiner Kompagnie schrieb auch, daß er erfahren hätte, mein Vater sei auf Belle Isle gefangen. Wir übergaben nun die ganze Sache der Gefangenen-Kommission des Roten Kreuzes, und diese hat nun überall gesucht. Der Kommandant des Lagers von Belle Isle teilte mit, daß sich dort kein Soldat namens Hindemith befände. Schließlich fand man im Lager von Etampes zwei Kameraden aus meines Vaters Kompagnie, welche unter Eid ausgesagt haben, daß sie ihn am 25. Sept. abends zwischen 5 u. 6 Uhr tot am Unterstand hätten liegen sehen. Nun ist wohl kein Zweifel mehr möglich, trotzdem uns noch die amtliche Bestätigung fehlt. Ich habe nach Etampes geschrieben in der Hoffnung, einige nähere Mitteilungen erhalten zu können, bis jetzt ist aber noch keine

Antwort gekommen. – Das ist eine gar schmerzliche Lücke, die uns der Krieg gerissen hat!
Jetzt genug des Traurigen! Sie erfahren wohl auch noch genug davon, und darum ist es gar nicht nötig, daß ich auch noch lamentiere und Ihnen etwas vorjammere. Der ganze Krieg ist traurig genug und da ist es gut, wenn man dieser ganzen Zeit die »Singspielhalle des Humors« gegenüberstellen kann; das hilft über vieles hinweg. Ich habe das gut fertig gebracht und deshalb leide ich auch gar nicht unter den trüben Zeiten. Im Gegenteil! Ich habe mich nicht klein kriegen lassen, war sogar von einer quasi rasenden Arbeitslust besessen und habe es zu manchem schönen Erfolg gebracht. Wenn es Sie nicht zu sehr langweilt, will ich Ihnen einmal ein bißchen erzählen, was ich alles getrieben habe.
Zunächst mal von dem, was eben bei mir am meisten auf der Tagesordnung steht: die Komposition. Mein Streichquartett, mit dem ich im vorigen Herbst den Mendelssohn-Preis gewonnen habe, wird höchstwahrscheinlich noch dieses Jahr in Wien aufgeführt. Hoffentlich glückt's! Wenn ich im Herbst oder Winter noch oder wieder hier bin, wollen wir es auch hier noch einmal spielen. Ende vorigen und Anfang diesen Jahres habe ich ein weiteres Opus vollendet, ein großes Cellokonzert mit Orchester oder besser: eine Symphonie mit obligatem Cello. Das war eine Mordsarbeit! Am 26. dieses Monats wird es hier im Conservatorium zum ersten Male aufgeführt. Der Cellist Frank (Rudolfs Lehrer) wird es spielen. Es ist zwar riesig schwer, liegt aber für das Cello gut. Das Orchester klingt ausgezeichnet. Ich möchte zwar im Voraus behaupten, daß die Kritiken wieder miserabel werden, aber das rührt mich nicht weiter. Sekles, mein Kompositions-Lehrer, will mir helfen, die Sache verlegen zu lassen. Es ist zwar eben dafür eine ungünstige Zeit, vielleicht läßt es sich aber doch machen. Eben arbeite ich an dem zweiten Satz einer »Lustigen Sinfonietta«, für Streicher, Holzbläser, Hörner, Trompeten und »Bumbum«, (zum Gedächtnis an den Dichter Christian Morgenstern), deren erster Satz von den Galgenbrüdern handelt – (mit einer Fuge als Durchführung: Das große Lalulā!) Der zweite Satz schildert zoologische Merkwürdigkeiten, und der letzte soll Variationen über das Thema »Palmström« bringen. Ich glaube, die Sinfonietta wird noch besser werden wie das Konzert. Sie kennen wohl nichts von

3 1916/17

Morgenstern (er hat eine Menge Gedichte geschrieben, u. a. die »Galgenlieder« u. »Palmström«) ich glaube auch nicht, daß Sie sich für seine Art begeistern würden. Ich bin aber ganz vernarrt in ihn, vielleicht, weil er ebenso verrückt ist wie ich oder umgekehrt. Das Neueste, was ich vom Stapel gelassen habe, sind einige »Schwizerliedli« nach Texten von Sofie Hämmerli-Marti u. Adolf Frey. Sie sind sehr lustig und »nätt«, sogar »chaibenett« geworden, so daß ich meine helle Freude daran habe. Ich habe leider eben keine geeigneten Texte mehr, kann darum nicht mehr daran arbeiten. Wenn Sie zufällig irgendwo kleine, lustige Gedichte finden und sie mir gelegentlich einmal schicken würden, wäre ich Ihnen sehr dankbar. Die Lieder sollen dann auch für Sie sein! Die jetzigen lasse ich demnächst abschreiben und schicke sie dann an Wilma Tamme in Leipzig zur Sühne für meine Schreibfaulheit; vielleicht freut sie sich darüber. Außer einigen kleinen Klavier-Stücken sind das alle meine Arbeiten des letzten 3/4 Jahres. Pläne habe ich noch eine Unmenge auf Lager; hoffentlich habe ich in den nächsten 10 Jahren Zeit, sie alle auszuführen. Die Geigerei habe ich aber auch nicht links liegen gelassen, sondern war auch da eifrigst beschäftigt. Eine Menge Konzerte, (sowohl Solo als auch Quart- oder Mehrtett) geben davon das beste Zeugnis. Karlsruhe, Pforzheim (je 2 mal), Saarbrücken, Heidelberg, Nürnberg, Bamberg, Freiburg, das sind ungefähr die Hauptorte, wo ich oder »wir« gewesen sind. »Wir«, das heißt das Rebner-Quartett, wo ich als II. Geiger beteiligt war. In Karlsruhe habe ich beide Male in der Schloßkirche bei I. K. H. Großherzogin Luise gespielt und jedesmal längere Audienzen gehabt. In Pforzheim einmal ein großes Solo-Konzert, wo ich das Mendelssohn-Konzert und die Ciacona losgelassen habe. Blendende Kritiken: »königliche Leistung«, »bestechend«, »tiefe Verinnerlichung«, »sprühend leicht«, »Glanzleistung«, »Höhe seltenen Könnens«, »mächtige Wirkung«, »mitreißender Schwung«, mit diesen und anderen schönen Epitheta ausgeschmückt. Im März habe ich mein Probespiel am Theater absolviert und bin nun endgültig als I. Konzertmeister angestellt. Das Probespiel wurde mir zwar *sehr* schwergemacht. Erst wurde ich nämlich auf die Intendanz bestellt ohne daß ich überhaupt wußte, was ich da sollte. Ich habe da dem Intendanten und den beiden Kapellmeistern *gänzlich unvorbereitet* je den

1. Satz des Brahms- u. Beethoven-Konzertes, das ganze Mendelssohn-Konzert sowie die Chaconne vorgespielt, was für die Herren natürlich eine große Überraschung war. Am Donnerstag darauf absolvierte ich noch einmal ein Probespiel, wo außer den genannten Herren noch der Amsterdamer Kapellmeister Wilhelm Mengelberg (der Leiter der hiesigen Museumskonzerte) und eine Menge unserer Orchestermitglieder da waren. Ich spielte Mendelssohn, Brahms und Bach. Es ging alles gut, aber Mengelberg, ein mir durchaus unsympathischer, rothaariger Mensch, wollte mir absolut die Stelle nicht zuerkennen, »weil ich viel zu jung« sei, ich habe aber gehört, daß er einen anderen Geiger dafür in petto hatte. Als ich aber dann noch äußerst schwierige Stellen aus der Salome vorgelegt bekam (die ich nie gesehen hatte) und sie glatt vom Blatt spielte, konnte er natürlich auch nichts mehr einwenden. Einstweilen mache ich denselben Dienst wie der zweite Konzertmeister, aber nach den Sommer-Ferien rücke ich auf und spiele mit dem anderen I. Konzertmeister, Hans Lange, abwechselnd. Der Theaterdienst ist, besonders im Winter, sehr anstrengend, ich fühle mich aber sehr wohl dabei. Dazu kommen noch alle 14 Tage die Museumskonzerte mit den endlosen Proben. Es ist schon dafür gesorgt, daß man nicht auf der faulen Haut liegt. Wenn Sie jetzt noch bedenken, daß ich bei dieser vielen Arbeit noch studiert, 3 Schülern Stunden gegeben, Quartettproben gehabt und außerdem noch Zeit gefunden habe, mich auf außermusikalischen Gebieten gründlich umzusehen, so werden Sie begreifen, daß meine Tage von früh bis spät mit Arbeit angefüllt sind.
Ich bin aber nun auch ganz am Ende meiner Kräfte angelangt, (wie immer, wenn es gegen den Sommer geht). Besonders hat mich die viele Notenschreiberei der letzten Monate angestrengt (ich habe die 123 Seiten starke Partitur meines Konzertes selbst rein herausgeschrieben, eine Viechsarbeit). Jetzt mache ich aber auch für einige Zeit Schluß. Wenn ich nicht eingezogen werde, gehe ich in den Sommerferien auf einige Zeit nach Friedberg zu meinen Bekannten, im anderen Falle hopse ich in des Königs Rock auf dem Mainzer Sand spazieren. Wollen mal sehn, wies grade kommt.
Wir sind umgezogen und wohnen jetzt in der Neuhofstraße 27. Ich habe jetzt nicht mehr so weit zum Theater. Meine Mutter ist fast immer allein zu Hause. Meine Schwester glänzt

als Kinderfräulein durch Abwesenheit und kommt nur Samstag Abends heim. Rudolf ist auch meistens weg und ich komme auch nur sprungweise. Es ist recht still geworden bei uns. Meine Freunde und Studiengenossen, die sonst öfters zu uns kamen, sind fast alle nicht mehr da – teils im Feld, teils in Engagements. Nur Auguscht Taravella aus Zürich (bei dem ich, ehe ich beim Kriegsausbruch Sie heimsuchte, einige Tage wohnte) kommt hie und da und musiziert ein bißchen. Auch Martha Braun war vor Ostern an einem Sonntag einmal da und da haben wir eine Unmenge Kammermusik gespielt: Schubert, Brahms, Beethoven. Die Freude meiner kärglich bemessenen freien Stunden ist unsere nicht große, aber schöne Bibliothek, an deren Vergrößerung Rudolf und ich eifrigst arbeiten. Rudolf ist in musikalischer Beziehung um Vieles ernster geworden, ist aber sonst noch der gleiche Radaubruder. Er spielt jetzt sehr gut Cello, hat neulich im Conservatorium das d'Albert-Konzert brillant gespielt. Er ist der einzige, der noch ein bißchen Leben in die stille Familie Hindemith bringt, indem er sich des öfteren mit Muttern herumhaut, daß die Stühle nur so fliegen. Zwar keine sehr noble Beschäftigung, aber äußerst gesundheitsfördernd.
Jetzt habe ich Ihnen nun die ganze Zeit von mir erzählt und vielleicht sind Sie gar darüber eingeschlafen. Aber ich weiß nicht, was ich Ihnen sonst schreiben soll. Alles, was an Wichtigkeiten im heiligen Deutschen Reiche passiert, erfahren Sie ja ebenso gut wie wir durch die Tageszeitungen und über den Krieg sich zu unterhalten, ist ja jetzt so furchtbar alltäglich. Darum mußte ich wohl von mir selbst schreiben. Ich schicke Ihnen mit gleicher Post ein wohlgetroffenes Konterfei von mir. Denken Sie sich diesen 20-jährigen Jüngling etwas schmäler (infolge Kriegskost und Arbeit), dann wissen Sie genau, wie ich zur Zeit aussehe. Würden Sie mir nicht auch einmal ein Bild von Ihnen schicken? Ich würde mich so sehr freuen darüber, denn ich besitze nur ein ganz kleines von Frau Doktor. So, jetzt muß ich aber Schluß machen. Ich bin ganz müde vom vielen Schreiben und überdies ruft Mutter zum Tee. Den darf ich nicht versäumen, weil ich schon wieder Hunger habe (hier hat man jetzt immer Hunger!). Leben Sie recht wohl und lassen Sie sichs recht gut gehen. Es grüßt Sie herzlich

Ihr Paul Hindemith

Meine Mutter läßt auch grüßen.
Singt eigentlich Frau Bürger wieder? Wenn ja, dann würde ich ihr auch gelegentlich einmal meine Lieder schicken. Richten Sie, bitte, viele Grüße von mir aus.

Aus der gemeinsamen Studienzeit am Konservatorium rührt die Bekanntschaft und Freundschaft mit der Pianistin Irene Hendorf aus Mainz. Sie scheint Hindemith allerdings nicht nur als Klavierpartnerin interessiert zu haben; er suchte in ihr auch eine Freundin.

AN IRENE HENDORF

Frankfurt am 2. 11. 17

Liebes Fräulein Hendorf!
Wurscht wider Wurscht! Sie kriegen heute auch erst die Nachricht, die Sie schon vor einem kleinen Menschenalter haben sollten. – Wegen der ins Wasser gefallenen Konzerte haben Sie mal keine Angst. Ich lasse mir deswegen keine grauen Haare wachsen, was ich auch von Ihnen nicht hoffe (oder: hoffe; ich bin z.Z. etwas dösig, und weiß nicht, was richtig ist.) Schön wäre es ja freilich gewesen, wenn wir wieder einmal zusammen hätten spielen können. Es hätte mir schon längst einmal wieder gut getan, mal ordentlich in Musik zu wühlen, wie das ja früher, dank Ihrer »gütigen Mitwirkung«, öfters der Fall gewesen ist. – So! Das Alles will ich Ihnen nämlich gar nicht sagen, denn das ist nur die Einleitung. (Klar und präzis, nicht wahr?) – Ich habe heute vormittag eine Idee gehabt, was ja hie und da vorkommen soll, und da sind Sie mir eingefallen. Ich habe für nächste Woche (Donnerstag oder Freitag Abend ½ 9 Uhr) eine Einladung bekommen, bei einem Herrn Prof. Steche hier Trio zu spielen. Hätten Sie nun Lust, mit meinem Bruder und mir die Geschichte zu unternehmen? Das Programm ist: Schubert Es dur und ein Mozart-Trio. Ich fände es nun sehr nett von Ihnen, wenn Sie Lust dazu hätten oder baldigst bekommen würden. Jedenfalls muß ich Sie bitten, mir gleich zu schreiben, wie und ob; damit ich mich, falls Sie nicht wollen oder können, nach jemand anderem umsehen kann. Das Schubert-Trio kennen Sie jedenfalls; es ist sehr schwer und wir müßten dann vorher einmal ordentlich proben, am besten an dem in Betracht kommenden Donners- oder Freitag. Mir ist auch jeder andere Tag recht, aber auf diese Art brauchen Sie nur einmal herüberzufahren. Ich denke, es wird sehr nett werden; die

Leute sind, soweit ich sie kenne (ich habe erst einmal da gespielt), sehr lieb. Zu essen gibts natürlich nix, sie sind wahrscheinlich froh, wenn sie die nötigen Rüben für sich selbst zusammenhamstern können. Der »nervus drehwurm« hat 30 Meter Länge. Hoffentlich sind Sie damit zufrieden. – Es wäre nun sehr schön von Ihnen, wenn Sie mir gleich schreiben würden, daß Sie mitspielen werden. Wenn Sie es nicht gerne tun, dann zwingen Sie sich aber bitte nicht dazu. Jedenfalls harre ich in Geduld der Dinge, die da kommen werden. Einstweilen grüße ich herzlichst in der Hoffnung, Sie in einigen Tagen zu sehen.

Ihr Paul Hindemith

AN IRENE HENDORF

Frkftam 9. II. 17

Liebes Fräulein Hendorf? → ! ← (Die schrecklichen Folgen!)

Sind Sie tot? – Schade!

Eben schreibt mir Doktor Steche, daß er die Geschichte am nächsten Freitag (16.) in Scene setzen möchte. Ich habe ihm zugesagt, in der Annahme, daß es Ihnen dann auch paßt. Sollten Sie aber diesen Tag schon für Ruppertshain bestimmt haben, so muß ich Sie schon bitten, letztere Sache auf einen anderen Tag zu verschieben. (Montag, Mittwoch, oder Samstag). An letzteren beiden Tagen kann zwar die Emmy Ronnefeldt nicht mit; aber es muß dann eben ohne sie gehen. – Sind Sie gut heimgekommen? Hoffentlich sind Sie nicht erst in Niederlahnstein aufgewacht und dann mit dem nächsten Zug wieder bis nach Aschaffenburg gefahren. Damit ich nicht aus der Übung komme, habe ich heute morgen schon wieder 2 ½ Stunden Sonaten und Trios gespielt (natürlich Schubert, allerdings etwas »abgeklärter« wie gestern Abend; so jugendlich wie da gings nicht!) und heute Abend habe ich noch eine Massenhinrichtung von Streichquartetten. Wenn das noch 3 Tage weiter geht, ist mein einer Finger ganz durchgespielt, halb ist er's schon. Aber das macht nix! Im Dagegenteil. Ich bin sehr dafür, die Sache baldigst zu wiederholen: Ich möchte mir erlauben, Ihnen das folgende Programm vorzuschlagen, welches sich aus den Stücken zusammensetzt, die wir gestern noch übrig gelassen haben: Mozart, sämtliche Trios; Beethoven, die Überreste seiner Triolitteratur, Brahms, 3 Trios, Schumann, Mendelssohn und

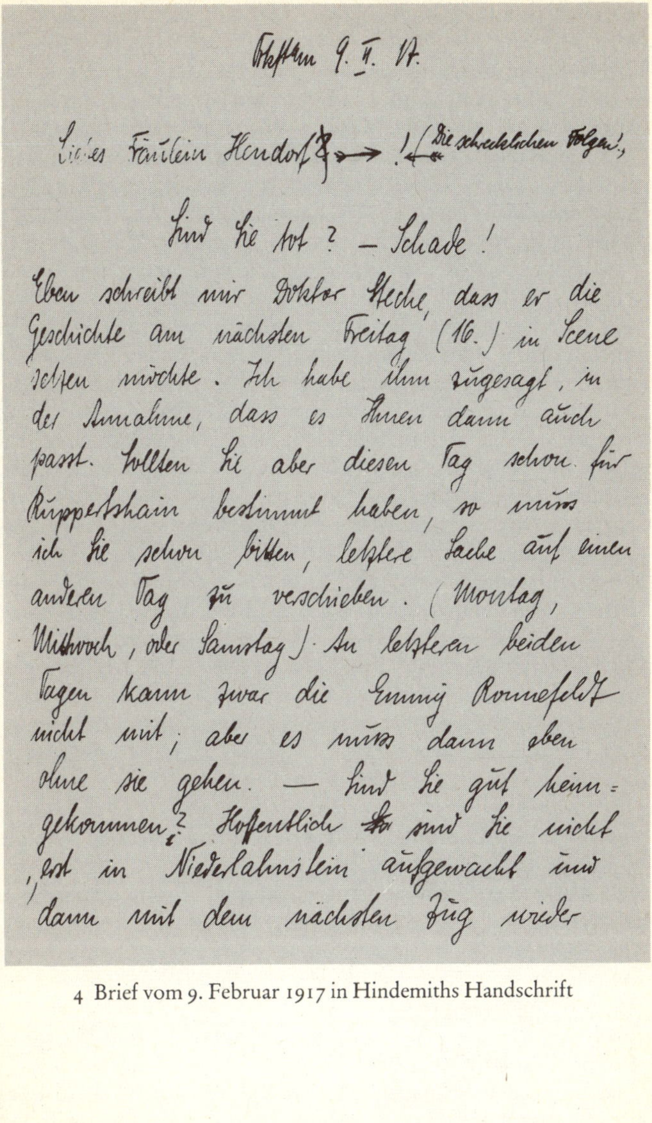

[illegible] 9. II. 17.

Liebes Fräulein Hendorf ! (Die schrecklichen Folgen!),

Sind Sie tot? – Schade!

Eben schreibt mir Doktor Steche, dass er die Geschichte am nächsten Freitag (16.) in Scene setzen möchte. Ich habe ihm zugesagt, in der Annahme, dass es Ihnen dann auch passt. Sollten Sie aber diesen Tag schon für Ruppertshain bestimmt haben, so muss ich Sie schon bitten, letztere Sache auf einen anderen Tag zu verschieben. (Montag, Mittwoch, oder Samstag). An letzteren beiden Tagen kann zwar die Emmy Ronnefeldt nicht mit; aber es muss dann eben ohne sie gehen. – Sind Sie gut heimgekommen? Hoffentlich sind Sie nicht erst in Niederlahnstein aufgewacht und dann mit dem nächsten Zug wieder

4 Brief vom 9. Februar 1917 in Hindemiths Handschrift

consorten: alle »einschlägigen Arbeiten«, ferner: Mozart, 18 Violinsonaten, Beethoven 10 ditto, Brahms 3 usw. usw. Zur Erholung empfehle ich dann das Regertrio und seine Violinsonaten, außerdem können wir uns auch noch auf Bach und andere talentierte junge Männer stürzen. Wenn Sie dann noch nicht genug haben, müssen wir entweder sämtliche Strauß- & Lannerwalzer in Triobearbeitung spielen oder aber das Institut wegen Musikmangel 3½ Tage schließen. – Also hoffentlich paßt Ihnen der Freitag. Richten Sie es dann vorher so ein, daß Sie wieder hierbleiben können; ich vermute, daß es auch ziemlich spät werden wird. Eines der Mozart-Trios müssen wir uns aber vorher einmal durchspielen, net wahr? Vielleicht können Sie wieder nachmittags kommen? (Es braucht ja nicht gerade zwischen 2.10 und 2.57, 5½ zu sein!) Bis dahin leben Sie so wohl als Sie können. Hoffentlich sind Sie eben nicht so kaputt, daß Sie diesen Brief nicht lesen können! Wenn doch, dann versäumen Sie natürlich sehr viel, es ist aber Ihre eigene Schuld! Warum schlucken Sie so viel Musik! Nichtsdestowenigertrotzdesto ist natürlich die Tatsache an sich sehr bedauernswert und »mich faßt ein tiefes Mitleid« für Sie armes Kind! Gute Besserung!! Verraten Sie nur keinem General oder sonst einem hohen Tier, daß ich von ½4–12 Trio spielen kann, sonst werde ich sofort als »Elite-Ka-Vauerich« eingezogen! – Verderben Sie sich nicht den Magen oder sonstige Utensilien an den Walzern; jedenfalls bitte ich Sie, sie nicht als Entschuldigungsgrund zu benützen, wenn Sie das nächste Mal vergessen haben, mir *meine* (jawohl: meine!) Schubert-Sonate zu spielen!!
Ihr Joseph Huber (Pseudonym für P.H. geb. 1763 zu Hildesheim, gest. 1422 in Sydney schrieb allerhand, etc etc, weiteres steht im Telephonbuch!)
Ich habe den Brief eben noch einmal durchgelesen, und behaupte trotzdem, daß ich ganz nüchtern bin! Sonderbar!!

AN IRENE HENDORF

Frkftam, Freitag. 17. 3. 17

Liebes Fräulein Hendorf!
Na, Sie sind aber anscheinend sehr »hin«, wie ich aus Ihrem Briefe entnehme. Das ist ja sehr bedauerlich, schadet Ihnen aber gar nix. Sie – und Reue? Hübsch, sehr hübsch sogar!

Aber gehen Sie nicht gleich zu weit, schwören Sie nichts, was Sie am Ende doch nicht halten können. Es hat mir schon Spaß gemacht, zu lesen, daß Sie jetzt wieder mal für einige Stunden brav sind; merkwürdig ist es aber doch, daß Sie das fast nur fertig bringen, wenn Sie einen Bogen Briefpapier unter den Fingern haben, (denn sonst habe ich es nur einmal erlebt). Ich schenke Ihnen mal einen Karton Briefbogen, wenn Sie Ihr Papier alle haben, vielleicht hilft das ein bißchen – oder: wäre es nicht am besten, wir machten nur Musik und sagten uns alles Übrige per Brief, da laufen Sie keine Gefahr, irgend etwas zu bereuen und ich komme nicht in die Verlegenheit, mich über Sie zu ärgern. Und das habe ich am Donnerstag getan; aber feste! Ich hatte mir schon fest vorgenommen, nie mehr ein vernünftiges Wort mit Ihnen zu reden, sondern von jetzt an immer in der beliebten lärmhaften Art Gespräche zu führen. Das wäre Ihnen vielleicht auch einmal gegen den Strich gegangen, wenn Sie zufällig einmal etwas ernster aufgelegt wären und dann hätten Sie sich meinetwegen auch ärgern können. Sagen Sie nicht, daß ich selbst so gewesen wäre neulich; ich bin hingekommen, sanftmütig wie ein Lämmlein, und habe mich dann nachher nur gewehrt. Ich verlange ja gar nicht, daß Sie sich um meine Blödigkeiten und Katerbrutapparate kümmern sollen, – aber meinen Sie nicht, daß ich etwas weniger grob zu Ihnen gewesen wäre, wenn Sie einmal recht mies hier angekommen wären? Jetzt denken Sie nur nicht, daß ich Ihnen das nachtrage! I wo! So blöd bin ich nun doch noch nicht. Sie hätten gar nichts davon gesagt bekommen, wenn Sie jetzt nicht selbst die Rede darauf gebracht hätten. Also: nix für ungut, die Sache ist begraben. – Ja, und noch eins. Daß ich weder die Walzer noch die Lieder für mich gebraucht habe, wissen Sie wohl. Sie hätten die Stücke aber nicht gekriegt, selbst wenn ich sie dadurch für immer verloren hätte. Sie wollten das, was ich mit Liebe gehätschelt und großgezogen habe, herumzeigen wie man irgendeine gekaufte Ware herumzeigt und befühlen und loben läßt. Und selbst wenn Sie das mit aller verfügbaren Ehrfurcht tun, so ist das immer noch häßlicher, als wenn mir irgendeiner der übrigen Mitteleuropäer, der gar nichts davon versteht, versichert, das zweite meiner Cellostücke hätte ihm rasend gefallen. Der geht mir wenigstens nur wider den Verstand und nicht gegen das Gefühl!! – Das braucht Sie auch nicht zu kränken. Wenn Sie es mittlerweile nicht selbst entdeckt haben, war es vielleicht nötig, daß ich es Ihnen gesagt habe. – Bitte geben Sie sich keine Mühe, von jetzt ab Ehr- oder sonstige Furcht zu produzieren. Erstens wird es Ihnen ja doch ziemlich schwer fallen und zweitens werde ich mir dann auch redlich Mühe geben, möglichst konventionell und sittsam zu Ihnen zu sein. Also wählen Sie! Wenn Sie so wählen, daß wir, getreu dem Paragraphen 4, sagen können: »Alles bleibt, wie's gewesen ist«, soll's mich sehr freuen. Lassen Sie auch ruhig das »Hindemithchen« fort und einigen Sie sich mit mir dahin – »trotzdem« Sie Gottseidank meine Großmutter weder sind noch sein könnten (– vielleicht brauchen Sie auch dann nicht mehr nachzuschlagen, was Sie eigentlich dürfen) – daß wir »Du« sagen, nicht wahr? Vielleicht haben wir es dann nicht mehr nötig, uns ausschließlich zu zanken (es soll auch anders ganz gut gehen!!). Also (und jetzt fange ich als Probe aufs Exempel diesen ganzen Brief noch einmal von vorne an):

Liebe Irene!

– – – (Hat sich was! Ich schreibe doch anders weiter!) Halloh! Eben war der Meenzer Solocellist bei mir, und jetzt kann ich nicht mehr weiterschreiben, weil ich ins Theater muß! Wenn Du nichts Besseres zu tun hast, komme doch Montag um 2.21 rüber, aber einmal *ohne* Musik.

Ich will Dir mal mein Quintett mitgeben und gleich ein bißchen mit Dir durchgehen. Morgen vormittag bin ich in Kreuznach. Wenn ich früh genug fertig werde, komme ich vielleicht einmal auf einen Sprung bei Dir vorbei in Mainz.

Also auf Wiedersehen! In großer Eile.

Paul Hindemith

1917 komponierte Hindemith die Drei Stücke für Violoncello und Klavier op. 8. Durch Dr. Steche, den Schwiegersohn des Verlegers, kam der Kontakt zum Verlagshaus Breitkopf & Härtel zustande. Tatsächlich nahm der Verlag das Werk zum Druck und zur Veröffentlichung an. Op. 8 erschien Ende September 1917 und ist die erste im Druck erschienene Komposition Hindemiths. Im Herbst/Winter 1916, ein gutes halbes Jahr vor den Cellostücken, war das Quintett e-moll op. 7 entstanden. In den Briefen aus jener Zeit ist von diesem Werk immer wieder die Rede. »Es sollte ein Riesenwerk werden«, notierte Hindemith in seinem Verzeichnis über die Komposition, zu der ursprünglich noch ein zweiter Teil geplant war. Das Werk erschien nie im Druck; wahrscheinlich sind Partitur und Stimmen im Kuhhirtenturm verbrannt.

AN DR. STECHE

Frkftam 21. III. 17

Sehr geehrter Herr Doktor Steche!

Infolge der vielen Arbeit der letzten Tage komme ich erst heute dazu, Ihnen für Ihren freundlichen Brief zu danken. Etwas spät zwar, aber darum nicht weniger herzlich. Es war mir eine große Freude, zu hören, daß Sie meinen Cellostücken so viel Interesse und Verständnis entgegen bringen; ich war darüber zum mindesten geradeso angenehm enttäuscht wie Sie selbst an jenem Abend. Wenn Sie die Güte haben würden, einmal mit Ihrem Herrn Schwiegervater zu sprechen und ein gutes Wort für mich einzulegen, wäre ich Ihnen riesig dankbar. Ich wollte in nächster Zeit ohnehin auf die Suche nach einem Verleger gehen. Lange genug habe ich jetzt »im Stillen gewirkt« und für mich gearbeitet. Jetzt weiß ich ganz sicher, daß ich die kompositorischen Kinderschuhe schon lange ausgetreten habe und würde jetzt ganz gerne einmal den berühmten »Sprung in die Öffentlichkeit« wagen. Allerdings glaube ich ja, daß man als junger unbekannter Musiker nicht so leicht die Gelegenheit zum Springen findet, aber ich will auf das Glück hoffen, das mir schon einige Zeit treu ist, und mir beide Daumen halten. Cellostücke gibt es ja kaum und es ist darum leicht möglich, daß sie verhältnismäßig gut anzubringen sind. Allerdings sind die meinigen sowohl für das Cello als auch für das Klavier technisch schwer und musikalisch nicht gerade leicht, dafür bilde ich mir ein, daß sie gut gelungen sind (was »Ton und Weise«, wie auch Form anbetrifft), ein Vorzug, der bei dieser Gattung der Musik fast nie anzutreffen ist. Die unzähligen anderen Vorzüge (!) meiner Stücke brauche ich Ihnen wohl nicht aufzuzählen; Sie werden sie schon selbst entdeckt haben. – Wenn Sie also glauben, daß Ihr Herr Schwiegervater für das Experiment zu haben sei, so bitte ich Sie höflichst, einmal mein Heil zu versuchen. Wenn Sie dann die Güte hätten, mir mitzuteilen, wann Sie ungefähr hier abreisen, würde ich Ihnen gerne noch die Kritiken vom 12. d. M. mitgeben. Meinen Sie, daß ich Ihnen auch noch einige andere Kompositionen mitgeben soll (Die Cellostücke sind op. 8, und von op. 2 ab sind die Sachen nicht mehr gemeingefährlich, mithin genießbar). Wenn ja, dann möchte ich Ihnen aber vorher einiges daraus vorspielen, damit Sie es mit gutem Gewissen empfehlen können. Verzeihen Sie mir, bitte wenn ich gar so aufdringlich bin, – aber wenn man dem Teufel einen Finger reicht . . . usw. –!

Ist Ihr FIS noch nicht in Ordnung? Wenden Sie sich doch einmal an Schaaf, Junghofstraße, oder Mayer, Oederweg. Wenn auch deren Weisheit an der klirrenden FIS-Taste zerschellt, dann ist ja noch Nold, Stiftstraße da. Außerdem noch Schaaf, Kaiserstraße; Lichtenstein, Zeil. Wenn Sie einen Stimmer brauchen, schickt Ihnen auch die Blindenanstalt Adlerflychtstraße einen, jedoch weiß ich nicht, ob der sich auf kaputtene Tasten versteht.
Mit vielen herzlichen Grüßen an Sie und Ihre Frau Gemahlin

Ihr Paul Hindemith

AN IRENE HENDORF

Frkftam, Dienstag. 21.3.17

Meine liebe Irene!
Ich danke Dir vielmals für Deinen langen Brief und dafür, daß Du trotz Deiner vielen Arbeit noch Zeit gefunden hast, ihn zu schreiben. Komme nur am Donnerstag, wenn es geht, herüber; dann können wir uns ja mal ordentlich ausquatschen. Wenn Du nichts mehr hören läßt, bin ich um 2.21 am Zug. Es war ganz gut, daß Du gestern nicht gekommen bist. Ich bin vor dem Bahnsteig stehend eingeschlafen und wenn Du dann auch noch Deine Müdigkeit mitgebracht hättest, wäre das wohl sehr unterhaltsam geworden. Weißt Du, ich möchte Dir doch vorschlagen, am Donnerstag außer dem Quintett keine Musik zu machen, denn erstens wird dieses sehr viel Zeit wegnehmen und zweitens hängt mir – mit Respekt zu vermelden – die Musik eben zur Abwechslung dermaßen zum Halse heraus, daß ich mit den Schuhen drauftrete. Na, und überhaupt! Heute vormittag Probe, heute nachmittag Probe, heute Abend Oper, morgen vormittag Probe, dann morgen vormittag noch eine Probe, morgen nachmittag wieder eine Probe und morgen Abend – last not least – immer noch eine Probe; Donnerstag vormittag auch wieder 2 Proben, und Donnerstag Abend 3 Stunden Quartettspielen! Weißt Du, dann bin ich wirklich einmal froh, wenn ich einmal einen musiklosen Nachmittag haben kann (d. h. natürlich nur: ohne geigen zu müssen). Sonst spiele ich, wie Du weißt, wenn Du willst, bis zur Bewußtlosigkeit mit Dir.

Ach, ich kann Dir jetzt nicht weiter schreiben, weil ich ganz blöd bin. Wir wollen dann lieber am Donnerstag lange reden, gelt? Bist mir doch nicht böse darüber?
Einstweilen viele Grüße. Paul
(augenblicklich Virtuose auf der Trübsalsflöte; bläst die tollsten Scherzli darauf.)
Es tut mir so leid, daß Du am Sonntag vergeblich gewartet hast, aber ich konnte erst spät am Nachmittag heimfahren und deshalb nicht in Mainz aussteigen. – Also, auf Wiedersehen!

Unmittelbar nach dem Kriegsausbruch im Jahre 1914 hatten Paul und Rudolf Hindemith die Familie Ronnefeldt in Frankfurt-Sachsenhausen kennengelernt. In der Häuslichkeit dieser Familie fühlten sich die Brüder sehr wohl, ganz abgesehen davon, daß sie hier vor Hunger bewahrt blieben. Puppenspiele und Musizieren machten die Wochenenden zu Festtagen. Emmy Ronnefeldt, die Tochter des Hauses, wurde für Hindemith zur vertrauten Freundin. Ihr hat er in diesen Jahren seine Gedanken, seine Probleme und Bedürfnisse auf eine persönliche Weise offenbart, wie sie später nie wieder begegnet.
Die Briefe von Paul Hindemith an Emmy Ronnefeldt haben sich nur als Abschriften der Adressentin erhalten. Die Auslassungen am Ende der Briefe betreffen offensichtlich nur die Grußformel. Bemerkenswert im Unterschied zu den kritischen Äußerungen an dem Dirigenten William Mengelberg ist die Hochachtung, die Hindemith dem Dirigenten Dr. Ludwig Rottenberg entgegenbringt. Sieben Jahre später wird er dessen Tochter Gertrud heiraten. Das Jahr 1917 bringt in der Entwicklung Hindemiths einen entscheidenden Durchbruch zum Selbstverständnis als Komponist. Als wichtigstes Werk entstehen im Frühjahr die ›Drei Gesänge für Sopran und Orchester‹ op. 9.

AN EMMY RONNEFELDT

Mai 1917

Liebe Emmy!
...Wenn ich in Deinem Brief von Enten, Gänsen u. andern Menagerieviechern lese, dann spuken mir meine Bauernhofserinnerungen aus Basel u. Oberhessen im Schädel rum, Stall- u. Mistgeruch (pardong!) krabbelt mir höchst angenehm in der Nase und ich schmecke Milch – richtige Milch in riesigen Mengen! Dann erscheinen mir all die merkwürdigen Begebenheiten, die man auf dem Lande so miterlebt, als da sind Kornladen, Kuhmelken, Kälbergeburten u. andere nette Sachen! Neid kriege ich, daß ich jetzt nicht auch draußen sein

kann! Wiesen, Wald, Bäume, Bäche, Dörfer, Hühner, Kühe – Herrgott, wie schön ist das alles! Und jetzt bei dem wunderbaren Wetter in diesem öden Nest sitzen müssen!! Fuuurchtbar!! Den ganzen Tag nichts als Musik, höchstens mal dazwischen 1 oder 2 Stunden Schlafen, weil man vor Müdigkeit kaum die Augendeckel aufhalten kann. Es ist arg eben! Lange (1. Konzertmeister) ist schon seit 2 Wochen krank, und ich sitze darum andauernd im Theater u. begeistere mich Abend für Abend an den mir nicht mehr ganz unbekannten Kunstwerken. Eine große Oper nach der andern, dazu noch den »Ring«. Außerdem Freitags-, Sonntags- und Cäcilien-Vereins-Konzert! Und die endlosen Proben dazu! Und dieser ekelhafte rote Holländer obendrein! Ich habe mich in der letzten Woche schön geärgert über diesen widerlichen Musikhandwerker! Wenn ich schon sehe, wie dieser Mensch die herrlichsten Meisterwerke auflöst in eine Sammlung von Bogenstrichen, Fingersätzen u. andern Vorschriften, wie er es nur darauf anlegt, die Leute zu schikanieren, wie er sich als den absoluten Musikgott hinstellt u. von seinem Thron aus auf alle andern ehrlich strebenden Menschen heruntersieht, wo doch seine Musik öfters nicht zum Anhören ist – dann steigt mir jedesmal die Galle u. ich überlege öfter, ob ich dieses Scheusal doch nicht noch einmal meuchlings vergifte. Er hat mir ja nichts getan, d. h. nicht mehr wie jedem andern auch, aber das genügt mir schon, um die ganze Gemeinheit u. Rücksichtslosigkeit dieses Menschen zu sehen u. ihn glühend zu hassen. Am Freitag hatten wir die D-Dur-Symphonie von Brahms. Ich bin gewiß kein Brahmsverehrer – aber so etwas von Unbrahms gibts kaum wieder. Der 1. Satz brutal oder sentimental, ohne jedes Gefühl, der herrliche 2. Satz verzerrt u. aller Schwingen beraubt, der 3. Satz leere Noten u. die Coda im Finale ein Paukenkonzert mit Orchesterbegleitung. Schauderhaft! Die Titus-Ouvertüre verhauen, o weh! Das beste war die große Leonore. Aber die ist ja widerstandsfähig, die ist auf die unmusikalischste Art wiedergegeben immer noch herrliche Musik. Die Hoffmann-Onegin hat Strauss-Lieder gesungen, ich habe bei einem die Sologeige gespielt. Im Sonntags-Konzert war Tschaikowsky's Pathétique. Ich kann sie mir viel schöner denken, trotzdem diese exaltierte Musik dem Willem noch am besten liegt. Dann Liszt-Lieder, von der Mysz-Gmeiner gesungen. Ich habe wieder eins davon gespielt (die 3 Zigeuner). Gestern war Cäcilien-Konzert mit 4 Bach-Kantaten. Der Chor hat natürlich ausgezeichnet geklappt. Im Ganzen schließe ich mich aber der Meinung eines nach dem Konzert vor mir gehenden Zuhörers an: »es war arg laut!« – Ich habe 3 Solo-Arien an diesem Abend gehabt. Sie gingen sehr gut, selbst mein Feind W. M. konnte nicht umhin, dies zu konstatieren. – Also das war das Museum – der unkünstlerischste Musikbetrieb, den man sich denken kann – ich mache in der nächsten Saison auf keinen Fall mehr mit! – Valet will ich Dir sagen – Nun noch ein bißchen von erfreulicherer Musik. Rebner und Rottenberg's Mozart-Veranstaltungen sind vorüber. Das war Musik! R. hat mir zwar gar nicht gefallen. Frau Dr. L. sagt: R. ist ein Kaffeegeiger im edelsten Sinne und damit hat sie recht. Aber der Doktor! Das ist doch ein Musikmann – wenn er gerade bei Laune ist. Er schmiert ja – spielt mal so, dann wieder anders – aber es ist doch Geist drin. Der kann doch wenigstens noch musizieren! Nur auf dem Dirigentenpult ist er oft so erbarmungswürdig hilflos! – Irene H. kommt eben alle paar Tage von Mainz herüber u. zu uns, wenn sie nichts Besseres zu tun hat. Neulich war ich mal bei ihr in Mainz, da haben wir den ganzen Tag 4händige russische Musik gespielt (Borodin, Glaszunow u. a.), es war sehr fein. Auch hatten wir in Mainz einen Schubert Abend, der brillant verlief. Rudolf war auch dabei. Den 1. Satz vom B-Dur-Trio, das ganze Es-Dur-Trio u. das brillante Rondo in h-moll. Kritiken sehr gut. Kurz davor haben wir (sie u. ich) wieder einmal hier ausgiebig musiziert (10 Stunden). Lauter alte u. neue Violinkonzerte, Beethoven-Sonaten, Tartini u. andere alte Brüder, Schubert etc. etc. Hättest Du nicht gern umgeblättert? Sie spielt auch mit der größten Begeisterung meine Kompositionen. Die Walzer kann sie jetzt sehr gut, wir haben sie neulich nicht weniger als 7 mal hintereinander gespielt. Das Quintett hatte sie auch famos studiert. Wir haben es vor einiger Zeit mal bei Rebner gespielt. Dieses Stück macht mir einen Riesenspaß u. ich möchte es furchtbar gern mal hören. Eben hab ich gar keine Lust, an meinen Sachen zu arbeiten. Das einzige, was ich in den letzten 2 Wochen verbrochen habe, war eine Bearbeitung (Aussetzung d. unbezifferten Basses) einer Arie aus einem Passions-Oratorium von Keiser (16... bis 16...) für Dr. Schmidt in Friedberg, der mir einen lobtönenden

Brief dafür geschrieben hat. Gestern hat er mir schon wieder so eine olle Partitur zum Bearbeiten geschickt, er gibt diese Sachen alle heraus. – Meine Cellostücke liegen seit Samstag bei Breitkopf & Härtel, vielleicht können die was damit anfangen ... Über Sekles hab ich mich neulich gewundert. Ich habe ihm meine Lieder mit Orchester gezeigt (2 sind fertig), weißt Du, was er für Bedenken hatte? – Die Lieder wären doch eigentlich sehr frei, hätten in der Form gar keine Ähnlichkeit mit den »gewöhnlichen« Liedern! Und das sind die modernen Musiker! Etwas, was aus ganzer Seele heraus geschrieben ist und sich den Teufel um Liedform u. sonstigen Schwulst kümmert, was ihnen ein wenig neu ist – das macht sie kopfscheu! Ich will doch Musik schreiben u. keine Lied- u. Sonatenformen!! Ja, wenn ich logisch musiziere u. die Gedanken fügen sich zufällig in eine »alte« Form, dann ist's gut! Aber ich bin doch in 3 Teufels Namen nicht verpflichtet, immer wieder in diesen alten Schemen zu denken! Und ich bilde mir ein, daß gerade meine neuen Lieder in ihrer Ungebundenheit echter sind, als z. B. Sekles' Temperamente! Trotz aller Hochachtung vor meinem Lehrer! Ich sehe immer mehr, daß es höchste Zeit wird, daß ich von diesem ganzen Conservatoriumskram loskomme. Was verbindet mich schließlich noch mit all diesen Leuten? Tradition! Es kann mir keiner helfen, wenn ich etwas wissen will. Ich kann mit keinem ernstlich von der Musik reden, weil keiner mehr Ideale hat, weil ihre ganze Kunst schon viel zu sehr Handwerk geworden ist. Und jetzt kommt noch mein eigener Lehrer und will – oder kann nicht verstehen, was ich sagen will. Was soll ich dann noch da? Ja, es ist schon eine undankbare Sache. Immer bemüht man sich die süßesten Küsse der Frau Musika aufs armselige Notenpapier zu bannen. Und wenn man glaubt, man hat den Widerschein aller Seligkeit hingezaubert, dann hören die Krautköpfe immer wieder Töne, Takte, Dynamik, Formen und sonstiges Gesums statt Musik! Musik, die fehlt unserer Musik! Und ich will immer nur Musik machen. Ganz Wurscht, ob sie einem Menschen gefällt. Wenn sie nur wahr und echt ist ...

[24. 5. 1917]

Stuttgart 20. Dezember 1902

Werter Herr Rosenthal!

Ich erlaubte mir, bei meinem letzten Besuche bei Ihnen, am 14. d. M. sowohl meinen neuen Sonnenschirm als auch ein Glas eingemachter Gurken versehentlich stehen zu lassen. Da nun meine Frau diese Gegenstände in ihrer Speisekammer vermißt, ersuche ich Sie hiermit höflichst...

Entschuldige, liebe Irene, ich habe nur in meinem Briefsteller die falsche Seite aufgeschlagen. Lasse Dich aber, bitte, nicht irre machen, der Mann hatte anno 1902 tatsächlich Regenschirm und Kummern stehen gelassen (ich habs gedruckt; jederzeit nachsehbar!). – Also, hör mal. Bis nächsten Donnerstag habe ich jeden Tag Probe und abends immer zu tun, dann ist's also nix mit dem Musizieren. Aber Freitag ginge es sehr gut, dann könnten wir uns mal ordentlich hineinknien. Kommst Du zu einem der Schwarz-Gastspiele hierher? Dann könnten wir alles beschwätzen. Im anderen Fall schreibst Du mir vielleicht noch einmal, nicht wahr? Ich fürchte, dieses Musikmachen wird auf längere Zeit hinaus das letzte sein müssen, weil sich bei mir immer mehr die Ansicht verdichtet, daß ich übernächste Woche einmal endgültig einrücken muß. (Kriege ich dann einmal die Schubert-Sonate gespielt?) Möglicherweise wäre ich dann auch verhindert, das Konzert in Mainz mitzuspielen; das wäre arg schade. Soll mich freuen, wenns doch noch einmal anders kommt (glaube es aber nicht). – – Jetzt muß ich Dir schnell noch sagen, daß Du mir eine Riesenfreude gemacht hast am Montag mit dem Quintett, ich danke Dir vielmals dafür. Ich kann Dir leider keine hochtönenden Reden reden, das weißt Du ja, – aber Du weißt ja auch, wie ich's meine, wenn ich wenig sage, gell? Denke Dir jetzt einmal, ich würde Dir dafür einen Riesenblumenstrauß, oder ein Pfund Toilettenseife, oder 50 Pfund Kartoffeln schicken, – oder denke Dir, ich würde Dir eine Ode dichten, oder ein rasend schönes Klavierstück notgedrungen aufs Papier empfinden – oder Gott weiß was! Und wenn Du das alles gedacht hast, dann freue Dich, daß Du nichts davon kriegst. Dafür schicke ich Dir Tränen, Händedrücke, Küsse und sonstige Dankbarkeitsattribute (wärmst empfunden) soviel Du verlangen kannst. (NB! Kannst Du viel vertragen?)

Und wenn ich Dir einmal irgend einen Gefallen tun kann, ... u.s.w. im altbekannten Geleise.
Also leb wohl, Du treue Seele, und sei froh, daß Du heute nicht hier bist. Ich bin nämlich schon seit einigen Tagen kannibalisch lyrisch angerötet und diese Krankheit hat heute den höchsten Thermometerstand erreicht. (Immer gefährlich für Mitmenschen und andere Leute). Das kommt vom Liederkomponieren. Das dritte ist fast fertig entworfen, das zweite ganz fertig.
Auf Wiedersehen. Dein Paul
NB! (Hindemith)

Der folgende Brief, in dem wieder, wie in den vorausgegangenen, von den Drei Gesängen für Sopran und großes Orchester op.9 die Rede ist, hat keine Datumsangabe; er dürfte im Juni 1917 geschrieben worden sein.
Der »Hollah«-Gruß zu Beginn ist in breitem Strich über die halbe Breite der Seite geschrieben.

AN IRENE HENDORF

[Juni 1917]

Hollah,
oha, nur den Federhalter aus Versehen falsch eingetunkt.
Teure Irene!
Man nur keene Uffregung, wollen erst mal kieken, wat »meek« heest! – Wenn ich mal ein paar Tage nix schreibe, hat das gar nichts zu sagen, wie schon so oft und heute überflüssiger Weise am öftersten noch einmal konstatiert. – : Braten, entschieden vorteilhafter. Nur mal viel geschafft, dann ist mir alles andere schnuppe, selbst Briefe an Dich. Ich habe gedacht, Du kämst nachmittags mal zu uns, wenn Du Deine Stunden hättest – Mutter war aber sehr enttäuscht. Drittes Lied wird morgen fertig geboren. Vater gesund, Kopf ein bißchen gelitten. Sekles entz- und r-ückt. Er behauptet, ich wäre ein Anarchist und hätte die deutsche Revolution vermusikalisiert. Auch recht. Muß man auch. Immer Spießer totmachen. Heiajaheih! Heut schon den ganzen Vormittag im Wald rumgelaufen – fabelhaft, – die Bäume haben sich Äste gelacht. – Also, nun Darmstadt! Nicht nur die Honorierung, sondern die ganze Kiste blödsinnig. Nehme nicht nur nicht an, daß Du an der Angelegenheit interessiert bist, sondern nehme überhaupt nicht an. Erstens mal weiß der R.-W.-V. [Richard-Wagner-Verein] ganz genau, daß ich schon neulich mit Lange

etc. abgelehnt hatte, dort zu spielen wegen minimaler Bezahlerung. Na, und jetzt noch minimälerer? Stuß. Köder: eigene Kompositionen?! Falle ich nicht drauf rein. Und dann außerdem geigen? Entweder Geiger oder Musiker, aber nicht – fehlt nur noch Kunstschütze und Entfesselungskünstler (Einlage: Dressierte Klavierspielerin, lebensgefährdet gebändigt). Spucke oder Speuze (oder wies heißt) mal ordentlich vor Deinem Herrn Rehbock aus und frage ihn, wie ers wagen könnte, Dir 25 und mir 50 anzubieten? (unter 52,85 spiele ich prinzipiell nicht, außerdem 0,67 Saitengeld.) Denkt man für ein Lumpengeld ein paar »jungen Künstlern« eine »Laufbahn« aufzumachen? Piepe!! Ich bin hier genau so gut erster Konzertmeister wie drüben der Herr Schiering und will auch meine Kunst nicht billiger produzieren oder prostituieren, zumal meine ganze eigene –; die entweder umsonst oder für ein Schweinegeld. Poche sonst gar nicht auf meine Titel. Aber für Darmstadt möchte ich schon Schah von Persien und Dalai Lama zugleich sein, um ihnen für 50 Mark zu sagen, daß sie mir den Buckel raufrutschen könnten. Für 200 spiele ich schon Solo, jawohl, und wenn schon Sachen von mir aufgeführt werden sollen, dann nicht als Lückenbüßer oder Programmstöpsel. Dann schon ein ganzer Abend – den auch gratis, wenn sie wollen. Bezahle sogar die Reisekosten und 3 Glas Pilsener Dünnbier für sämtliche Mitgewirkten. Oder wenn kein ganzer Abend, dann doch richtig im Vordergrund. Meine Sachen brauchen kein Licht zu scheuen, nicht mal das des Darmstädter R.W.V. (einschließlich des demselben von mir hiermit aufgesteckten – geht Dir dasselbe auf?) und darum will ich auch möglichst darauf sehen, daß sie anständig zur Geltung kommen. Wenn Du Mendelssohn mal siehst, dann bringe ihm das nur mal bei, – vielleicht bißchen sanfter, wenns möglich ist! Aber »Ich« (in diesem Falle bin ich mir W II) werde mir's verbeißen, auf solch unkulante Vorschläge einzugehen. Die Zeiten sind vorüber. Hat sich was. – Übrigens: Schwamm drüber. Das dritte Lied ist gut geworden, das ist mir weitaus am wichtigsten. Op. 9. Komm doch mal her, ich will Dirs mal vordressieren. Großer Aufmarsch. Ich marschiere da feste mit, stürze Throne, handle mit vermoderten Kronen, zerspalte wimmernde Kasematten u.s.w. mittels 5 Mann Schlagzeug und 8 (nach der Vorführung) toten Hornisten. Das sollten die Darmstädter mal aufführen. Eine

Sopranistin mit 2 Lungen und Druckluftsystem würde sich vielleicht dort finden. Mendelssohn würde zwar längelang hinschlagen bei dem Getön, ich glaube nicht, daß er da mitmarschieren möchte – vielleicht ließe mich Großherzog einspinnen oder gar er komponiert darauf: Den Aufmarsch des Mittelalters! (Das hab ich Dir nur ins Ohr gesagt!)
Halloh, Hurrah, hoch, x y z tz!
Komm doch mal her!
Einstweilen lebe ich so wohl ich kann, als auch – (sowohl – als auch) und wünsche Dir das Gleiche ohne weitere Aufregung bis zur nächsten Briefpause. (Die Schreibnichtigkeit ist mir doch eine äußerst sympathische Krankheit).
Euer getreuer ergebener
Waldemar Baussnern (heißt »Baussnern«, Schriftzüge genau auswendig gelernt, identifiziere mich schon mit allen mir lieben Personen. Demnächst: Camilla W (OW), dann mal Irene Hendorf.) Laßt Sonne herein – Der Postsekretär im Himmel!!

AN EMMY RONNEFELDT

Frankfurt
Sonntag [Juni 1917]

Liebe Emmy!
...ich für meine Person habe allerdings ein ganzes Stück Wegs erledigt, und das ist ja für mich doch eine wichtige Sache. Meine Lieder habe ich gerade auf Pfingsten beendigt, Ostern angefangen, Pfingsten vollendet – ist das eine gute Vorbedeutung? Sekles ist jetzt ganz entzückt davon, nachdem er sie als Ganzes gesehen hat. Er behauptet, die Instrumentation sei meisterhaft. Ich bin ordentlich stolz auf dieses Opus. Drei Lieder sins. Das letzte ist ein Marsch. Die Jugend marschiert auf, es werden Throne umgeschmissen, Gefängnisse kaputt gemacht, Barrikaden gebaut, Gefangene befreit, ein Mords-Sums gemacht – übrigens ein herrliches Gedicht von seltener Kraft. Ich glaube, die Musik verbindet sich ebenbürtig mit dem Text. Das Orchester ist sehr groß: 8 Hörner, 2 Harfen, 5 Mann Schlagzeug u. allerlei sonstige nette Sächelchen – eine ganz anständige Partitur. – Die Singstimme muß zum Schluß andauernd schreien – fein, was? Nichts für musikalische Leute. Widerstandsfähige gesucht!!

Sängerin mit 2 Lungen! Sekles hat behauptet, das Lied müßte mindestens von »3 Pulten« Sopran gesungen werden. Vorläufig ist das aber nicht der Fall. Die Frau Gentner sieht nur eben mal die Sachen durch. Da ich ja in gesangstechnischer Hinsicht leider Gottes ein infamer Dilettanterich bin, habe ich sie gebeten, nur die Stücke mal auf ihre Sangbarkeit hin anzusehen. Sie wird sie mir auch einmal singen. Natürlich ohne Orchester. Ich markiere (Orchesterersatz!) am Klavier! – Mittwoch u. Donnerstag war ich mal in Friedberg u. hab mich in Dr. Schmidt's Garten von aller Musik u. allen Problemen für einige Stunden »entschwert!« – Was schreibst Du für gescheite Abhandlungen über Kompositionsstunden etc.? Ich bin weder verpflichtet, noch hab ich es nötig, Sekles meine Sachen zu zeigen. Aber man muß doch wenigstens einen Menschen haben, der – wenn auch nicht die gefühlsmäßige Seite der Sache – so doch das Technische versteht. Ich habe zwar einen widerstandsfähigen Magen, aber alles kann ich doch nicht in mich hineinfressen. Die Freude über ein gelungenes Werk bricht sich doch immer einmal eruptiv Bahn – und ehe ich dann irgend einen Nixversteher damit belästige, gehe ich doch lieber zu meinem Lehrer, bei dem ich doch musikalisch aufgewachsen bin, wenn er auch vielleicht nicht restlos weiß, was ich will. – Uebrigens: von wegen – »handwerksmäßig«. Du verwechselst das mit »Technik«. Zu jeder Kunst gehört Technik. Ohne Technik kein Kunstwerk. Und die muß man sich wohl oder übel (–meistens übel!) einmal aneignen. – Eine Kompositionsstunde ist nichts anderes als eine freie Kontrapunkt-Harmonie- u. Formenlektion. Was man in diesen Einzelfächern alles gelernt hat, muß man in seinen Arbeiten verwerten, (d. h. es ist umgekehrt richtiger) u. in der Kompositionsstunde kriegt man halt nur auf die Finger gekloppt, wenn man mal ungeschickt oder falsch geschrieben hat. (Falsch ist nicht = regelwidrig! Es gibt eine ästhetische Richtigkeit, die nicht an Regeln gebunden ist – [obwohl im Grunde alle Regeln doch wieder aus ästhetischen Gründen aufgestellt worden sind]). Und bis man soweit die Technik in der Hand hat, daß man ganz schreiben kann, wie's einem ums Herz ist, kann viel Wasser den Main hinabfließen. Na, ich kann getrost behaupten, daß ich seit ungefähr vorigem Sommer auf diesem Standpunkt bin. (Natürlich erweitert sich mit der Zeit die Technik immer mehr, außerdem ändert jeder Mensch seine Ansichten u. auch die Empfindung bis zu gewissem Grade.) – Und dann: Weißt du, die Ansicht vom »empfindungsvollen Laien« ist ja ganz schön. Was ist denn aber wünschenswerter: Ein gerührtes Publikum, das heult u. die Augen verdreht, ohne zu wissen, warum; das möglicherweise von greulichem Kitsch in ernster Aufmachung ebenso entrückt ist, wie von ernsthaften Kunstwerken. Oder ein sogenanntes sachverständiges Publikum, das nun in Gottes Namen nur Harmonien, Formen u. allen möglichen Krempel hört? Obwohl eines so verwerflich ist wie das andere, ist mir doch das letztere lieber (persönliche Ansicht natürlich) solange nicht die Laien einen größeren »Kunstverstand« haben und die »Sachverständigen« trotz ihrer Kenntnisse sich nicht die nötige Naivität bewahren. – Das Publikum ändert sich doch nicht. Es ist darum nicht sehr »zweckvoll«, Forderungen aufzustellen und große Erörterungen daran zu knüpfen. Ich schreibe ganz, wie es mir paßt, und ob das einem Menschen gefällt oder nicht, das ist mir ganz schnuppe vorderhand. Wahr sein, echt – das ist das oberste Prinzip!! Punktum! Ich muß ins Theater. Mignon, bäh!...

Im August 1917 wurde Hindemith zum Kriegsdienst einberufen. Er konnte zunächst noch in Frankfurt bleiben. Erst Ende des Jahres mußte er einrücken. Er kam nach Frankreich zu einer Militärkapelle. Die Musikleidenschaft eines Obersten seines Regiments, das Anfang 1918 ins Elsaß verlegt wurde, brachte es mit sich, daß ein Streichquartett mit Hindemith als Primgeiger gebildet wurde, das nahezu täglich Konzerte geben mußte. Zu den häufig aufgeführten und besonders geschätzten Streichquartetten gehörte interessanterweise das in g-moll von Claude Debussy. Am 25. März 1918 starb Debussy. Hindemith notierte später, nach dem Zweiten Weltkrieg, eine Erinnerung: »Wir alle wissen, welchen Einfluß die Musik Debussys auf eine ganze Generation von Musikern ausgeübt hat. Selbst denjenigen, die wie wir in unserer Jugend mit Brahms und Wagner als den großen Göttern aufgezogen worden waren, öffnete die Berührung mit dieser neuen Welt des Tönens, Formens und Denkens weite Blicke in ungeahnte Perspektiven.
Mich persönlich lehrte jedoch der erste intensive Kontakt mit Debussy's Musik noch viel mehr. Die Schilderung einer kleinen Episode mag dies erläutern. Im ersten Weltkriege war ich als Soldat Mitglied eines Streichquartetts, das dem Obersten unseres Regiments ein Mittel war, den gehaßten Kriegsdienst zu vergessen. Er war ein großer Musikfreund und ein Kenner und Verehrer französischer Kultur. Kein Wunder darum, daß sein höchster Wunsch war, Debussy's Streichquartett zu hören. Wir

studierten das Stück und spielten es mit großer Rührung in einem Privatkonzert für ihn. Als wir den langsamen Satz beendet hatten, kam ein Offizier, welcher den Nachrichtendienst leitete, bestürzt ins Zimmer und berichtete, daß soeben die Nachricht von Debussy's Tod durch's Radio gekommen sei.
Wir spielten nicht zu Ende. Es war, als wäre unserem Spielen der Lebenshauch genommen worden. Wir fühlten aber hier zum ersten Male, daß Musik mehr ist als Stil, Technik und Ausdruck persönlichen Gefühls. Musik griff hier über politische Grenzen, über nationalen Haß und über die Greuel des Krieges hinweg. Bei keiner anderen Gelegenheit ist es mir je mit gleicher Deutlichkeit klar geworden, in welcher Richtung sich die Musik zu entwickeln habe.
Ich wünschte, viele Millionen könnten heute im Gedenken an die verstorbenen Größen aller Nationen dieselben brüderlichen Empfindungen erfahren.«
Während seiner Militärzeit musizierte Hindemith nicht nur, er komponierte auch. Es entstanden neben einzelnen Klavierstücken, die später zu dem Zyklus ›In einer Nacht‹ op. 15 (1919) ergänzt wurden, das Streichquartett in f-moll, op. 10, das er seinen »Pflegeeltern« Emma und Rudolf Ronnefeldt zur Silbernen Hochzeit widmete, und die Sonate für Violine und Klavier op. 11 Nr. 1. Es sind die ersten Werke, die deutlich Hindemiths eigene Handschrift zeigen.

AN EMMY RONNEFELDT

14. Nov. 1917

Liebe Emmy!
... Jetzt bin ich für 3 Tage wieder einmal »militärfrei«, da übermorgen Museum ist. Es ist auch so ganz schön. Unser Dienst ist eben arg streng. Märsche, andauernd Märsche (und dann noch einmal Märsche). Und Grabenübungen u. bis zur Bewußtlosigkeit Granaten werfen. Dreckig sind wir immer. Auf meinen Hosen schleppe ich immer den jeweiligen Klavierauszug des Griesheimer Feldes, der Hundswiese, des Goldsteiner- oder Vilbeler-Grabenwerks heim. Und wenn man glücklich um ½ 2 heimkommt, dann kann man die Mittagspause in allen Spindecken suchen ohne sie zu finden. Dann muß man andauernd schuften, um die Klamotten bis zum Mittagsantreten wieder sauber zu bekommen. »Soldatenleben, ei das heißt lustig sein!« Aber am frühen Morgen laufe ich sehr gerne. Jetzt ist der Wald so schön, die Luft ist herrlich kalt und spröde, und der leichte Nebel deckt alles mit einem zarten Schleier. Da läuft sich's herrlich. Durch all die Waldstraßen laufen wir, die ich in meinem »verflossenen Zivilleben« so oft gegangen bin. Aus einer Marschkolonne

sieht man alles ganz anders –, vielleicht weniger stereoskopisch, (wenigstens scheint mir's, so), aber mit einem viel feineren Empfinden für Linie u. Fläche. Verrückt. – Am 13. Dezember werden wir voraussichtlich versandfertig sein, wahrscheinlich werden wir vorerst freundliche Aufnahme in einem Rekrutendepot finden. Ich hoffe außerdem immer auf die Genehmigung meines Gesuches zwecks Versetzung zum Res. Inf. Reg. 222. Hoffentlich kommt sie gelegentlich einmal, das Gesuch ist jetzt 2 Wochen unterwegs ...
Adolf Busch spielte neulich das Brahms Konzert wunderbar. Wenn ich ihn höre, bekomme ich immer Lust, auch das Podium zu besteigen und zu geigen, u. sonst zieht's mich leider nie dazu. Er hat – (als erster von dem ich das so hörte, – u. was ich ihm hoch anrechne) – endlich einmal Wert darauf gelegt, aus dem Konzert nicht mehr zu machen, als es ist. Man hört es immer ungemein breitbeinig, bombastisch vorgetragen, u. das hat er ganz vermieden. (Ein Violinkonzert ist keine symphonische Dichtung.) Besonders den letzten Satz hat er äußerst flüssig gespielt, flüssig im Zeitmaß und – wenn man so sagen kann – in der Form. Ich mochte diesen Satz nie recht leiden, er fällt gegen die beiden anderen sehr ab, hat große Schwächen. Busch hat sie mit viel Geschmack totgespielt. – Berber hat mich aber mittels des Bach-E-Dur Konzertes und einer Reger-Solosonate sehr enttäuscht. Er hat alles arg salopp gespielt, außerdem ohne jedes Gefühl für Bach. – Im gleichen Konzert war noch Strauss' Alpensymphonie, das ist doch ein Mords-Hokuspokus! Der Mann ist arg heruntergekommen. Lieber aufhängen, als jemals solche Musik schreiben. – Maurits Frank hat meine Cellostücke in München gespielt. – Die Kritik war sehr gut, der Beifall soll stark, anhaltend u. herzlich gewesen sein. Seine Frau hat klaviert. Ich habe mir die Sachen vorher angehört, sie gefielen mir viel besser als damals. Frank hat sie jetzt gut studiert, und seine Frau hat mit viel mehr Wärme u. Verständnis für den Kern der Sache gespielt als Renner. Der Münchener Konzertbonze will in seinen Novitätenabenden unbedingt noch etwas von mir bringen. Ich denke an das Quintett. – Ich hätte eben viel Lust, etwas Neues zu schreiben, aber ich komme zu gar nichts. Was die Klavierstücke anbetrifft, da soll nicht von »Abklärung« die Rede sein! Aus dem Vollen herausgegriffen, hingeschrieben! Wenns auch am Ende Mißgeburten werden,

sollen sie doch wenigstens von Leben strotzen! Jetzt sollte ich los und ledig sein – dann würde ich arbeiten! Dann würde ich Himmel und Hölle aufs Papier bringen. Meistens wohl die Hölle, ich bin eben gar nicht so »himmlisch« aufgelegt. Al fresco! Ich darf gar nicht dran denken, sonst muß ich aufstehen und mit beiden Fäusten auf dem Klavier 'rumhauen und gröhlen (das gäbe dann eine Scene aus meiner stets geplanten Oper, die wird noch auf meinem Totenbette immer weiter geplant, es sei denn, daß mir im Sterben ein annehmbarer Stoff einfällt!). Ich lese eben Sachen von F. Boutet. In meinem Stil: grotesk, phantastisch. Rudolf bläst zu grauenvoll Horn (das wäre ein Mieter für Deinen Papa!).– Ich kann keinen Gedanken mehr fassen. Darum: – »Treeeeeetet weck« – für heute. – ...

AN EMMY RONNEFELDT

28. Nov. 1917

Liebe Emmy!
... ich hoffe noch auf die Genehmigung meines Versetzungsgesuches, welche jede Stunde kommen kann. Und wenn ich die in der Hand habe, kann ich gleich losgondeln; das kann also schon in wenigen Tagen der Fall sein. Selbst wenn es mir abgeschlagen wird, kann ich auch jeden Augenblick abgeschickt werden. Meine Kameraden, die mit mir u. später eingerückt sind, sind schon in der vorigen Woche fortgekommen – in die Champagne! Einzig meinem Gesuch verdanke ich es, daß ich bei diesem Transport nicht war. Halt mir doch bitte die Daumen, ich habe keine Zeit dazu, und dann: Die Däumlinge an meinen Kommißhandschuhen sind so groß, daß ich sie allein gar nicht halten kann, da müssen schon 2 Mann Hilfsstellung herbei! Mit meinen sämtlichen Vorgesetzten, vom Hauptmann bis zum Unteroffizier, stehe ich mich auf den besten Füßen (meinen eigenen natürlich). Der Hauptmann bewilligt mir immer glattweg allerlei Konzerturlaube, die Leutnants informieren sich beständig über Theaterangelegenheiten, und die Uebrigen (vom Feldwebel abwärts) werden fortlaufend mit Theaterbilletts versorgt. Den einen Vize hab ich neulich ins Museum geschickt. Erst zog er nicht so recht, als er aber auf der Karte las, daß der Platz 5.– M koste (mich kostete er natürlich 0,0), fühlte er sich sanftest gekratzt. Weil an diesem Abend die sehr lange Romantische von

Bruckner war, glaubte ich erst, er würde mich am nächsten Tag etliche Stunden nachexerzieren lassen. Anscheinend hat aber die stark dekolletierte Schapira und ihr trommelfeuriges Klavierspiel eine empfindsame Saite in seinem Vizegemüt zum Erklingen gebracht, denn am andern Morgen hat er mir trotz meinem ungeputzten Koppelschloß erklärt, es wäre arg schön gewesen u. er hätte mich auch gesehen, wie ich so eifrig gegeigt hätte. Seitdem mache ich wunderbare Griffe, habe nie dreckige Stiebel, und (was sonst immer der Fall war) falle sogar nicht mehr beim Granatenwerfen auf, wo ich sonst nie den richtigen Fingersatz fand und nie über 20–25 Meter hinauswarf. Ich hoffe, bald Gefreiter zu werden. Das ist auch nötig, denn wenn ich die vielen Theaterkarten bezahlen soll, komme ich mit M3.30 pro Dekade nicht mehr aus. Sollte ich in absehbarer Zeit nicht befördert werden, so muß ich mal eine Eingabe um Gehaltsaufbesserung machen. Jetzt bin ich für einige Tage kein Soldat, denn ich habe fürs Museum meinen »kontraktmäßigen« Dispens. Außerdem fahre ich am Sonntag auch wieder 4 Tage in Urlaub, weil ich in Friedberg u. Karlsruhe Konzerte habe, diesmal aber wirklich. Infolgedessen gehts mir eben natürlich äußerst wohl, u. ich schlafe noch einmal so viel als sonst. Außerdem hab ich das Dritte der Klavierstücke vollendet. Das klingt arg degeneriert; hat weder Takt noch Tonart, noch Harmonie in landläufigem Sinne. Wenn ich in diesem Genre weiterarbeite, komme ich einmal in eine Gegend jenseits von Gut u. Böse, wo es nicht mehr zu unterscheiden ist, ob das was ich geschrieben habe eine höhere Art Musik oder nur ein Musik-Ersatz ist. Mir machen die Sachen aber eine Riesenfreude. Eines der Stücke ist 9 Takte lang. Ich setze meinen ganzen Ehrgeiz darein, demnächst eines zu schreiben, das nur aus 3 Takten besteht, Thema, Durchführung, Coda. In der Beschränktheit zeiget sich der Meister! Eines kommt dazu, da muß man ins Klavier greifen u. die Saiten mit der Hand anreißen, bei einem anderen wird der Klavierdeckel zugeschlagen u. zwar stets bei der Stelle, wo mir per Zufall ein ungetrübter Dur-Akkord untergelaufen ist, damit man durch ihn nicht in seinem musikalischen Zartgefühl beleidigt wird. Halt, diese Idee muß gleich verwirklicht werden, mir fällt eben ein Thema ein. Schluß, Schluß, Schluß!
Nächstes Mal ein bißchen vernünftiger.

5 Aus dem Klavierwerk ›In einer Nacht – Träume und Erlebnisse‹, op. 15 (1919, Teile bereits 1917/18)

6. II. 1918

Liebe Emmy!

[...] die Reise an die Front hatte allerlei Arbeit u. Unruhe verursacht. (Am 16. 1. bin ich abgefahren.)... Ich habe als Ersatz für die ausfallenden »Darbietungen« (zur Silberhochzeit der Eltern Ronnefeldt) ein Streichquartett geschrieben (allerdings noch nicht fertig), das ich Deinen Eltern widmen will. Ob es Deinem Vater gefällt, weiß ich zwar nicht, aber ich denke, Deiner Mutter wird es Freude machen. Meiner Ansicht nach gelingt es sehr gut. Hier habe ich wieder fabelhafte Arbeitslust bekommen, die mir in der letzten Zeit daheim ziemlich abhanden gekommen war. Für die Klavierstücke muß ich mich erst allmählich wieder in die Welt des Klaviers hineinfinden. Ich bin ziemlich heraus, da wir hier nur Quartett und Blasmusik spielen. Ersteres erfrischt mich sehr. Meine Mitspieler sind zwar gar nicht erstklassig, sie geben sich aber haarsträubende Mühe, und dadurch, sowie durch die vielen Proben, die ich mit ihnen mache, bringen wir eine ganz anständige Musik zustande. Der Graf, unser Regimentskommandeur, dem wir immer vorspielen, ist begeistert. Er ist ungemein liebenswürdig zu mir. Vorgestern hat er mich nach Mülhausen mitgenommen. Den ganzen Weg über hat er sich wunderbar mit mir unterhalten. Er ist ein fabelhaft netter Mann. In Mülhausen hat er mir einen Band Nietzsche geschenkt u. hat mich auch eingeladen, ihn bei seinem Urlaub in Weimar zu besuchen. Ich bin froh, daß ich in dieses Regiment gekommen bin, hier habe ich ein ausgezeichnetes Dasein. Bei der Musik schlage ich die große Trommel mit Geschick und Begeisterung. Man hat mir versichert, so genau rhythmisch sei dieses Instrument hier noch nicht behandelt worden. Der Dienst ist nicht arg streng, ich habe viel freie Zeit u. kann für mich arbeiten, was ich will. So arg lebensgefährlich ists hier auch nicht; zwar schießen die Franzosen andauernd auf die Batterien, die ganz in unserer Nähe stehen, aber in die Orte selbst haben sie bis jetzt noch nicht gefeuert. Vielleicht verirren sich aber doch mal ein paar dicke Brocken in unser Dörfchen. Wir sind 2½–3 km hinter der Front, also sehr nahe beim »Gedulle«.

15. II. 1918

Mein lieber Herr Ronnefeldt
und liebe Frau Ronnefeldt!

Nun kommt also der Tag Ihrer silbernen Hochzeit, von dem schon vor 3 Jahren gesprochen wurde. Damals lag er noch in nebelhafter Ferne; damals haben Sie öfters gesagt: »wenn mal wieder Frieden ist, u. wir feiern silberne Hochzeit!« Dann sollte Musik gemacht werden und Puppentheater gespielt u. alles Mögliche! Und jetzt ist die ganze Zeit vorbei geflogen, noch immer haben wir keinen Frieden. Das Puppentheater fällt wegen Unpäßlichkeit Kasperl's aus, und mit der festlichen Musik kann es ja nun auch nicht so arg weit her sein! Rudolf schrieb mir, er würde Ihnen was vorspielen. Ich will wünschen, daß er recht schön spielt u. Ihnen eine rechte Freude damit macht. Ich will an dem Tag mit meinem Bach u. der Geige hier auf unsern Boden steigen, da bin ich allein, und dann will ich Ihnen auch etwas Schönes spielen, die Chaconne, oder was Sie gern mögen. Vielleicht klingen Ihnen die Ohren (wenn die Artillerie nicht zu laut schießt). Näher kann ich Ihnen die Musik jetzt leider nicht bringen, aber ich bitte Sie, mir meinen guten Willen anzurechnen. Ich möchte Ihnen ein recht schönes Geschenk machen, aber ich bin hier so arm wie eine Kirchenmaus. Nichts habe ich – nur den ganzen Kopf voller Ideen und Musik – und mit meinen Ideen können Sie ja nichts anfangen. Wenn Sie aber mit einem Abklatsch der Ideen zufrieden sein wollen? – Ich habe fast 2 Sätze eines Streichquartetts geschrieben, und wenn das ganze Stück fertig ist, möchte ich es Ihnen als ein kleines Zeichen meiner Liebe und Dankbarkeit verehren. Vielleicht mache ich Ihnen damit eine kleine Freude, und dann hätte die Arbeit ihren Zweck vollkommen erfüllt. Ich will Ihnen dann nach Vollendung das Stück zusenden! – Ihnen, liebe Fr. R. danke ich herzlichst für Ihr Äpfelpäckchen. Sie haben sicher nicht geahnt, was für eine große Freude Sie mir damit machen würden! Äpfel – hier!!! Wie gut haben sie geschmeckt! Drei Wochen hatte ich kein Obst zu essen bekommen, was mir als eifrigem »Obstinenzler« im Anfang schwer auf die Seele fiel. Wie ein Tiger bin ich dann über Ihre Sendung hergefallen. Erst wollte ich mir 2 Äpfel bis zum nächsten Mittag aufheben, aber ich habe es doch nicht fertig gebracht. – Wir leben hier fern von jeder

Zivilisation. Das Einzige, was uns noch an Mitteleuropa erinnert, ist elektrisches Licht, und unsere vornehme Tischdecke mit »Blumenstrauß«. Sonst ist alles arg primitiv. Ein Bauerndörfchen voller Soldaten; die Häuser innen ganz kahl und öde. Aber wenn man Musik machen kann, werden selbst die ödesten Bauernhütten zu Schlössern. Wir spielen andauernd Quartett, meine Partner geben sich ungeheure Mühe u. ich habe darum große Freude dran. Dem Grafen, unserm Kommandeur, spielen wir alle paar Tage vor. Er hört uns mit großer Aufmerksamkeit zu, erfreut sich wie ein Kind an der Musik. Ich habe es gut bei ihm. Gestern hat er mich eingeladen, mit ihm zusammen nach Mülhausen zu fahren. Er fuhr auf einige Tage nach Freiburg und wollte mich gern als Wagengenossen haben. (Der Kommandeur reist mit dem Musko!) Er ist einer der liebsten Leute, die ich kenne. Den ganzen Weg bis Mühlhausen haben wir uns über Kunst unterhalten, er ist in jeder Kunstgattung zu Hause. Er hat sich für alles interessiert, was ich tue und treibe und zeigte großes Verständnis für alles Mögliche. Über die Literatur haben wir auch lange geredet; er ist ein großer Verehrer Nietzsches u. kennt Nietzsches Schwester sehr gut. In Mühlhausen war unser erster Gang zum Buchhändler, dort hat er mir einen Band Nietzsche geschenkt u. wird mir, wenn er zurückkommt, eine Widmung hineinschreiben. Er hat mich auch eingeladen, bei seinem nächsten Urlaub, ihn in Weimar zu besuchen. Ich habe wieder einmal unverschämtes Glück gehabt, daß ich in dieses Regiment gekommen bin, zu dem Grafen, der mich behandelt wie einen Freund und niemals den Vorgesetzten herauskehrt. Das ist mein Krieg! Ich führe ein wunderbar ruhiges Leben, ich kann Musik machen, lernen u. arbeiten. Dabei gebe ich Geigen- u. Harmoniestunden u. fühle mich unbeschreiblich wohl dabei. Mir fehlt nur ein Klavier. Aber als Ersatz dafür habe ich ja schließlich die große Trommel. Demnächst werde ich wohl eine Solosonate für dieses Instrument schreiben u. sie bei der ersten besten Gelegenheit zur Aufführung bringen. Wollen Sie sie mal hören?...

AN IRENE HENDORF

am 27. III. 18.

Meine liebe Irene!
Ich habe Dir so lange nicht geschrieben, Dir noch nicht einmal für Deinen langen Brief gedankt. Nimm mirs nicht so sehr übel. Weißt Du, ich schreibe viel nach Hause, darunter leidet natürlich meine übrige Korrespondenz. Die Hindemiths daheim, die müssen immer geschrieben bekommen, das versteht sich. – Aber nun solls einmal geschehen, ich will Dir schreiben. — Mit meinem Urlaub ists neulich doch nichts geworden. Die Urlaubssperre kam dazwischen, die machte einen dicken Strich durch alle schönen Pläne. Das war schade. In derselben Woche sind wir von der Front abgerückt und haben uns in Mühlhausen niedergelassen; nun sind wir schon sechs Wochen hier. Bald werden wir auch hier wieder fortgehen, mehr nach droben, um mit zu offensiven. Das ist ja fein, was da alles vorgeht. Daheim wird jetzt wohl andauernd geflaggt sein, jetzt wird wieder derselbe Trubel und dieselbe Freude sein wie am Kriegsanfang. Das ist aber auch recht. Ich bin neugierig, wo man uns hinsteckt. Bis jetzt hatten wir ja immer ein ruhiges Dasein. Hier besonders. Ziemlich viel Dienst zwar. Und viel Lauferei; weil wir alle unsere Kompagnien mit Musik versorgen müssen, und die liegen auf den Dörfern der Umgegend weit zerstreut. Und ich mache auch für mich sehr viel Musik. In Riedisheim spiele ich andauernd Kammermusik; Sonaten und Trios. Da wohnt eine Familie, in der die ältere Tochter sehr gut Klavier spielt. Das paßt mir hier sehr gut; besonders auch deshalb, weils dort immer ein gutes Abendessen gibt. Ich bin ganz daheim dort. Zum Schreiben bin (ich) gar nicht gekommen in den letzten Wochen. Jetzt stecke ich im letzten Satze meines Streichquartetts und ich weiß nicht weiter. Warst Du in Frankfurt gewesen, wie im Tonkünstlerverein meine Sachen gespielt wurden?
Das Quintett und die Cellostücke. Es muß – nach den Berichten der Ohrenzeugen – sehr gut gespielt worden sein, der Erfolg war anscheinend schön. Ich wäre gerne daheim gewesen an diesem Tage und hätte mir die Sachen angehört. – Kommst du hie und da mal bei uns daheim vorbei? Mutter hat mir gar nicht geschrieben, ob Du mal da warst. Ich habe alles, was ich bis jetzt hier getan und erlebt habe, heimgeschrieben, dort kannst Du Dich über alles orientieren – und ich erspare

mir die Mühe, so oft dasselbe zu erzählen. Auch eine Menge Photographien habe ich heimgeschickt. – Was treibst Du auf Deinem Klavier? Studierst Du etwas Neues? Schreib mir mal ein bißchen davon. Daß Dir meine Klavierstücke so viel Spaß machen, freut mich sehr. Ich muß sie bei Gelegenheit doch einmal weiterschreiben. Ich habe überhaupt viele Pläne. Wenn ich nur die Hälfte davon zur Ausführung bringe, stehe ich bald auf op. 50. Mein Quartett schenke ich der Frau Ronnefeldt zur silbernen Hochzeit (nachträglich). Hast Du sie einmal gesehen in der letzten Zeit? Sie schreibt mir oft, zu meiner großen Freude. – Ich las neulich von dem Fliegerangriff auf Mainz. Das war wohl arg? Sind in Eurer Nähe Einschläge gewesen? Hoffentlich seid Ihr mit dem bloßen Schrecken davongekommen. Frankfurt scheint ja von diesen Biestern ziemlich in Ruhe gelassen worden sein. Wie wir noch droben an der Front waren, kam eines Nachmittags auch einmal ein Fliegerblindgänger neben unserem Nachbarhaus nieder, sonst habe ich eigentlich noch nichts mit den Dingern zu tun gehabt. Jetzt soll das Dörfchen zum größten Teil kaputtgeschossen sein. Da haben wir Glück gehabt daß wir schon vorher abgerückt sind. – – Ich will mal für heute schließen, weil ich arg müde bin. Wir sind heute viel gelaufen, haben viel gespielt und ich habe immer die Trommel geschleppt. Ich hoffe, daß es Dir immer gut geht und wünsche Dir ein recht frohes Osterfest. (Möglicherweise erhältst Du durch die Postsperre den Brief später). Mit den herzlichsten Grüßen an Dich, Deine Mutter und Deinen Onkel

Dein Paul.

AN IRENE HENDORF

am 26. Mai 1918.

Meine liebe Irene!

Dein mit wiederum entlähmtem Federhalter verfaßter Brief hat mir viel Freude gemacht. Hoffentlich bekommst Du durch dieses wichtige Schriftstück, das ich eben beginne, nicht nochmals einen bewußtlosen Schreibkiel; hier sitzt man ja höchst bequem und zufrieden in seiner Kemenate, nicht so wie in Mülhuse (Gottverdammi), wo wir 15 Mann stark um einen Tisch hockten. Ich will zu Deinem Glück annehmen, daß Du im Elsaß warst, als wir schon hier oben herumwimmelten, also nach Ostern, sonst – !

Sonst wäre es nämlich unverzeihlich von Dir gewesen, mir vorher nichts davon zu schreiben. Totsicher wäre ich dann zu dem Konzert erschienen. Aber Eure Wolff-Lieder und Brahms-Sachen – ? nee, damit ließe ich mir auch nicht reizen. Komm Du mal hierher, ich will Dir mal einige »Weisen« beibringen, die nie eine faszinierende Wirkung auf das »Volk« verfehlen. Allerdings, wie sie für Klavier und Gesang klingen, weiß ich zwar nicht, da wir sie hier immer in allerlei realistischeren Besetzungen ertönen lassen, z. B. Pistoooon, Bratsche und Posaune, oder: Flügelhorn, Humorhorn, B-Bäßchen und große Trummel. Aber fein sind sie. Ich entwickele stets ganze Kaskaden von Begeisterung, wenn ich sie – immer wieder – höre oder mitspiele. Einige Rheinländer, Walzer, Polkas und ähnlicher Zimt. Solltest mal sehen, wie die Püblikümer strömen, wenn so etwas geboten wird. Wie wir nach Ostern unsere Reise nach dieser Gegend machten, haben wir auf den Waggons gesessen und vom Morgen bis zum Abend unsere Weisen ins Land geschmettert. Und wenn wir auf einer Station hielten: Begeistert waren alle Zuhörer, geheult haben sie, Zigarren haben sie uns kistchenweise geschenkt. Allerdings hätten wir auch bald einige Unglücker angestellt: ein Tunnel wäre beinahe in die Luft geflogen, von der Macht der Töne gesprengt, und einer hätte mit seinem Motorhorn bald einen Bahnübergang umgerissen. Wir kamen aber trotz aller Schicksalstücken wohlbehalten hier oben an, wimmelten einen Monat lang von Kaff zu Kaff und befinden uns nun schon seit 4 Wochen in einem ehemaligen Engländerdorfe; Naturschönheiten gibts kaum hier, dafür um so mehr künstliche, als da sind: unzählige Granatlöcher und hie und da mal eine Art Haus, die nur wenig abgekriegt hat. Unser Regiment liegt in Stellung, aber wir bereiten uns hier darauf vor, in nächster Zeit in Ruhe zu gehen; dann fängt nämlich unser Leben an; dann können wir wieder Tag und Nacht Musik machen. Ganz harmlos ist hier die Sache aber auch nicht. Erst gestern hat ein Flieger – der uns proben sah und der mit unseres »Alten« Auffassung vom Parsifal-Vorspiel anscheinend nicht ganz einverstanden war, – uns eine Bombe aufdrehen wollen; ein schweres Ding; es hat uns aber nichts getan, indem es ungefähr 100 m vor uns seinen Geist auf- und uns ein Hals-über-Kopf-Fortrennen eingab. Und was dergleichen kleine unterhaltsame Scherze mehr sind. Im letzten

Quartier hat unser Kutscher eins an die Schläfe bekommen – ist aber wieder geheilt – am gleichen Nachmittag ist ein Splitter von ungefähr 3 Pfund neben mir in die Erde gesaust. Fliegerkämpfe gibts zu jeder Tag- & Nachtzeit. Aber beschossen sind wir hier noch nicht worden, was mir nicht ganz unsympathisch ist. Na ja, ein sehr erträgliches Lebensweischen; verhältnismäßig, da doch Krieg ist. –

Momentan habe ich einen Geigenrappel. Mir macht die Violinerei wieder Spaß und ich geige eifrig, weil ich von daheim Noten geschickt bekam. Und gelesen wird. Nachdem ich drei Wochen warten mußte, hat man sich daheim doch entschlossen, mir einige Bücher zu senden; allerdings erst, nachdem ich gedroht hatte, als kompletter Idiot den Einzug der Sieger daheim mitzumachen, wenn ich nicht bald Bücher bekäme. So was wirkt; einen Idioten hat niemand gern daheim. Bis vor kurzem habe ich auch fleißig komponiert, aber eben weiß ich gar nicht mehr, wie man das macht. Ein großes Streichquartett, das liegt seit 5 Wochen hinter mir, dagegen trage ich seit einiger Zeit eine noch nicht fertige Sonatine für Geige und Klavier unterm Herzen, d.h. in der Notenkiste herum; und wenn sie nicht bald an Weisheit und Gnade vor Gott und den Menschen zunimmt, kommt sie als Mißgeburt auf die Welt und wird aus diesem erleuchtenswerten Grunde dazu verurteilt, lebenslänglich ohne den etatsmäßigen halben letzten Satz ihr Leben zu fristen. Ich dachte, es gäbe eine Perlenschnur von 6 Sonatinen; nix is – schon in der ersten hängt er. Na, laß mal gut sein; vielleicht mache ich noch eine Modulation nach G dur hinein und dann kommt »Heil Dir im Siegerkranz« und das ganze heißt: Souvenir de Völkeringen. Jaa, das ist der Zählagehr [»c'est la guerre«].
Was Kieferwurzel-Hautentzündung ist, das weiß ich nicht, jedenfalls eine Tannenbaumkrankheit. Ich habe nie so etwas bekommen. Außerdem habe ich auch Deine Paketchen nicht bekommen. Du hast sie sicher gerade kurz vor der Sperre vor Ostern abgeschickt; nur als dann mittlerweile die Sperre in Funktion trat, erachtete man es natürlich als überflüssig, Dir die Sachen zurückzuschicken. (Ganz richtig, was tust Du auch mit Paketen, die an Soldaten adressiert sind? – Logik, Ligok, Kolik.) Oder man wußte, daß wir zu der Zeit im allgemeinen nicht an Marmelade-Blutarmut litten. Liebes

Kindchen, mache keine unnützen Kraftanstregungen, indem Du mir allerlei zu Essen schicken willst. Freilich, man schlingt alles froh hinunter, aus purer Freude am Essen; aber ich weiß doch außerdem, wie schwer daheim alles zu kriegen ist. Du mußt dann schließlich an den Fingern suggeln und kämest deshalb nicht mehr zum Üben; und dann bin ich dran schuld.
Ich suggle hier nicht an meinen Fingern, sie sind zu dreckig und schmecken nach dem Klavierauszug alles dessen, was einem den ganzen Tag über durch die Finger geht; trotzdem: ich bin einer, der sich gewaschen hat; erst vorhin – und abermals: trotzdem.
Trotzdem Schluß für heute.
Maikäfer habe ich leider keine, dafür andere Käfer genug, nur keine netten. Vor Läusen brauchst Du Dich aber nicht zu fürchten, es sind ganz zahme Haustiere. Ich habe bis jetzt nur Nomaden gehabt, Grundbesitzer noch nicht. Erst gestern habe ich zwei entdeckt, als sie im Begriffe waren, auf meinem weißen Hemd eine Schneefeldwanderung zu unternehmen. Es waren Engländer und sie wurden darum von der Übermacht erdrückt.
Ansonsten einen schönen Gruß Dein Paul.

AN RUDOLF HINDEMITH

am 2. Juni 1918

Lieber Rudolf!
Heute morgen bekam ich Deinen Brief nebst Bekker-Vortrag. Herzlichen Dank dafür. Ich habe schon angefangen, in dem Buch zu lesen, der Anfang leuchtet mir sehr ein. Dein Barbusse-Buch wirst Du mittlerweile wieder zurück bekommen haben. Ich habe es mit ungeheurem Interesse verschlungen. Es gehören ja allerhand Nerven dazu, die letzten Kapitel zu lesen und wenn ich so etwas im Frieden und daheim zu lesen bekommen hätte, hätte ich sicher abgebaut. Aber hier ist man nicht so empfindlich. Kam der Charichi Murat und das Büchelchen von Keyserling eigentlich auch von Dir? Wenn nicht, –: hast du eine Ahnung, wer der edle Spenderich war? Hier werde ich wohl nicht viel zum Lesen kommen, wenn die Musikspielerei in dem Stil weitergeht, wie sie angefangen hat. Gestern haben wir 12 Stunden gespielt, von Mittags 12 bis Nacht ½ 1. Erst zwei Stunden Blasmusik, dann Streichquar-

tette bis zum Abendessen und nachher, wie der Graf und die Stableutnants vollkommen knülle waren, nochmals Klaviermusik im Offizierskasino. Mensch, ich habe Klavier geschlagen ohne Unterbrechung von 8-12. Mir tun heute die Pfoten weh. Nachher nach 12, haben wir dem Grafen noch einen Satz Mozart-Quartett vorgespielt und dann waren wir gottlob entlassen. Heute morgen – nach einer fliegerlosen, herrlich durchschlafenen Nacht – als ich seelenvergnügt aufwachte, war in meinem Haus eine furchtbare Unordnung. Meine Quartierleute zogen aus. Jetzt bin ich ganz seulement Hausbesitzer; wie ick mir fühle!! Mein Kinderbettchen, einen Tisch und einen Stuhl haben sie mir dagelassen. Aber ich bin meist außer dem Hause. Da ich da ja doch so ganz allein bin und einen die kahlen Wände so blödsinnig anschweigen, halte ich mich stets in der Nachbarschaft auf, wo mich Mackleine mit Salat, Kakao und anderen Sachen versorgt. – Momentan ists ganz gut hier. Die Fliegerei hat gänzlich aufgehört, sicher der neuen Offensive wegen – d. h. ich will nicht so laut schreien. – Ich glaube, wir haben Aussicht, in einigen Wochen in Urlaub zu fahren.
Na, Schluß für heute, ich habe hier nicht die rechte Geduld zum Schreiben.

Grüßend Dein Paul.

Mensch, herrliches Stück entdeckt: Reger op 114, Trio für Flöte, Geige & Bratsche

AN IRENE HENDORF

am 23. Juli 1918.

Meine liebe Irene!
Einesteils: ich habe mich sehr über Dein letzthinniges Schreiben gefreut und danke Dir vielmals dafür; andrerseits aber muß ich Dir noch stark den Kümmel reiben. Du wußtest doch von Mutter, daß ich jetzt in Urlaub sei und Rudolf war doch auch einmal bei Euch in Mainz mit dem Auftrage, Dich einzuladen, herüberzukommen. Und Du bist nicht ein einziges Mal da gewesen! Ich habe immer von Tag zu Tag gewartet und geglaubt, Du kämest; bei Muttern habe ich immer hinterlassen, wo ich zu finden sei, falls Du kämest. Hättest Dus denn nicht einmal einrichten können? Ich hätte mich so sehr gefreut, wenn ich Dich in meinem Urlaub gesehen hätte. Hast Du so viel Arbeit gehabt? Oder hat es Dir

an der nötigen Lust gefehlt? (das würde ich ja begreifen). Egal – es war schade, daß Du nicht einmal wenigstens bei uns warst.
Mir gings daheim natürlich sehr gut, ich habe einmal wieder für eine Zeitlang menschenwürdig gelebt – ein unerhörter Genuß. Aber an das Gewimmel in Frankfurt habe ich mich gar nicht gewöhnen können. Mir kam all das ganze Leben und Treiben so überflüssig vor und ich, der ich dies Leben wohl verstand, aber nicht mitfühlen konnte, fühlte mich allein und als Ausgestoßener in dem ganzen Ameisenhaufen. Die ganze erste Woche bin ich mit einem argen Ekel herumgelaufen, nachher hat mich die Musik wieder auf andere Gedanken gebracht. Ich hab viel Musik gehabt. Mein neues Quartett ist zum ersten Mal auf die Beine gestellt worden und auch eine Sonatine für Klavier und Geige hat sich als wohlgelungen erwiesen. Das Quartett haben wir bei Abduls gespielt (bei denen ich oft war), die waren sehr entzückt davon; und ich war hocherfreut, als ich das Stück so gut klingend fand, da ich es bis jetzt nur im Hirn hören konnte; es ist doch ganz im Felde geschrieben ohne Klavier, ohne jedes klingende Hilfsmittel. Die Sonatine ist mir aber fast noch lieber. Mit der Frau Dr. Lübbecke habe ich sie gespielt, sie hat sie sehr fein gebracht, ganz wie ich sie mir gedacht habe. Wenn sie ganz fertig ist – es fehlt noch ein Stück letzter Satz – will ich sie Dir auch einmal schicken. Ich habe einstweilen die Absicht, eine ganze Reihe solch kleinerer, ziemlich frei gestalteter sonatenähnlicher Stücke zu schreiben (alle für Klavier und Geige) um einmal zu sehen, was sich alles in diesen kleineren Formen sagen läßt. Jede soll einen von den anderen vollständig verschiedenen Charakter haben. (Vielleicht rundet sich dieser Plan gegen 1950).
Seit einer Woche sind wir wieder »daheim«, diesmal in Douai, wo wir in Privatquartieren liegen und uns an herzlich weniger Arbeit erfreuen, gottlob! (Es kann ja nicht immer so blaheiben!) Ganz gut, hier. Daheim natürlich ists besser. Gebombt wird hier anscheinend nicht arg viel, dafür haben sie heute nacht Artilleriebrocken in die Stadt gesetzt. Gott, wir sind auch damit zufrieden. Die Hauptsache: zu essen gibts reichlich und ich futtere fast ohne Unterbrechung den ganzen Tag über. Die Möglichkeit dazu ist mir ja geboten, mein Stubengenosse ist vom Land und wird von daheim reichlichst mit

Lebensmitteln, Viktualien, Eßwaren und anderen eßbaren Fressalien ausgiebig verseucht. –
Einen Pianisten Steinberger in Frankfurt kenne ich gar nicht, habe auch noch nichts von ihm gehört. Zu Schuricht würde ich an Deiner Stelle auch nicht gehen, er ist doch Dirigent und ich weiß nicht, ob es sehr vorteilhaft ist, bei Dirigenten Klavierstunden zu nehmen. Ich kann Dir auch nicht raten, was Du tun sollst, ich bin ja auch kein Klavierspieler, überdies bin ich jetzt schon ein Jahr ziemlich abgeschnitten von der Heimatmusik. Das Gescheiteste würde wohl sein, Du wartest bis zum Frieden – oder aber: Du gingest zu Uzielli nach Köln. Treib Dir in Mainz irgendeine reiche Verehrerin auf, die Dir Stunden- & Fahrgeld nebst Schnellzugserhöhung bezahlt und fahre alle Woche oder alle 2 Wochen einmal nach Cöln. Das wäre doch gar nicht so unschläächt.
Ich selbst bin eben nicht sehr anspruchsvoll. Ich glaube, es wird noch so weit kommen, daß ich mir in meinem späteren Zivilleben eine Geige mit Löwenkopf, (Straddefarius) ein Paar rote Plüschpantoffeln und einen Lehnstuhl kaufe, die Geige an die Wand hänge neben den Kanarchenvogel, mich mit den Pantoffeln bekleidet auf den Lehnstuhl setze und den sanften Weisen eines vor mir aufgestellten Grammofongs lausche:
Wä-ä-ä-ä-rrrch – No-o-ch sind die Tage der
Ro.o.o.o.o.o.o. säään —— de de de
Oh du selige! – –
Oh du liebes Irenchen Hendorf! Leb schön wohl und schreibe mal wieder

Deinem Paul.

Ätsch! Deine Geburtstagskarte wurde aber nicht auf Mutters Veranlassung geschrieben, wenigstens jetzt nicht. Ich habe mir den Tag schon notiert, als ich im Januar ins Feld ging.

Am 2. Juni 1919 fand in Frankfurt das erste Konzert statt, das ausschließlich Hindemiths Werken gewidmet war. Auf dem Programm standen das Streichquartett op. 10, zwei Sonaten für Violine bzw. Viola und Klavier aus op. 11, und das verlorengegangene Klavierquintett in e-moll in einem Satz op. 7, das 1917 entstanden ist.

Frkftam 25. v. 19.

Liebe Irene!
Am nächsten Montag veranstalte ich meinen schon längst geplanten Kompositions-Abend, dessen Programm ich Dir hier übersende. Ist es denn nicht möglich, daß Du herüberkommst? Es wäre doch höchlichst an der Zeit, daß Du Dich wieder einmal hier sehen ließest, nicht nur der Musik halber, sondern überhaupt. Ich würde mich riesig freuen, Dich am Montag unter den wie wahnsinnig Klatschenden zu sehen, außerdem mußt Du Dir doch meinen allerersten Abend anhören. Ermorde den Mainzer Kommandeur, stiehl einen Extrazug, erfinde eine Flugmaschine – tue, was Du willst, aber komme her. Die Geschichte wird fein, wir proben andauernd, uns bemühend, den Intentionen des Komponisten getreu die Stücke auszuführen. Das Publikum reißt sich schon um die Karten; morgens von 7 ab stehen schon lange Polonaisen vor Firnbergs Ladentür, der Verteilung harrend. Für 360 Mark sind schon verkauft. Das Geschäft blüht, so etwas muß man gesehen haben! Meine ganze Valuta steigt infolgedessen. Meine Breitkopf-Cellostücke hängen beim Firnberg überall, bereit, jedem Käufer in die Augen zu springen und ich bekomme sogar manchmal die Mär erzählt, daß irgendein dummer Mensch darauf hereingefallen sei! Aber ein seltsames Phänomen habe ich neulich wahrgenommen: Da stand ein wildfremder Menschenmann aus Allenstein, sah die Stücke und kaufte sie alle drei auf einen Ruck. Ich, der ich ahnungslos dabeistand, betrachtete gesträubten Haares das entsetzliche Tun des Unseligen, konnte vor Todesschrecken den Mann nicht einmal warnen, sondern brachte nur »gu gu« heraus. Welche Katastrophen!! – – – Wie geht es Dir denn eigentlich? In Bälde hoffe ich einen ausführlichen mündlichen Bericht über all Dein Tun und Treiben zu bekommen, wogegen ich mich durch einen desgleichenen über das Meinige rehabilitieren werde, da ich zu faul und zu dumm bin, alles ausführlich zu schreiben. Also komme und trockne meiner Sehnsucht Träne. Und bis dahin sei herzhaft gegrüßt von mir, der ich auch Deine Mama herzlich grüßen tu.

Paul.

Wahrscheinlich aus den Tagen unmittelbar vor dem ersten »Kompositionsabend« Paul Hindemiths stammt der nachfolgende im Original nicht erhaltene Brief. Er ist an Emma Lübbecke-Job gerichtet, die in dem bevorstehenden Konzert den Klavierpart in dem Klavierquintett in einem Satz op. 7 spielte. Da diese Komposition verlorengegangen ist, sind Hindemiths Angaben zur Interpretation heute das einzige, woraus sich einige freilich ganz vage Vorstellungen davon gewinnen lassen.
Die aus Bonn gebürtige Pianistin Emma Lübbecke-Job war eine unermüdliche Pionierin der musikalischen Avantgarde in den zwanziger Jahren. Für Arnold Schönberg, Béla Bartók und viele andere, aber vor allem für Paul Hindemith hat sie sich nachhaltig eingesetzt. Dabei wirkte sie nicht nur solistisch. Für Kammermusik jeder Besetzung engagierte sie sich gleichermaßen. Zahlreich sind die Konzerte mit alter und neuer Musik, die sie zusammen mit Hindemith bestritten hat. Der Komponist dankte ihr den unermüdlichen Einsatz und die Herzlichkeit ihrer Künstlerfreundschaft mit der Widmung des Liederzyklus »Das Marienleben« op. 27 von 1922/23, den sie zusammen mit der Sängerin Beatrice Lauer-Kottlar im Jahre 1923 dann auch äußerst erfolgreich uraufführte. Die Widmung dieses bedeutenden und in den Augen des Komponisten für seine musikalische Entwicklung entscheidenden Werkes belegt, wie wichtig für Hindemith diese künstlerische Beziehung zu Emma Lübbecke-Job war.

AN EMMA LÜBBECKE-JOB

[Ende Mai 1919]

Eine Viechsfreude hab ich, daß das Stück gut werden wird. Bei »B« die Stelle ist als Kadenz für die Streicher aufzufassen, fängt ungefähr im Anfangstempo an und rast dann, wenns aufwärts geht, los wie besessen, um dann 1 (oder 2) Takte (auswendig weiß ich's nicht, das ergibt sich aber aus der Phrase) vor dem E-Dur zu ritardieren. *Das Pedal bleibt an dieser Stelle liegen, bis zur Dominante* (1/2 Takt vor dem E-Dur). – Bei »D« wird es nicht viel breiter. Dieses »breiter« ist mehr so zu verstehen: wir toben vorher herum, einmal zurückhaltend, einmal beschleunigend, immer steigernd, *bis wir bei D das feste Tempo haben.* Das ist aber kaum langsamer, nur eben breiter im Ausdruck. Ergibt sich auch aus der Phrase. Es muß da klingen, wie wenn man nach einem Laufe über Stein und Geröll plötzlich einmal stehen bleibt, um einen tiefen Atemzug zu tun. Nachher rast's gleich wieder weiter und hält erst auf dem G I 6/4-Akkord im Quartett, dann sinkt man ermattet um »und läßt das Klavier allein weiterspielen«.
Bei »E« ist es auch nicht eigentlich ruhig. Muß klingen, als könnte man es nicht abwarten, wieder loszuschlagen. Eine mit

großer Energie zurückgehaltene Aufregung. Immer drängen. Im 4. Takt ritardando und auf der Fermate, ein ungemein langer Halt mit einem erdbebenhaften Crescendo vom ppppp bis zum fffff. Dann aber geht's los. Auf dem Crescendo muß den Leuten angst und bange werden –, und wem dann das Herz nicht mit dem Verstande durchgeht, der hat überhaupt keines. (Von E ab III. Thema! II. Thema in E-Dur, ich glaube, es ist »D«.) Vor F eine Luftpause, aber eine kleine nur. Nur eben so viel, daß der Pianist die Hände 45 cm über die Tasten heben kann. Dann freilich muß es losgehen, als ob der Teufel Trommelfeuer machte. Die Streicher müssen wie wahnsinnig ins Zeug gehen, aber das Klavier darf vorerst noch *nicht zu laut* spielen, damit man noch ein bißchen von den Streichern hört. Nachher, wo das Thema im Klavier ist und die Begleitung in den Streichern, fegt ersteres natürlich auch wie nicht recht gescheit. *Das Tempo ist schnell.* Die Stelle muß ungeheuer roh und ungesittet klingen, ungefähr so als wäre es die Illustration zu einem wütenden Kampf mit Lanzen, Schwertern, Morgensternen und Hufgetrampel.

Nachher, wo der Kanon anfängt, ist's freilich immer wieder laut, aber da wird's ruhig und sehr majestätisch. Das soll meinetwegen der Sieger sein! Nach I richtet sich das Tempo nach dem I. Thema des Klaviers (in As-Dur). Das drängt ziemlich ungestüm vorwärts, 3 Takte lang ($^3/_4$, $^2/_4$, $^3/_4$) und macht auf dem II. $^2/_4$-Takt (H I^6) ein großes Ritenuto, dann festes Tempo, aber vor dem langsamen $^5/_4$-Takt (beginnt sehr langsam, geht aber auch gleich wieder voran), wieder sehr ritardierend gut in das sehr breite Tempo überleiten. Den Takt mit dem großen E-Dur-Arpeggio ein *Riesen-Ritardando!!* Im nächsten Takt die Streicher erst auf dem eigentlichen Akkord, nicht auf den B-Vorschlag. Dann gleich wieder rasendes Tempo!! Geht denn die Stelle: $^5/_4$ $^1/_2$ über $^4/_2$? Da darf das Klavier auch nicht die Streicher zudecken. Das Fugato fängt ziemlich ruhig an, geht aber immer mehr ins Zeug und hält nicht mehr auf bis zum neuen Thema in h-Moll (4. – letzte Seite).

Und von da ab auch immer in großer Spannung bleiben bis zum $^9/_4$ (vorletzte Seite). *Da äußerst schnell.* (Dieser Kanon ganz anders im Charakter wie beim ersten Auftreten desselben im ersten Teil! Wild und ungebändigt.) Auf den Akkorden A-Dur, e-Moll (Cello- und Bratsche-Akkorde) ritardando, auf den Tonleitern aber wieder großes accelerando mit crescendo und die letzten 2 Takte wieder langsam. – Ihr müßt das Stück so spielen, daß die Zuhörer von einer Raserei ergriffen werden. Beim Hören darf man keinen Augenblick zur Ruhe kommen. Selbst die wenigen ruppigen Stellen müssen etwas beängstigend Gewitterschwangeres an sich haben. Vor allen Dingen darf das Stück nicht wie ein ordnungsmäßig gesetztes Quintett mit I. u. II. Thema usw. klingen. Es muß an einem vorüberziehen wie eine farbenreiche Improvisation. Gespenster und Drachen, Bergstürze, Kämpfe, Blut, Bäume, Wälder, Sonne und Sommer, das muß alles drinnen sein.

Mit dem Kompositionsabend vom 2. Juni 1919 war die Bestimmung Hindemiths zum Komponisten endgültig klar geworden. »Der Erfolg des Abends war durchschlagend«, schrieb damals der weitblickende Kritiker Karl Holl; und er meinte: »die auffällige melodische Erfindungsgabe, die überraschende Sicherheit der Gestaltung und der kräftige Schwung dieses Musikers berechtigen uns doch, von einer selbständigen und den Durchschnitt weit überragenden tonschöpferischen Begabung zu reden« (Frankfurter Zeitung, 10. Juni 1919). Die entscheidende Rolle dieses Konzertereignisses in der künstlerischen Laufbahn Hindemiths wird aber noch dadurch bestätigt, daß es den Anlaß lieferte für die Verbindung zu dem Verlagshaus Schott in Mainz. Auf den ehemaligen Kompositionslehrer Sekles, der übrigens bei diesem Konzert seines Schülers mitwirkte, und den Musikalienhändler Fuchs geht der erste Kontakt zurück. Aus ihm entwickelte sich eine lebenslange, später dann auch sehr persönlich geprägte Beziehung zwischen dem Komponisten und den Verlagseigentümern Willy und Ludwig Strecker. In der Regel sind die Briefe an den Verlag an Willy Strecker gerichtet.

AN DEN SCHOTT-VERLAG

Frankfurt a. M., 16. Juni 1919

Sehr geehrter Herr Geheimrat!
Durch Herrn Sekles sowie Herrn Fuchs erfuhr ich von Ihrer Bereitwilligkeit, meine Kompositionen einer Prüfung zu unterwerfen. Ich erlaube mir, Ihnen hiermit ein Streichquartett, ein Klavierquintett, zwei Sonaten für Geige und Klavier und eine für Bratsche und Klavier – sowie die Kritiken über meinen vor zwei Wochen veranstalteten Kompositionsabend zu übersenden. Es würde mich sehr freuen, wenn Sie eines oder einige der Stücke für würdig befinden würden, in Ihrem Verlag aufgenommen zu werden. Das Streichquartett hat hier

am meisten gefallen. Sollten Sie, sehr geehrter Herr Geheimrat, gesonnen sein, eines der Stücke anzunehmen, so würde ich Ihnen am meisten zu diesem raten. In der nächsten Saison wird es viel gespielt werden; das Rebner-Quartett wird es sowohl hier als auch in vielen anderen Städten aufführen. Ich glaube, annehmen zu dürfen, daß durch den Absatz von kleinen Partituren ein gutes Geschäft zu machen möglich sein wird.
Ihrer gefl. baldigen Rückäußerung (die Sie bitte an Herrn Fuchs bei Firnberg adressieren wollen) sehe ich gerne entgegen und bin mit vorzüglicher Hochachtung

Ihr ergebener Paul Hindemith
Konzertmeister

AN DEN SCHOTT-VERLAG

Frankfurt a. M., 28. Juni 1919

Sehr geehrter Herr Geheimrat,
Vor einiger Zeit sandte ich Ihnen die Partituren einiger meiner Kompositionen (Streichquartett, Klavierquintett, 2 Sonaten). Es wäre mir sehr angenehm, wenn Sie mir baldmöglichst Bescheid geben könnten, ob Sie auf einige der Sachen reflektieren oder nicht, da dies für mich von großer Wichtigkeit ist. Das Rosé-Quartett spielt nächstes Jahr das Quartett, außerdem reist das Rebner-Quartett damit. Wenn also bis zur nächsten Saison das Material zum Streichquartett herauskäme, wäre das für mich von großem Vorteil. Für eine baldige Antwort wäre ich Ihnen sehr dankbar, damit ich – falls Sie keines der Stücke brauchen können – andere Schritte unternehmen kann.

Mit vorzüglicher Hochachtung Ihr ergebener
Paul Hindemith

AN DEN SCHOTT-VERLAG

Frankfurt Main 3. Juli 1919

Sehr geehrter Herr Geheimrat!
Ihren Brief vom 1. d. M. erhielt ich gestern. Die Freude über Ihre anerkennenden Worte war zwar recht groß, größer aber noch das Erstaunen über den übrigen Inhalt. Ich bin mir vollkommen bewußt, daß es in dieser Zeit sehr schwer ist,

größere und ernste Werke in Verlag zu nehmen und daß die Herren Verleger nicht allein ihren Idealen leben können (wenn man nicht das Prinzip als Ideal ansieht, Ehrenhonorare von nicht mehr als 100,– MK an Komponisten zu zahlen, die noch keinen »großen Namen« haben, um diesen dazu benutzen zu können, größten aber stets gern gekauften Unsinn zu verfertigen.) Ich kann wohl voraussetzen, daß auch Sie sich bewußt sind, wie schwer es einem Komponisten wird, an seine Ideale zu glauben, wenn er erfährt, daß man ein Werk, an dem er Wochen und Monate lang mit größter Liebe und Sorgfalt arbeiten mußte, mit ganzen Hundert Mark honoriert sieht. Mit 100,– MK ist mir nicht einmal das Notenpapier und das Abschreiben der Stimmen bezahlt, viel weniger die zur Komposition verwandte Mühe und Zeit. Ihr Vorschlag bedeutet mir eine reichliche Mißachtung der geistigen Arbeit, auf den ich natürlich unter keinen Umständen eingehen werde. Mein Ehrgeiz, mich gedruckt zu sehen, ist nicht so groß. Mir ist es nur darum zu tun, das Stück bis zur nächsten Saison herauszubringen, weil es viel gespielt wird. Wie Sie wissen, gibt es fast gar keine gute moderne Kammermusik, darum bilde ich mir ein, daß dieses Quartett im Stande sein kann, einem »tief gefühlten Bedürfnisse« abzuhelfen. Das erreiche ich sehr gut auf dem für mich unbedingt vorteilhafteren Wege, das Stück in Selbstverlag zu nehmen, ich scheute mich aber bis jetzt davor, da ich vielen Arbeiten aus dem Wege gehen will, und m. E. sieht es besser aus, wenn das Stück in einem großen Verlage erscheint. Mit dem Inhaber eines solchen habe ich nun gestern zufällig gesprochen und er hat mir sofort – ohne das Stück zu sehen, nur auf den Erfolg meines neulich veranstalteten Konzerts hin – 500,– MK für das Quartett geboten. Sollten Sie mittlerweile gesonnen sein, das »Ehrenhonorar« ganz bedeutend über diese Summe zu erhöhen, so bin ich mit Ihren Vorschlägen einverstanden. Im anderen Falle ersuche ich Sie um möglichst baldige Zurücksendung der Partitur, damit ich sie dem anderen Verlag schicken kann. Mit bestem Dank für Ihre Bemühungen bei der Kenntnisnahme meiner Kompositionen, verbleibe ich mit Gruß Ihr

Paul Hindemith
Konzertmeister.

AN DEN SCHOTT-VERLAG

Frankfurt aM, 9. Juli 1919

Sehr geehrter Herr Geheimrat!

Ihren Brief vom 7. d. M. erhielt ich heute und nahm wesentlich erfreuter von Ihren nunmehrigen Vorschlägen Kenntnis. Mit diesen bin ich einverstanden. Nur eins möchte ich mir noch erlauben, einzuschalten. Die erste Auflage der Stücke wird – darüber bin ich mir natürlich vollkommen klar – wohl kaum einen nennenswerten Gewinn für den Verlag bringen. Ich habe aber die feste Zuversicht, daß in absehbarer Zeit Neuauflagen (zum mindesten des Quartetts) nötig sein werden, da ich schon jetzt, wo die Stücke eigentlich nur einem kleineren Kreise bekannt und noch nicht zu haben sind, mehrere Aufführungen (auch der Sonaten) in Aussicht habe, und diese werden zweifellos einen, wenn auch nicht glänzenden, so doch guten Absatz erzielen helfen, um so mehr, da überall das Bedürfnis nach guter moderner Kammermusik ebenso groß als unbefriedigt ist. Jede weitere Auflage kommt meiner Meinung nach den Verlag viel billiger zu stehen, da doch die jetzt wahrscheinlich ungeheuren Kosten für Platten, Stich, Löhne usw. wegfallen. Mir wäre es nun äußerst sympathisch, wenn ich am Gewinn der späteren Auflagen mit einem gewissen Prozentsatze beteiligt sein könnte; ich denke mir in der Form, daß von je 100 abgesetzten Exemplaren jedes Stückes (Partituren und Stimmen besonders gerechnet) eine Summe an mich fiele. Das ließe sich wohl einrichten? Ich werde natürlich alles unternehmen, die Stücke bekannt zu machen, zu des Verlags und meinem eigenen Vorteil. – Die Ihnen nicht mehr ganz unbekannten 3 Sonaten schicke ich Ihnen hiermit wieder zu. Mich freut es sehr, daß sie nun auch an die Öffentlichkeit kommen werden. Es ist gut, daß das Quartett bald herauskommt, zu den nächstwinterlichen Aufführungen ist es dann zur Stelle. Mir wäre es äußerst lieb, wenn ich nach der Drucklegung die (einzige) geschriebene Partitur des Quartetts wieder erhalten könnte, da ich sie voriges Jahr verschenkt habe und darum nicht darüber verfügen kann. Wenn es aber für den Verlag von Wert ist, eine handschriftliche Partitur zu besitzen (was ich ja nicht glaube), so muß das Stück noch einmal abgeschrieben werden. Auf den Besitz der übrigen Hefte lege ich keinen Wert. – Übermorgen reise ich nach Holland und ich bitte Sie, mir den

Vertrag und etwaige sonstige Mitteilungen an meine dortige Adresse (Noordwijk aam/Zee, Emmastraat, Villa Adriana) zu senden oder damit zu warten, bis ich wieder hier bin, was ab 2. August der Fall ist; jedoch halte ich das Erstere für praktischer. – Ich hoffe, Sie sind mit meinem neuerlichen Vorschlag ebenso einverstanden wie ich mit dem Ihrigen und ich freue mich einmal über Ihr Entgegenkommen und darüber, daß die Angelegenheit zu diesem gedeihlichen Ende gelangt ist – zum anderen, daß nun meine Kompositionen erscheinen und Gelegenheit haben, den Weg in eine breitere Öffentlichkeit zu gehen (was sie hoffentlich mit größtmöglichstem Erfolg tun.)

Ich begrüße Sie und bin mit
vorzüglicher Hochachtung
Ihr Paul Hindemith

Im Juli/August 1919 komponierte Hindemith die Sonate für Violoncello und Klavier op. 11 Nr. 3. Sie wurde zusammen mit »Melancholie« op. 13, einem Zyklus für Altstimme und Streichquartett nach Gedichten von Christian Morgenstern am 27. Oktober desselben Jahres im Frankfurter Saalbau von Maurits Frank (Violoncello) und Emma Lübbecke-Job (Klavier) uraufgeführt. Der Frankfurter Kritiker Karl Holl, den Hindemith irrtümlich als Paul Bekker annahm, schrieb danach über Hindemith: »Er ist eine musikalische Naturbegabung von auffallender Stärke der Anempfindung und Einfühlungsfähigkeit in fremde anregsame Vorbilder. Praktischer Musiker von trefflichem Können, gewandt und festzupackend im Orchester wie im Kammermusikspiel, nimmt er mit instinktiver Begier die Eindrücke auf, die ihm die neue Musik: Schönberg, Reger, Schreker, namentlich in harmonischer und klanglicher Beziehung bietet, ohne doch in sich selbst bereits die geistigen Voraussetzungen für diese Art intensivster Ausdrucksmusik zu tragen. So bietet seine Tonsprache eine merkwürdige Mischung von moderner Ausdruckstechnik und Primitivität des Inhalts, und so erhält namentlich die Violoncello-Sonate etwas Erzwungenes, geschraubt Grüblerisches, das die Klangmöglichkeiten der beiden Instrumente nicht recht zur Geltung kommen läßt und die frische Musizierfreudigkeit des Hindemithschen Talentes hinter eine erkünstelte Grämlichkeit versteckt« (Frankfurter Zeitung, 28. Oktober 1919).

AN DEN SCHOTT-VERLAG

Frkftam, 8. Nov. 19.

Sehr verehrte Herren Schott's Söhne,
Hoffend, daß das Anhören meiner Stücke bei Ihnen keine nennenswerten bösen Folgen gezeitigt hat, erlaube ich mir,

Ihnen hier zu zeigen, wie Andere darunter gelitten haben, namentlich Paul Bekker, der vor lauter Übergescheitheit Dinge entdeckt hat, die man nicht einmal mit einer 500%-Brille finden kann, als da sind Grämlichkeiten, jugendlicher Weltschmerz, Grübelei. Er muß anscheinend ganz um die Ecke gehört haben, sonst hätte er doch merken können, daß der von ihm gerügte Zwiespalt zwischen Erfindung und Ausdruckstechnik nicht Zufall ist. Ich muß wohl über das Stück schreiben: Groteske Sonate, obwohl grotesk ein entsetzliches Wort ist und billig und zu Tode geschunden. Aber wenn solche Leute wie P. B. nicht hören was los ist, was soll das Publikum erst tun?
Am 28. d. M. spielt mein Bruder die Sonate nochmals in Mainz. – Mit meinem Quartett dauert es doch wohl noch ein Weilchen? Am 20. spielen wir es in Braunschweig. Vielleicht beliefern Sie die dortigen Musikalienhandlungen mit einigen Partituren. Können Sie mir bald die Stimmen schicken? Gedruckt oder geschrieben. Wir fahren am 17. schon weg und müssen mindestens 5 oder 6 Tage vorher an dem Stück probieren.

Mit herzlichen Grüßen Ihr erg.
Paul Hindemith

Die Pianistin Emma Lübbecke-Job war mit dem aus Hamburg stammenden, in Frankfurt später als »Altstadtvater« weithin bekannten Kunsthistoriker Dr. Fried Lübbecke verheiratet und wohnte im Schopenhauer-Haus an der schönen Aussicht am Mainufer in Frankfurt. Das Haus der Lübbeckes war damals ein Zentrum des geistigen und künstlerischen Lebens in Frankfurt. Aus der Atmosphäre dieses Hauses mit den vielen Möglichkeiten des Kontakts zu Literaten und bildenden Künstlern bezog die aufgeschlossene Natur Hindemiths viele Anregungen. Diesem äußerst lebendigen Lebensraum entsprach auch die künstlerische Einstellung und Perspektive Hindemiths. Offenheit kennzeichnet sie, und so griff er nach allen Neuheiten, die in den Nachkriegsjahren die Gemüter erregten und für neue Akzente in der Kulturlandschaft sorgten.
Den »Dr. Lübbeckes« widmete Hindemith die 1918 entstandene zweisätzige Sonate op. 11 Nr. I. Sie bildet den Anfang einer Reihe von Sonaten für Streichinstrumente mit Klavier. Um 1920 entwickelt Hindemith eine erstaunliche Produktivität. Auffallend dabei ist vor allem seine Auseinandersetzung mit Lyrik. Morgenstern und Walt Whitman veranlassen ihn zu Liederzyklen (op. 13 und 14). Daneben aber faszinieren ihn die aus Amerika kommenden Jazzformen.

Frkftam, 22. III. 20

Sehr geehrte Herren,
Hiermit sende ich die korrigierte Sonate zurück. Es ist wohl am besten, wenn die Opuszahlen ganz wegbleiben. Dann ändert sich natürlich auch der Titel (»Sonaten für Saiteninstrumente op 11« muß fort). Die Widmung »Dr. Lübbeckes« natürlich ohne Apostroph, das war ein Unachtsamkeitsfehler von mir. – Über den Aufführungen des Quartetts scheint ein ganz besonderer Unstern zu walten: Bis jetzt waren wir durch stets dazwischen kommende Reiseschwierigkeiten (oder -unmöglichkeiten) verhindert, es zu spielen und in Berlin wurde erst einer der Mitwirkenden krank und seit den Unruhen bin ich ohne jede Nachricht von dort. Andere Sachen von mir haben aber einige gute Aufführungen gehabt. Helge Lindberg hat neulich 3 Hymnen v. Walt Whitman hier gesungen (Bariton & Klavier) und in Stuttgart kamen außer diesen noch die Sonate für Bratsche & Klavier und die demnächst hier auf dem Podium erscheinenden (15. April) Klavierstücke zum Vortrag. Wenn Sie diese Sachen interessieren, will ich sie Ihnen gerne einmal schicken, ebenso ein neues Streichquartett, mit dem ich mich an einem amerikanischen Preisausschreiben beteiligen will. Ich lernte neulich Lieder von Temesvary kennen, die zwar – ebenso wie eben fast alle meine Sachen – immer schlecht kritisiert werden, die ich aber zu dem Besten und Eigenartigsten in der modernen Musik zählen muß. Ich erwähne sie deshalb, weil er mir sagte, er hätte einige an Sie geschickt. – Können Sie auch Foxtrotts, Bostons, Rags und anderen Kitsch brauchen? Wenn mir keine anständige Musik mehr einfällt, schreibe ich immer solche Sachen. Die gelingen mir sehr gut und ich denke mir, Sie könnten mit einem solchen Stück mehr Geschäfte machen als mit meiner besten Kammermusik. (Guter Kitsch ist ja auch furchtbar selten). – Ich freue mich, daß die Sonaten kommen. Die Bratschensonate schicke ich in den nächsten Tagen.
Mit bestem Gruß Ihr Paul Hindemith

NB. Ich will hier in der nächsten Saison einen Abend moderner Kompositionen für Bratsche veranstalten. Darf ich Sie bitten, einige Stücke dieser Art, die Sie im Verlag haben, mir einmal zu Ansicht zu senden?

Im März 1920 schickte Hindemith die Klaviersonate op. 17, die später verloren ging, und die Lieder op. 18 an den Schott-Verlag. Willy und Ludwig Strecker, die darum bemüht waren, durch die besondere Pflege der Neuen Musik dem Verlag ein neues Profil zu geben, waren irritiert. Am 9. April 1920 schrieben sie an den Komponisten:

Sehr geehrter Herr Hindemith,
Sie haben uns mit Ihrer neuen Klavier-Sonate und den Liedern eine schwere Nuß zu knacken aufgegeben. Wir sind ganz verblüfft über die plötzliche Wendung, die Sie damit genommen haben. Bevor wir Stellung dazu nehmen, würden wir uns gern mit Ihnen eingehend darüber aussprechen. Vielleicht liegen bis dahin auch noch andere Werke, vor allem Ihr neues Quartett vor, sodaß wir weiter- bzw. tiefer sehen können.
Für heute möchten wir nur sagen, daß Ihre neue, radikale Handschrift uns etwas Ihre individuellen und hoch eingeschätzten Züge verwischt. Nur ab und zu noch scheint uns der alte und vertraute Hindemith darin aufzublitzen. Aus der Tatsache, daß wir schriftlich keine ausführliche Stellungnahme zu dem durch Ihre Wendung aufgerollten Probleme fassen, bitten wir zu sehen, wie ernst wir die Sache nehmen und wie sehr wir wünschen, auf eine alle Mißverständnisse ausschließende Weise uns mit Ihnen zu besprechen.

Mit freundlichen Grüßen
hochachtungsvoll ergeben

AN DEN SCHOTT-VERLAG

11. 4. 20

Sehr geehrte Herren,
Das tut mir aber sehr leid, daß Sie sich um mich so viel Kopfzerbrechen machen. Ich wollte Ihnen keine Nüsse zu knacken geben und ich muß Ihnen fest versichern, daß an den Stücken, die ich Ihnen geschickt habe, gar nichts »Knackbares« ist – das ist echteste, natürlichste und nicht im Geringsten »gewollte« Musik. (Trotz allem: ich begreife auch Ihren Standpunkt.) – Warum sind Sie so sehr verblüfft? Ich habe mich nicht gewendet, ich schreibe noch genau so leicht wie früher – zwischen meinen früheren und den jetzigen Sachen ist nur ein gradueller, kein wesentlicher Unterschied. Früher konnte ich nicht so schreiben, weil ich technisch (und menschlich) noch zu unentwickelt war, zudem sind die Stücke, die Sie kennen, fast alle im Felde geschrieben, und daß man sich, abgeschlossen von aller anständigen Musik, nicht musikalisch sehr entwickeln kann, leuchtet ein. Das habe ich aber mittlerweile getan. All das »Erschreckliche«, was Ihnen

an meiner neuen Musik nicht gefällt, findet sich unvollkommen und täppisch schon in den anderen Sachen, ist natürlich in allerlei Formen- & Formelkram versteckt. Einige in dieser Beziehung zu bemerkende Stellen sind: Im Quartett das Fugato im ersten Satz, ganze Strecken des zweiten Satzes, hauptsächlich die Variation in A dur und im letzten Satz das letzte $^{6}/_{8}$-Finalestretto.
In der kleineren (Es) Violinsonate der zweite Satz, in der anderen der Anfang und Schluß des Ersten, in der Bratschensonate die erste Variation und das Fugato im Finale. Viel mehr entwickelt ist das schon alles in der Cellosonate, die Sie ja im letzten Herbst hier gehört haben und die Ihnen (falls Sie sie sich daraufhin einmal ansehen wollen) Frl. Hendorf, Mainz, Albinistraße 6 geben kann. Die Solobratschensonate gibt sich auch redlich Mühe, intensive Musik zu werden, oft mißlingts aber. In den Whitman-Hymnen ists mir dann fast gelungen, das festzuhalten, was mir von jeher durch den Schädel gegangen ist. Aber sie hängen doch noch reichlich an allen möglichen Altertümlichkeiten. (Der Atavismus ist eine leidige Krankheit, die man nur durch Geduld, stete Arbeit und eine üppige immer bereite Erfindungsgabe vertreiben kann!). Eine einaktige Oper (»Mörder, Hoffnung der Frauen« – von Oskar Kokoschka der Text) steht auf der gleichen Stufe. Viel besser sind dann eine Reihe Klavierstücke geworden und in meinem neuen Quartett und vor allem in den neuen Liedern ist mir zum ersten Male das gelungen, was ich schon immer wollte, aber nicht konnte.
Am nächsten Donnerstag (15.) spielt Frau Lübbecke hier im kleinen Saalbau um 7 Uhr die Klavierstücke. Es wäre mir sehr lieb, wenn Sie sich diese anhören könnten; ich glaube, Sie können sich dann durch den »Ohrenschein« überzeugen, daß ich mich gar nicht geändert habe, daß der Ihnen vertraute Hindemith in voller Kraft und Blüte steht, daß die Sachen nur auf dem Papier so wüst aussehen, daß es da keine Nüsse zu knacken gibt und daß die Stücke Ihnen sogar – wenn Sie unvoreingenommen zuhören und sich nicht vorschreiben, was Sie hören wollen – sehr gut gefallen werden. (Die Lieder, die Ihnen nicht gefallen, hat Lindberg hier und in Stuttgart mit *großem* Erfolg gesungen). Ich kann leider an diesem Abend nicht da sein, weil ich in Würzburg spielen muß, (wenn ich hinausgelassen werde.). Ich will dann an einem der

darauffolgenden Tage einmal nach Mainz kommen, ausführlich mit Ihnen sprechen und Ihnen auch meine neuesten Sachen mitbringen. Wahrscheinlich kann ich Samstag einmal hier loskommen.
Dies für heute. Ich wollte Ihnen kurz erklären, was Ihnen nicht klar erscheint, aber eine längere mündliche Besprechung wäre mir ebenso erwünscht wie Ihnen.
Herzlichst grüßt Sie Ihr Paul Hindemith

Die Jahre um 1920 gehören zu den künstlerisch produktivsten in Hindemiths Leben. Eine Fülle von Werken entstand zu dieser Zeit, darunter die ersten Bühnenwerke, die drei Operneinakter ›Mörder, Hoffnung der Frauen‹ op. 12 (1919) nach Oskar Kokoschka, ›Das Nusch-Nuschi‹ op. 20 (1920) nach Franz Blei und ›Sancta Susanna‹ op. 21 (1921) nach August Stramm. Neben der Stuttgarter Oper, an der damals Fritz Busch wirkte, interessierte sich auch die Frankfurter Oper unter ihrem Intendanten Lert für die Uraufführung der Bühnenwerke. Es kam schließlich am 4. Juni 1921 im Stuttgarter Landestheater unter der musikalischen Leitung von Fritz Busch und in der Bühnenausstattung von Oskar Schlemmer zur ersten Aufführung der Einakter ›Mörder, Hoffnung der Frauen‹ und ›Das Nusch-Nuschi‹. Die Werke riefen einen Skandal hervor, der im Jahr darauf, als in Frankfurt das gesamte Triptychon aufgeführt wurde, noch erheblich spektakulärer ausfiel. Diese Ereignisse förderten freilich den Ruf des Komponisten und machten seinen Namen erstmals überregional bekannt.
Das zweite Ereignis, das die erfolgreiche künstlerische Entwicklung Hindemiths begründete, verbindet sich mit dem Städtchen Donaueschingen. Dort sollten mit großzügiger Unterstützung des Fürsten Egon zu Fürstenberg und unter dem Ehrenvorsitz von Richard Strauss »Kammermusik-Aufführungen zur Förderung zeitgenössischer Tonkunst« stattfinden. Dem Einfluß Emma Lübbecke-Jobs ist es zu danken, daß Hindemith, nach anfänglichem Widerstand, sein Streichquartett op. 16 und zwei Liedsammlungen einreichte. Das Programmkomitee, bestehend aus dem Donaueschinger Musikdirektor Heinrich Burkard, dem Komponisten und Pianisten Eduard Erdmann und dem Reger-Schüler Joseph Haas, nahm das Streichquartett zur Aufführung an. Mit diesem Werk erhielten die Musiktage 1921 ihre Sensation. Im Zusammenhang damit kam es, als das Berliner Havemann-Quartett mit den Schwierigkeiten nicht zurechtkam, zur Ad-hoc-Bildung eines Streichquartetts mit Licco Amar als Primgeiger und Hindemith als Bratscher. Im Jahr darauf wurde dann offiziell das »Amar-Quartett« gegründet, in dem außer den genannten Musikern Heinrich Caspar als zweiter Geiger und der Bruder Rudolf als Cellist mitwirkten. Viele Jahre hindurch behauptete diese Quartettvereinigung, in der dann Maurits Frank die Stelle des Cellisten einnahm, einen hervorragenden Rang. Ihr glänzender Ruf verband sich mit zahlreichen exemplarischen Aufführungen moderner Quartettkompositionen.

AN HEINRICH BURKARD

7. April 1921

Sehr geehrter Herr,
Vielen Dank für Ihren freundlichen Brief. Frau Emma Lübbecke sprach schon von dem Donaueschinger Kammermusikfest.
Ich sende Ihnen anbei einige Stücke von mir: Die Partitur eines schon gedruckten Quartetts, ein weiteres Quartett, ein Heft Lieder (Sopran) und noch 3 Hymnen für Bariton. Ihnen wird wohl daran gelegen sein, möglichst unaufgeführte Werke zu bringen – ich würde Ihnen dann sehr zu dem (geschriebenen) Quartett und den Liedern raten. Ich wäre Ihnen sehr dankbar, wenn Sie mir bald eine Nachricht geben könnten, ob Sie etwas von den Sachen aufzuführen gewillt sind und wer in diesem Falle als Ausführende in Betracht kämen.

Ihr sehr ergebener
Paul Hindemith

AN DEN SCHOTT-VERLAG

Frkftam 3. V. 21

Liebe Herren,
Eben bekam ich Ihren letzten Brief, wofür ich Ihnen herzlich danke. Ich habe die Sache hier erledigt. Direktor Arnold hat mit der Geschichte gar nichts zu tun. Er hat nur an Sie geschrieben, weil der Direktor Lert neulich verreist war. Mit dem habe ich vor einigen Tagen schon verhandelt. Er ist sich vollkommen im Klaren, daß ich mit ihm verabredet habe, daß die Uraufführung mit Stuttgart zusammen sein muß und *daß es nur seine Schuld ist,* wenn das nun nicht der Fall ist. Weder Sie noch ich bin im Unrecht, wenn wir am 21. in Stuttgart aufführen. Der Geschädigte bin doch nur ich, indem die hiesige Aufführung über Gebühr hinausgeschoben wird. Uns eine Schadenersatzklage anzuhängen, dürfte dem Dr. Lert doch ziemlich schwer fallen; ich habe ja Zeugen meiner Unterredungen mit ihm. Im Allgemeinen glaube ich, daß die ganze Geschichte gar nicht so gefährlich sein wird. Der Intendant (Lert) ist hier berüchtigt wegen seiner Wankelmütigkeit und leeren Rederei, er wird wohl kaum ernsthafte Schwierigkeiten machen, um so mehr als er ja unterschrieben hat, und unsere mündlichen Abmachungen nicht eingehalten hat, gewissermaßen also vertragsbrüchig geworden ist (nicht

wir!). – Sollte er wirklich Schwierigkeiten machen, so bin ich sehr dafür, den Spieß umzudrehen und ihm ordentlich auf den Leib zu rücken. Er ist sehr feige und ergreift stets das Hasenpanier, sobald man ihm die Zähne zeigt. Überdies erlebt er jetzt einen gründlichen Reinfall mit der von ihm angenommenen und in den Himmel gelobten »Prinzessin Girnara« von Wellesz, eines der schlechtesten Bühnenwerke, die ich kenne (die Musik betreffend). Dann wird er froh sein, wenn er eine ordentliche Novität auf seine Bühne bekommt. (Amüsieren Sie sich sehr über mein Selbstbewußtsein?) Ich glaube, nach meinen Stuttgarter Erlebnissen bis jetzt schon die feste Hoffnung hegen zu können, daß dort die Sachen vorzüglich herauskommen. Ich bitte Sie also, dem Direktor Lert zu schreiben, daß ich doch mit ihm das alles verabredet hätte und daß ja er die ganze Geschichte mit seiner Verschiebung »vermasselt« hätte. Erwähnen Sie bitte auch noch, daß er ja die »Susanna« *sowieso zur Uraufführung hier hat.* Auf dieses Stück legt er großen Wert, wie ich aus den Unterredungen mit ihm entnehmen konnte. Und noch eins: Schicken Sie ihm bald Auszüge und Texte, damit er etwas in Händen hat. Ich glaube die Gewißheit haben zu dürfen, daß dann alle Hindernisse beseitigt sind. Seien Sie nicht besorgt, daß ich bei meiner vielen Arbeit es an dem nötigen Eifer für dergleichen Verhandlungen fehlen lasse. Ich bin bis jetzt sehr gut mit den Leuten hier fertig geworden und werde es auch künftighin. Sie dürfen aber auch solche Einwände von hier nicht gar so tragisch nehmen. Sie würden auf keinen Fall, wenn Sie wüßten, mit welch ungeheurer Schlamperei auf der hiesigen Intendanz gewirtschaftet wird. Deshalb habe ich mir ja alles gleich schriftlich bestätigen lassen, was Sekles z. B. unterlassen hat, dessen neue Oper nun auch gestrichen ist, (weshalb er mir bös ist). – Falls Sie schon Korrekturbogen nach Stuttgart ans Theater (für mich) geschickt haben, werde ich sie wohl da bekommen. Schicken Sie aber alle weiteren Sachen hierher, ich komme am Freitag abends schon wieder, um erst nächste Woche wieder hinzufahren (ich habe hier auch noch viel zu tun). Ich hoffe ja sehr, daß die Nuschnuschistimmen noch in dieser Woche alle kommen. Ich muß sie dann alle in einem Tage (oder einer Nacht) erledigen, damit sie bei Ihnen gleich hergestellt werden können. Die Susanna-Sachen schicken Sie am besten auch hierher, ich erledige sie zwischendurch. Ab 15. d. M. bin ich ganz in Stuttgart. Meine Adresse ist dort: Stitzenburgstraße 2 bei Dr. Temesvary. Sollte ich schon früher endgültig dorthin übersiedeln, so lasse ich es Sie noch wissen. Ich gebe Ihnen noch Ende dieser Woche Nachricht über die Fortschritte der dortigen Einstudierung. Wenn der Nuschnuschi-Überdruck erst am Samstag fertig sein sollte, so bitte ich Sie, einen Mann auf meine Kosten hierher zu schicken, damit ich alles rechtzeitig erhalte. Früher fertige einzelne Stimmen vertragen ja die Postsendung. – Den Stuttgarter Vertrag werden Sie wohl mittlerweile erledigt haben – mit den von Ihnen erwähnten neuen Bedingungen (8% ohne Susanna).

Seien Sie herzlich gegrüßt von
Ihrem Paul Hindemith

AN LICCO AMAR

FrkftaM, Mittwoch, [1921]

Liebster Amar,
Sie bekommen die Quartettstimmen, wenn sie hier abgeschrieben sind, was ungefähr am 1. Okt der Fall sein wird. (Sie erhalten die, woraus wir in D. gespielt haben). Lange hat sich, seit Sie zuletzt hier waren und ehe ich Ihre Karte erhielt, auch um das Quartett beworben und er wird es nun auch studieren. Ausserdem will er auch hier spielen. Stört Sie das? Ich glaube, es wird nichts ausmachen, wenn das Stück zweimal gespielt wird. Im Gegenteil. Die Leute werden es sich gerne zweimal anhören. Um den 18. Oktober herum wird mein Bruder voraussichtlich einige Tage hier sein. Können Sie sich und Kaspar dann ein wenig frei machen? Ich würde mich sehr freuen, wenn wir alle zusammen dann ein kleines Fest feiern könnten. Sagen Sie doch bitte an Kaspar einen schönen Gruß. Und ich danke ihm (wie Ihnen) auch herzlich für seine Donaueschinger Arbeit, Sie beide haben mir durch Ihre großartige Leistung einen ungeheuren Dienst erwiesen und eine große Freude bereitet. Ich habe eben an Schott in Mainz geschrieben, daß Kaspar die beiden Sonaten geschickt bekommt. Außerdem wird er in Zukunft davon dispensiert, der Dame konstant die 50 Pfennige geben zu müssen (Freilich war sie ja hochanständig ... Das Hackbeil wird in die Kommode eingeschlossen, Scheitel werden nur noch mit Kämmen gezogen.)

Herzlichste Grüße Ihr
Paul Hindemith

[1921]

Lieber Amar,

Wenn wir Rudolf herkriegen können, bin ich gerne bereit, mit Ihnen den Abend hier zu machen; schon um Rebner zu ärgern, aus dessen Quartett ich ausgetreten bin. Ich habe ein neues Quartett unter den Pfoten, vielleicht könnten wir das auch noch spielen. Die Quartettstimmen und -Partituren müssen Sie von Schott in einigen Tagen bekommen. Es wird jetzt fertig sein. Haben Sie den 2. Februar hier belegt? Ich komme nach dort, sobald ich hier einen Tag loskommen kann, schreibe Ihnen dann vorher.

Einstweilen herzlichen Gruß Ihres
Paul Hindemith.

Theodor W. Adorno kann heute als der Kritiker Hindemiths angesehen werden, der nach dem Zweiten Weltkrieg und nach dem Tod Hindemiths im Jahre 1963 die nachhaltigste Wirkung auf die Hindemith-Rezeption auslöste. Hindemith erschien ihm in den Fünfziger Jahren maßlos überschätzt, was ihn dazu bewog, gegen Hindemith geradezu polemisch Stellung zu beziehen. In den frühen Zwanziger Jahren stand Adorno dem Werk Hindemiths durchaus zustimmend gegenüber. Die beiden kannten sich, wenngleich eine engere Beziehung schon aufgrund der zu unterschiedlichen sozialen Herkunft unmöglich war. Beiden gemeinsam war der Kompositionslehrer Bernhard Sekles, dessen Oper ›Die Hochzeit des Faun‹ am 1. Dezember 1921 in Wiesbaden uraufgeführt wurde. Adorno schrieb anschließend darüber in den in Frankfurt erscheinenden ›Neuen Blättern für Kunst und Literatur‹ und bescheinigte der Oper von Sekles, Anfang einer neuen Entwicklung in der Kunstgattung des Musikdramas zu sein. Danach plante Adorno eine Arbeit über Hindemith. Sie stand im Zusammenhang mit der bevorstehenden Aufführung der Einakter im März 1922 in Frankfurt. Der Aufsatz erschien in der selben Zeitschrift wie der Artikel über Sekles. Er wurde später von seinem Autor als »Jugendsünde« bezeichnet und offiziell zurückgenommen. In ihm beschäftigte sich Adorno mit all den Werken, die Hindemith in seinem Brief erwähnt. Dabei gilt zu berücksichtigen, daß Hindemith bei der Zählung seiner Streichquartette sein »Jugendquartett« op. 2 noch mitzählte, daß unter dem III. Streichquartett also das Quartett op. 16 und unter dem IV. Streichquartett das 1921 entstandene Quartett op. 22 zu verstehen ist.

6 Igor Strawinsky und das Amar-Quartett:
Licco Amar, Rudolf Hindemith, Paul Hindemith, Walter Caspar.
Amsterdam 1924

Leerbachstr. 9 Dienstag [Ende 1921]

Sehr geehrter Herr Wiesengrund,

Ich habe leider jeden Abend zu tun in dieser Woche und nächste Woche bin ich in Berlin, kann Sie also nicht sehen. Wenn Sie über meine Sachen schreiben wollen, kann ich Sie natürlich nicht hindern, ich muß Ihnen aber sagen, daß mir herzlich wenig daran liegt, in einem Blatt seziert zu werden. Damit Sie einen möglichst vollständigen Überblick über meine letzten Arbeiten bekommen (falls Sie doch schreiben wollen) schicke ich Ihnen in den nächsten Tagen folgende Sachen: Susanna-Partitur, III. Streichquartett-Partitur, IV. Streichquartett-Partitur und Lieder-Partitur. Ich lege die Noten am Donnerstag vor Mittag zum Firnberg, dort kommen Sie sicher mal vorbei. Wenn ich von Berlin zurückkomme, muß ich sie aber wiederhaben, vielleicht können Sie mir die Hefte in der nächsten Museums-Hauptprobe geben, außer der Quartettpartitur (der gedruckten), die ich Sie zu behalten bitte. Die Klaviersonate kann ich Ihnen nicht geben. Ich habe sie selbst nicht, Ihr Sekles-Aufsatz hat mir nicht besonders gefallen; Ich habe nicht begriffen, daß Sie das geschrieben haben, nachdem Sie in Wiesbaden ganz anderer Ansicht zu sein schienen. Ich glaube auch nicht, daß Ihre Ausführungen auf irgendeinen modernen Komponisten weniger passen als auf Sekles. Ich denke, ich kann Sie in der übernächsten Woche einmal sehen.

Ihr Paul Hindemith

Die Erfolge von 1921 lösten in Hindemith eine Reihe von neuen Aktivitäten und Initiativen aus. Zudem führten sie zu immer häufigeren Anfragen nach seiner Beteiligung und Mitwirkung als Komponist und Interpret. So war er auch im Rahmen des 1. Musikfestes der »Internationalen Gesellschaft für Neue Musik« 1922 in Salzburg vertreten: als Komponist mit seinem erst später und dann in veränderter Form veröffentlichten Klarinettenquintett, als Interpret mit dem »Amar-Quartett«. Wichtige Werke entstanden Ende 1921 und 1922: so die ›1. Kammermusik mit dem Finale 1921‹ und dann die ›Klaviersuite 1922‹ op. 26, beides Werke, die Hindemiths Ruf als »bad boy« und Bürgerschreck begründeten. (Die Suite wird von Hindemith in seinem Brief vom 21. V. 1922 noch als »Klaviersonate« bezeichnet.) Diese Werke

repräsentieren freilich nur eine Seite seiner künstlerischen Natur. Im selben Zeitraum entstanden auch die Liederzyklen ›Die junge Magd‹ op. 22 Nr. 1 nach Gedichten von Georg Trakl und ›Des Todes Tod‹ op. 22 Nr. 2 nach Eduard Reinacher. Charaktermerkmal dieser Kompositionen ist dunkle Melancholie.
Musikinstrumente übten auf Hindemith zeit seines Lebens eine unwiderstehliche Faszination aus, auch Instrumente, die vergessen waren wie beispielsweise die Viola d'amore. 1922 fand er bei dem Frankfurter Geigenbauer Sprenger ein solches Instrument. Er spielte es nicht nur, sondern er komponierte auch dafür. Zugleich führte ihn die Suche nach Literatur in die vorklassische Zeit der Musikgeschichte. Diese Epoche mit ihrer Zentralgestalt Johann Sebastian Bach sollte später zum vorbildhaften Bezugspol für die eigene Musik werden. Die ersten Schritte auf diesem Wege dahin erfolgten im Zusammenhang mit dieser Entdeckung eines vergessenen Musikinstruments. Zugleich wurde damit auch ein erster Anstoß dazu gegeben, die alten Aufführungspraktiken wieder zu beleben – eine Aufgabe, die in den späten Zwanziger Jahren in Berlin und dann vor allem in den Jahren nach 1940 in Yale mit allem Ernst verfolgt wurde und ihren Höhepunkt in der Einrichtung und Aufführung von Monteverdis ›Orfeo‹ fand.

AN DEN SCHOTT-VERLAG

Frankfurt, Mittwoch [Ende Februar 1922]

Liebe Herren,
Ich habe lange nichts von mir hören lassen (vieler Arbeit wegen), bereue aber diese Sünde heftigst und erledige mit diesem Briefe alle schwebenden Angelegenheiten. – Die Cellosonate geht mit gleicher Post korrigiert zurück. Gleichzeitig schicke ich Ihnen die von Ihnen längst angekündigten Lieder, welche letzthin in Berlin gesungen wurden. Ich habe sie mir vorher gehört und war ganz erstaunt, daß ich so gute Sachen gemacht habe, von denen ich selbst kaum etwas wußte. Sie bekommen noch etwas: Mein neues Quartett, das ich Sie aber bald wieder zurückzuschicken bitte, weil ich diese Partitur verschenkt habe. Das Stück wird Ihnen sicher Vergnügen machen. Es klingt fein und ist ganz einfach zu hören und zu spielen, worauf ich äußerst stolz bin. Ich bin bald wieder mit einem Stück fertig: eine Kammermusik für 12 Instrumente (Streicher, Klavier, Harmonium, Flöte, Klarinette, Fagott, Trompete und viel kleines Schlagzeug.) Interessiert es Sie, die Partitur zu sehen? Einstweilen glaube ich, daß sie gut ist. Mein Bruder hat die Cellosonate in München gespielt, ich habe aber noch keine Nachricht darüber erhal-

ten. Ebenso bin ich noch über Berlin ohne Bericht. Ich glaube aber, daß es sehr nützlich war, daß ich dort war. Alle Zeitungsbonzen und alle möglichen und unmöglichen Musikpopen waren vorhanden – augenscheinlich interessiert. Ihre Frau Schwester war im Konzert. Sie hat Ihnen sicher darüber geschrieben. Wenn ich nähere Nachricht erhalte, schicke ich sie Ihnen. Adolf Weissmann hat mich gebeten, alle verfügbaren Sachen von mir ihm zugehen zu lassen. Würden Sie das erledigen? (Ich denke, daß es von Nutzen ist). Außer den drei Auszügen bitte ich Sie, ihm auch die Susanna-Partitur zu schicken, das neugeschriebene Quartett habe ich ihm schon gegeben. – Hier sind wir fest an der Arbeit. Ende März kommen die drei Opern. Die erste Orchesterprobe ist nächste Woche. Ich bin auf die Susanna neugierig. Neulich ließ ich durch die Intendanz noch je eine Harfenstimme zu Nuschi & Susanna nachbestellen. Es sind falsche Stimmen geschickt worden, nämlich die zu den »Tänzen«. Können wir möglichst bald die richtigen Stimmen haben? Daß die Tänze in Köln mit Erfolg aufgeführt wurden, habe ich schon von verschiedenen Seiten gehört. In Wien hat sich Korngolds Papa, da er an der Musik nichts als das »Groteske« und den straffen Rhythmus zu monieren fand, über den Text aufgeregt (der ihn doch in diesem Falle gar nichts angeht!). Ich hielte es für angebracht, wenn er sein Wohlwollen für sich behielte; er ist um kein Haar besser als all die anderen Zeitungs-Schlamenpeizger, wovon ich mich in der letzten Zeit hinlänglich überzeugt habe.
Kein Wunder, daß er meine Musik nicht mag, wenn er die seines Sohnes schätzt. (Seien Sie nicht bös, in diesem Punkte werden wir wohl nie einig werden.) – Noch eins: Wir hatten uns damals geeinigt, die Sonaten von mir nach ihrer Erscheinungszeit zu numerieren. Ich bitte Sie darum, diese Cellosonate »op 11, N. 3« (statt: 4) zu nennen; die fehlende Bratschen-Klaviersonate komponiere ich Ihnen in diesem Jahre (vielleicht schon bald) neu hinzu. Ich freue mich, daß Sie Spaß an der Cellosonate haben; ich habe ihn auch noch. Ich konstatiere mit Befriedigung, daß meine Sachen besser und einfacher werden. (wird auch Zeit.) – Den Vertrag schicke ich Ihnen noch nicht. Können Sie mir die Stücke nicht etwas höher anrechnen und mir, wie bei den ersten Sachen, einen Gewinnanteil von der 2. Auflage an einräumen? Für mich ist

die Komponiererei jetzt auch mit großen Kosten verbunden (leider bin ich durch die schlechten Zeiten gezwungen, ein wenig rechnen zu lernen!); die Cellosonate und das neue Quartett haben mir neulich z. B. fast 2000 MK Kopistenhonorare für Part. & Stimmen verursacht (das ist nicht einmal teuer.). Wenn ich noch berechnen wollte, daß ich in der Zeit, in der ich schreibe, einträglichere Beschäftigungen ergreifen könnte – Stunden geben etc; über kurz oder lang muß ich es ohnehin – müßte ich noch heute meinen Bankerott anmelden. Das ist kein Vorwurf für Sie; ich kann aber doch nicht immerzu Geld drauflegen. Von dem langsam tröpfelnden Ruhm kann ich mir noch nicht einmal das Notenpapier kaufen (O Gott – der Bogen eine Mark, ich schreibe nur noch Duette für zwei Geigen). – Einstweilen herzliche Grüße

Ihr Paul Hindemith

AN DEN SCHOTT-VERLAG

Frkftam, 21. V. 22

Liebe Herren,
Anbei schicke ich Ihnen einen Brief vom »Sturm«. Sie erledigen die Sache wohl, dann kann ich mir die unnütze Schreiberei ersparen. Die Sache mit dem Tonkünstlerfest in Düsseldorf war ein Irrtum von Ihnen. Dort sollten Orchesterlieder von mir aufgeführt werden. Uralte Sachen, die einer ohne mein Wissen in das Programm geschoben hatte. Ich habe sie natürlich zurückgezogen. Ich bin nicht böse darüber, daß nichts von mir in Düsseldorf gemacht wird. Ich habe ja nicht allzuviel übrig für den Musikverein, außerdem hat man ein arg trauriges Programm zusammengekleckst. Ich werde aber zu dem Fest hinfahren, um einmal zu sehen, was alles passiert. Ein Abend meiner Stücke wird im Juni beim Rheinischen Kammermusikfest stattfinden. Eine neue Kammermusik für 5 Bläser (Flöte, Oboe, Klarinette, Horn & Fagott), ich spiele eine Bratschensolosonate und Amar spielt mit seinen Leuten das letztjährige Quartett. In Salzburg wird auch etwas von mir gespielt. Ich weiß aber noch nicht bestimmt, was. Ich verhandele noch mit den Leuten. – Die schon lange angekündigte Klaviersonate ist fertig. Sie geht Ihnen in den nächsten Tagen zu. Sie besteht aus Marsch, Shimmy, Nachtstück, Boston und Ragtime. Titelbild von mir. Ich würde es für gut halten, wenn Sie das Stück – sofern es Ihnen zusagt – bald

drucken würden, so daß es zum Anfang der Wintersaison schon zu haben ist. Es gibt eine Menge Klavierleute, die es sofort spielen. In der nächsten Zeit werde ich die Donaueschinger Kammermusik fertig machen und den Sommer über werde ich ein kleines Ballett für Kammerorchester schreiben. Für die Tänzerin Nini Willenz in Darmstadt. Meine Opern laufen hier gut. Drei Wochen lang mußten sie leider ausfallen wegen Krankheit im Personal. Jetzt werden sie wieder gespielt. Jedesmal sind sie ausverkauft und haben guten Erfolg. Wenn ich einen guten Text hätte, wäre schon längst ein großer Teil neue Oper fertig. Es ist traurig bestellt mit den Libretti. Können Sie mir nicht eine Sendung Notenpapier schicken – zu etwas billigeren Preisen als hier im Laden? Sie stellen doch sicher welches her. Hier kostet jetzt der Bogen 5 Mark. Liniaturen, die ich hauptsächlich brauche, sind: 12zeilig; 10, 22; & abgeteilte Klaviersysteme. Wenn man dauernd soviel Papier verschreibt wie ich, spürt man die hohen Preise ganz empfindlich beim Einkauf. – Seit Wochen schreibt mir der Horwitz aus Wien, ich soll ihn an Sie empfehlen. Sie kennen ihn ja selbst von Donaueschingen her, ebenso gut wie ich. Ich kann mir das also ersparen.

Mit herzlichem Gruß
Ihr Paul Hindemith

AN EMMY RONNEFELDT

[September 1922]

Liebe Emmy!
... Schade, daß Du nicht hier erlebst, was für ein Leben wir in die Musik bringen. In mich ist der Unternehmungsgeist gefahren. Letztes Jahr bin ich doch aus dem Rebner Quartett ausgetreten – im Mai habe ich aber wieder ein sauberes Quartett gegründet, das Amar-Quartett; wir spielen nur moderne Musik u. haben sehr viel zu tun. Im Sommer haben wir die beiden Musikfeste in Donaueschingen und Salzburg gespielt – mit dem größten Erfolg. Demnächst gehen wir nach Dänemark und der Tschechoslowakei, und in diesem Winter noch nach Paris. Bei den beiden genannten Musikfesten hab ich alle anderen Komponisten wieder mal aus dem Sattel gehoben, mein Geschäft blüht seitdem in nie erhofftem Maße. Überall werden Sachen von mir aufgeführt, meine Opern kommen jetzt in Dresden, Prag u. Kiel, und hier sind sie auch

gewesen. Die Verleger reißen sich um Sachen von mir, u. ich nütze jetzt die günstige Konstellation aus, indem ich den auswähle, der das meiste zahlt, und dann gehe ich aus dem Orchester und komponiere nur und spiele Quartett.
Aber das Schönste, was mir geglückt ist, ist die Gründung der »Gemeinschaft für Musik«, hier. Wir spielen vor ungefähr 80 geladenen Mitgliedern bei Zingler auf der Kaiserstraße moderne Musik (alle 2 oder 3 Wochen); eine rein musikalische Angelegenheit ohne Geldgeschichten. Die Zuhörer zahlen nichts, die Spieler bekommen nichts, die ganz geringen Unkosten werden gemeinsam getragen. Hier ist endlich einmal die Musik um der Musik willen da! Kein persönlicher Ehrgeiz wird berücksichtigt, keine Kritik erscheint. Und, was das Allerschönste ist: die ganzen Frankfurter dürfen nicht hinein!! Ich habe schon viel Krach deswegen gehabt, weil jeder glaubt, dabei sein zu müssen. Ist aber nicht! Demnächst veranstalten wir (mein Quartett) außerdem noch sieben Quartettabende mit ausschließlich ganz neuen Kammermusikwerken aller Länder. Sogar russische sind darunter; hat man in ganz Europa noch nicht gehört. Fein, gell? Ich muß noch allerlei solche schönen Erfindungen machen in der nächsten Zeit, es ist dringend nötig. Ich habe einen neuen Sport; ich spiele Viola d'amour, ein ganz herrliches Instrument, das ganz verschollen ist, und für das nur eine ganz kleine Literatur besteht. Das Schönste, was Du Dir an Klang vorstellen kannst; eine nicht zu beschreibende Süße und Weichheit. Es ist heikel zu spielen, aber ich spiele es mit großer Begeisterung und zur Freude aller Zuhörer... Was ich sonst noch alles geschafft habe in diesem Jahr? Viel Orchester, sehr viele Konzerte, sehr viele Reisen. Und furchtbar viel komponiert: Ein Liederzyklus »die junge Magd« mit 6 Instrumenten, eine Klaviersuite, eine Kammersymphonie, ein Blasquintett, eine Bratschensonate allein, eine Viola d'amour-Sonate mit Klavier, die Marienlieder, eine Liederreihe mit 2 Bratschen u. 2 Celli, eine Bratschensonate mit Klavier, ein Ballett (das am 1. 12. in Darmstadt aufgeführt wird), eine Cellosonate allein u. ein Weihnachtsmärchen, das hier und in 5 andern Theatern herauskommt. Die meisten dieser Sachen sind schon wieder gedruckt. Ich habe den chronischen Arbeitsfimmel und glaube kaum, daß ich jemals wieder davon genese. – Rudolf ist in Wien, er ist vor kurzem aus Amerika zurückgekommen. Man hört nie etwas von ihm...

Im Herbst 1922 scheint sich Hindemith endgültig über seine Bestimmung und seinen weiteren Weg klar geworden zu sein. Das bedingte allerdings eine Klärung seiner materiellen Verhältnisse. Bisher hatte ihm die Stelle des Ersten Konzertmeisters in der Frankfurter Oper den finanziellen Rückhalt geboten. Doch angesichts der gesteigerten kompositorischen Arbeit, der zunehmenden Nachfrage nach seinen Werken und auch angesichts der schnell wachsenden und reizvollen Aufgaben, die das Musizieren im Amar-Quartett mit sich brachte, war es unumgänglich, den Orchesterdienst aufzugeben. Die Frage der Sicherheit in den unruhigen Zeiten stellte sich freilich um so dringlicher.
In dieser Zeit vollzieht sich eine erste entscheidende Wendung in Hindemiths Schaffen. Es entstand in den Sommer- und Herbstmonaten 1922 und dann im Frühjahr 1923 der Liederzyklus ›Das Marienleben‹ nach Rainer Maria Rilke. Später, im Vorwort zu der zweiten Fassung von 1948, sagte Hindemith: Die Uraufführung »brachte mir zum ersten Male die ethischen Notwendigkeiten der Musik und die moralischen Verpflichtungen des Musikers zum Bewußtsein«.
Zur Zeit der Entstehung der ersten Lieder des ›Marienlebens‹ komponierte Hindemith ein Bühnenstück für Kinder, das Weihnachtsmärchen ›Tuttifäntchen‹ in drei Bildern mit Gesang und Tanz von Hedwig Michel und Franziska Becker. Es wurde am 13. Dezember 1922 in Darmstadt erstmals aufgeführt.

AN DEN SCHOTT-VERLAG

Frankfurt a M 31. Okt 22

Sehr geehrter Herr Dr. Strecker,
Anbei übersende ich Ihnen den unterschriebenen Weihnachtsmärchen-Vertrag und heute Abend geht die letzte (kurze) Musiknummer dieses Stückes an Sie ab, womit dann alles erledigt ist.
Ich habe noch eine Angelegenheit zu erledigen. – Vor mir liegen die Verträge, die ich mit Ihnen bis jetzt gemacht habe. Daraus geht hervor, daß ich Ihnen 1919 vier Kammermusikwerke zum Gesamtpreis von 1000,– Mark gegeben habe. Ferner haben Sie die Fertigstellung meines Opernmaterials übernommen ohne das geringste Risiko für Sie, da ich ja alle Kosten auf meine Kappe genommen habe. (Wird Ihnen nicht gar so häufig passiert sein. Meiner Ansicht nach dürften Sie sowohl mit der »Toten Stadt« als auch mit Sekles' Oper nicht auf die Kosten gekommen sein.). Des weiteren haben Sie in diesem Frühjahr 4 Sachen (Kammermusikwerke und Lieder) für insgesamt 10 000. M. und neulich nochmals vier größere und kleinere Kompositionen für denselben Betrag erhalten. Zu alldem haben Sie noch das Vorkaufsrecht auf alle meine

Kompositionen für die nächsten zehn Jahre, (und dafür haben Sie mir nicht einen Pfennig gezahlt!).
Die Tatsache steht also fest, daß Sie sich für eine unverhältnismäßig geringe Summe mit einer Menge Stücke von mir »eingedeckt« haben, von denen einige jetzt schon gut verkauft und die meisten viel gespielt werden, jedenfalls mehr oder mindestens ebenso viel wie die anderen neuen Kammermusikwerke, die Sie im Verlag haben. Zudem wissen Sie ebenso gut wie ich, daß das erst der Anfang ist und daß ich auf dem besten Wege bin, *sehr* bekannt und *sehr* viel gespielt zu werden. Sie werden also im Laufe der nächsten Jahre nicht nur auf Ihre Kosten kommen, sondern wahrscheinlich auch ein gutes Geschäft an mir machen. Ich bin in Geldsachen sehr ungeschickt und war bis vor kurzem nicht orientiert über Verlagshonorare, Tantiemen etc. Um so verwerflicher finde ich es, daß Sie meine Unkenntnis ausgenutzt und mich mit miserablen Honoraren abgespeist haben. Entspricht dieses Vorgehen den schönen Worten in der Einleitung zu Ihren Katalogen? Fällt es unter die Rubriken »Herzenssache« und »Idealismus?« Ich will nichts darüber sagen, daß Sie meine ersten Sachen schlecht bezahlt haben. Ich war unbekannt und Sie konnten nicht wissen, was einmal daraus werden wird. Auch darüber will ich nicht mit Ihnen streiten, ob es anständig war, mir, der ich wie irrsinnig in drei Berufen herumschaffen muß, um genügend zu leben zu haben, die Kosten der Herstellung des Opernmaterials allein aufzurechnen –; es war eine gewagte Sache, das gebe ich zu; wenn auch dabei zu bedenken ist, daß Sie zum mindesten dasselbe Vertrauen dazu haben konnten wie ich selbst. Aber daß Sie, nachdem ich im letzten Jahre genügend Erfolge gehabt habe und erst vor kurzem, nachdem wirklich vollkommen *unbestrittene* Erfolge zu verzeichnen und viele Aufführungen und damit Verkaufsmöglichkeiten in Aussicht waren, mir für abermals 4 Stücke dieselbe Summe boten (eine Summe, für die ich mir damals knapp einen Drittel-Anzug machen lassen konnte!!), das ist eine Handlungsweise, über die ich mich nicht weiter mit Ihnen unterhalten möchte, weil ich sie für indiskutabel halte, nachdem ich gesehen habe, was andere Verleger mir für Angebote gemacht haben. Ich habe die Angebote von drei großen Verlagshäusern vor Augen, aus denen unzweifelhaft hervorgeht, daß Sie mich – gelinde gesagt – gründlich übers

Ohr gehauen haben und es ist wohl anzunehmen, daß Sie diese Tätigkeit auch weiterhin fortgesetzt hätten, wenn ich mich nicht gerührt hätte. Darum hiermit der kurze Sinn der langen Rede: Überbieten Sie das höchste der erwähnten Angebote um eine beträchtliche Summe, dann bleibe ich gerne bei Ihnen. Sind Sie nicht gesonnen, das zu tun, so bin ich von meinem Vertrage befreit, da mir ja andere Verleger mehr bieten und daher die Kompositionen zu ungünstigeren Bedingungen erhalten. Dabei mache ich Sie darauf aufmerksam, daß es mir zwei der Angebote ermöglichen, meine Stellung am Theater aufzugeben und damit eine Fessel abzustreifen, die mir bei meiner kompositorischen Arbeit ein großes Hindernis war. Ich kann dann vollkommen unbekümmert und ohne Sorgen für mich arbeiten – und Sie können sich ungefähr vorstellen, was ich arbeite, wenn ich Zeit dazu habe, nachdem Sie gesehen haben, was ich leiste, wenn ich wie ein Erntepferd von morgens bis in die Nacht eingespannt bin. Mir selbst kann es von nun an gleichgültig sein, wer meine Sachen verlegt; ich bin bekannt genug, das wissen Sie selbst. Die Zeit ist vorbei, wo ein Verlag viel Mühe aufwenden mußte, um Aufführungen meiner Stücke zu erwirken. Gewiß war das Verlegen meiner ersten Sachen für Sie eine riskante Sache, dafür haben Sie sie aber billig genug eingekauft. Nachdem Sie sahen, daß die Stücke Erfolg haben, hätten Sie mir ein angemessenes Honorar zahlen müssen, wie es andere Verleger mir auch angeboten haben. Der vertragliche Teil des Reingewinns (20%), der mir zufließt, ist eine Bagatelle, die nicht der Rede wert ist. Wollte ich davon leben, so müßte ich 1000 Sachen bei Ihnen im Verlag haben, von denen jedes Jahr 1000 Exemplare verkauft werden. Dieser Tage sah ich bei einem meiner Freunde, der Instrumentalist ist und vor einigen Jahren glaubte, auch als Komponist zur Geltung kommen zu können, einen Vertrag mit einer großen Verlagsfirma. Er bekam nach diesem Vertrag 1919 ein festes Monatsgehalt (fortlaufend) von 500 Mk, sich den evtl. verändernden Währungsverhältnissen anpassend, außerdem Honorar für jedes einzelne Werk. Von diesem Manne hat man nie wieder etwas als Komponist gehört, weil er selbst eingesehen hat, daß er keiner ist und das Gewerbe an den Nagel und den Vertrag gekündigt hat. Das Werk, wofür er diesen Vertrag bekam, war nicht besser als die früheren Werke, die Sie von mir im

Verlag haben und wurde dazu kaum gespielt; heute ist es schon fast ganz vergessen. Als Gegenleistung für das erwähnte Honorar hatte er dasselbe zu tun, wie ich auch, nämlich dem Verlag alle seine künftigen Kompositionen auf eine Reihe von Jahre hinaus anzubieten. Bitte vergleichen Sie einmal dieses Angebot mit dem, was Sie mir geboten haben – !!! Also nochmals: Wenn Ihnen daran liegt, weitere Kompositionen für Ihren Verlag zu bekommen, bitte ich Sie, mir ein annehmbares Angebot zu machen. Nicht zu niedrig zu greifen, dürfte in Ihrem Interesse sein. Ich gehe unweigerlich von Ihnen, wenn Ihr Angebot niedriger ist als das höchste, das ich bis jetzt habe.
Außerdem würde ich eine angemessene Summe als Nachzahlung auf die in diesem Jahr gelieferten Kompositionen Ihnen nicht einmal als besondere Güte, sondern nur als die Erfüllung einer Anstandspflicht registrieren.
Im Übrigen: Seien Sie nicht weiter böse über den etwas ungewohnten Ton dieses Briefes. Seit einiger Zeit hört in Geldsachen auch bei mir die Freundlichkeit auf. – Wie immer, mit besten Grüßen

Ihr Paul Hindemith

AN DEN SCHOTT-VERLAG

FrkftaM 10. Nov. 22

Sehr geehrter Herr Dr. Strecker,
Ich möchte Sie bitten, ein vollständiges Material der »jungen Magd« nach Prag, (Herrn Prof. Rietsch Smichow 479) zu schicken. Wir führen das Stück am 10. Dez. dort auf. Es wäre mir lieb, wenn ich auch einige Exemplare bekommen könnte; auch noch 2 von der Klaviersuite und den Liedern, wenn es geht. –
Ihren Brief habe ich erhalten. Daß ich grob war, weiß ich wohl. Anscheinend war ich noch nicht grob genug, sonst hätten Sie wahrscheinlich die ganze Angelegenheit ein wenig ernster aufgefaßt. Die Vorwürfe, die ich Ihnen gemacht habe, haben Sie nicht widerlegt, sie bleiben also bestehen – bis auf den einen, die Gewinnbeteiligung betreffend. Ich habe mich nicht an andere Verleger gewandt, wie Sie vermuten, sondern habe die Angebote ohne jede Veranlassung meinerseits bekommen. Diese Angebote sind keine Bluffs (wie Sie anzuneh-

men scheinen), auch wirft man nicht mit Zahlen um sich, um auf mich Eindruck zu machen und nachher doch nichts zu zahlen. Ich teile Ihnen hierdurch mit, daß der Abschluß mit einem der Verleger so gut wie sicher ist, ich warte nur noch Ihre Antwort ab. Dieser Abschluß gibt mir (wie schon neulich erwähnt) die Gelegenheit, mich *ausschließlich* der Komposition zu widmen, Sie können sich also ungefähr ausrechnen, um welche Summe es sich handelt. Wenn Sie ein Interesse daran haben, noch weiterhin Kompositionen von mir zu bekommen, so ersuche ich Sie, *bis zum Dienstag* sich endgültig darüber zu äußern, was Sie mir bieten wollen. Ich kann nicht länger warten, habe auch keine Lust dazu, eine Gelegenheit zu versäumen, die mir eine gute Lebensmöglichkeit und damit Befreiung von allen möglichen Anhängseln gibt. Ich betone ausdrücklich, daß es nicht meine Absicht ist, aus Ihrem Verlage herauszugehen; andererseits ist jeder große Verlag für mich, wie die Dinge heute liegen, gleich gut – und der mir das meiste zahlt, ist mir der liebste. Die Zeit drängt wohl jeden auf diesen egoistischen Standpunkt, außerdem habe ich nicht zuletzt von Ihnen selbst gelernt, daß man seine Vorteile im Auge haben muß, und ich verdiente Prügel, wenn ich es nicht tun würde. Wenn Sie bis Dienstag das mir vorliegende Angebot überboten haben, bleibe ich weiter bei Ihnen; im anderen Falle trete ich ohne weiteres zur Konkurrenz über. Das ist mein endgültiger Entschluß und ich habe nicht die Absicht, noch darüber zu verhandeln.

Einstweilen herzlich grüßend,
Ihr Paul Hindemith

P. S. Ich brauche nächste Woche unbedingt meine Bratschen-Solo-Sonate (op. 25) weil ich sie in Berlin spielen muß. Können Sie mir möglichst bald das Manuskript senden? Auch für Übersendung der Weihnachtsmärchen-Korrekturen wäre ich dankbar, weil ich die ganze nächste Woche wieder unterwegs bin. – Ich habe Ihnen neulich fälschlich mein Exemplar des Vertrages über das »Tuttifäntchen« mitgeschickt. Kann ich das gelegentlich wiederhaben?

AN DEN SCHOTT-VERLAG

Frkftam, Leerbachstr 9, 19. 1. 23

Sehr geehrter Herr Dr. Strecker, ich freue mich sehr, daß der Vertrag nun in Ordnung ist. Es ist schade, daß dies unter Entwicklung einigen Lärms zu Stande gekommen ist und Sie werden es mir wahrscheinlich nicht vergessen, daß ich diesen Lärm verursacht habe. Ich habe natürlich nicht die Absicht, Sie zu meiner Meinung zu bekehren – die ich Ihnen in den ersten Briefen über diesen Gegenstand geäußert habe – ebenso wie ich mich nicht Ihrer Ansicht anschließen kann. Sie müssen nicht denken, daß ich nicht anerkenne, daß Sie diesen Vertrag mit mir gemacht haben. Ich weiß Ihr Entgegenkommen vollkommen zu würdigen. Ich bitte Sie dafür, zu berücksichtigen, daß ich Ihnen auch sehr entgegengekommen bin, indem ich noch Ende Dezember ein Angebot ausgeschlagen habe, das mir außer denselben Nebenbedingungen wie bei Ihnen ungefähr das doppelte laufende Monatsgehalt in irgendwelcher Valuta (nach meinem Wunsche) aussetzte. Es war mir ärgerlich, die Musik wie Kartoffeln zu verhandeln und ich habe Ihren Vertrag unterschrieben, trotz der glänzenden anderen Bedingungen und trotz Ihrer Einwände, die Sie noch bis zum Schluß hatten. Ich hoffe, wir werden beide gut fahren. Sie wissen, daß es an meiner Arbeit nicht fehlen soll. Meine Entlassung am Theater ist eingereicht und ich hoffe, daß ich bis Ende nächsten Monats frei bin. Sie können von mir einige neue Sachen jetzt haben: Eine Solo-Cellosonate, eine Bratschensonate mit Klavier, das Pantomimchen, das in Darmstadt demnächst aufgeführt wird und die Hälfte der Marienlieder. Ich möchte Ihnen gerne einmal die Stücke selbst vorführen und ich bitte Sie, mir zu schreiben, ob Sie einmal nach hier kommen oder ob ich nach Mainz fahren soll. Übernächste Woche habe ich Zeit. Ich erlaube mir, Ihnen die beiden Solobratschensonaten zu überlassen, ohne Honorar und ohne jede Ansprüche meinerseits in Zukunft. (Die stünden dann außerhalb des Vertrags) Nur müßte ich Sie bitten, mir von der einen, die ich eben im Besitz habe und immerzu brauche, eine Abschrift herstellen zu lassen, wenn sie nicht schnell gestochen werden kann. Ich habe gehört, daß die Partitur der »Kammermusik I« fertig ist. Könnte ich einige bekommen? Es wäre mir lieb, wenn es bald ginge. Wir führen das Stück nächsten Mittwoch in Berlin auf und ich hätte sie dann gerne. Ich habe die Absicht, für das diesjährige Tonkünstlerfest eine »Kammermusik II« zu schreiben.

In Eile herzliche Grüße
Ihres Paul Hindemith

AN MARTHA BRAUN

FrkftM-Berlin 23. Sept. 23

Liebe Martha, ich muß die Post auf der Bahn erledigen, zu Hause komme ich nicht dazu – daher die Bleischrift. (Ich liege das ganze Jahr über auf der Bahn) – Ich habe mich sehr über Dein Briefchen gefreut. Ich finde es gar nicht bedauerlich, eine gute Hausfrau zu sein. Musik gibts so entsetzlich viele, ein Konzertpodium ist wirklich nichts sehr Schönes und das Leben das wir führen, ist aufregend, aufreibend und zermürbend. Du kannst doch für Dich so viel musizieren wie Du Lust hast. Ich wünschte, ich könnte das auch von mir sagen. Ich freue mich, daß es Dir sonst gut geht. Ich bin auch zufrieden, ich bin immer gesund und obenauf gewesen – nur die Arbeit wächst einem halt meist über den Kopf. Es war auch zu viel: Komponieren, Oper und Symphoniekonzerte, Geigen und dazu noch dauernd auf Konzertreisen mit dem Quartett (Amar-Quartett). Jetzt habe ichs etwas leichter. Ich habe meine Stellung an der Oper aufgegeben und reise nur noch und komponiere. Das ist schöner. Im Oktober sind wir in der Schweiz und es ist möglich, daß wir nach unserem Konzert in Genf (am 22.) einen oder zwei Tage frei haben, ehe wir nach Wien fahren. Ich möchte dann ganz gerne nach Aarau gehen; oder, wenns mir mit der Zeit langt, könnte ich auch nach Reinach kommen. Soll ich? Am 20. & 21. Okt. spielen wir in Solothurn. Komm doch hin! Ich wäre froh, Dich wiederzusehen. Also vielleicht paßt es.
Schöne Grüße an Dich und Deinen Mann unbekannter Weise von deinem etwas mehr beschäftigten, sonst aber immer noch wie früheren

Paul Hindemith

Drei Persönlichkeiten bildeten seit 1921 den Arbeitsausschuß, der für die Programmgestaltung und Organisation des Musikfestes in Donaueschingen verantwortlich zeichnete: der Donaueschinger Musikdirektor Hein-

rich Burkard, der Komponist Joseph Haas und der Pianist und Komponist Eduard Erdmann. Vom Sommer 1923 an gehörte Hindemith zu diesem Ausschuß.
Seine Tätigkeit erstreckte sich zunächst auf die Beurteilung der eingesandten Kompositionen. Dann ging es um Programmanregungen. Auf seinen Vorschlag wurden 1924 Werke von Arnold Schönberg und Anton Webern ins Donaueschinger Programm aufgenommen. Hindemith erkannte die Bedeutung Schönbergs, was trotz der späteren Distanzierung von der Zwölftonmethode seine Züricher Schönberg-Vorlesungen unmißverständlich unter Beweis stellten. Auch als Interpret setzte sich Hindemith intensiv für Schönberg ein. Dessen Streichquartette op. 7 und op. 10 gehörten zu den gewichtigsten und häufig gespielten Programmteilen des Amar-Quartetts. Außerdem war Hindemith im Jahre 1924 zusammen mit dem Dirigenten Hermann Scherchen maßgebend an der Planung eines Frankfurter Schönberg-Festes aus Anlaß des 50. Geburtstages von Arnold Schönberg beteiligt. Auf Scherchens Einladung zu den Konzerten, die dann doch nicht in dem gewünschten Ausmaße zustande kamen, antwortete Schönberg: »Nun will ich Ihnen nochmals herzlichst danken und bitte Sie, auch Hindemith zu sagen, daß ich mich außerordentlich über ihn freue. Er gibt damit ein schönes Zeichen von richtiger Einstellung gegenüber Älteren, ein Zeichen, wie es nur ein Mensch von echtem und berechtigtem Selbstgefühl geben kann; nur einer, der es nicht nötig hat, für seinen Ruhm zu fürchten, wenn ein anderer geehrt wird, und der richtig erkennt, daß eben solche Ehrung ihn ehrt, wenn er sich ihr verbündet.«

AN HEINRICH BURKARD

[1923]

Lieber Heinrich!
Vom Hertzka hörte ich, daß der Webern ein neues Quartett fertig gemacht hat. Schreib dem doch gleich und sichere Dir die Uraufführung in diesem Sommer. Hertzka selbst zog nicht recht, darum mußt Du die Sache selbst mit Webern ausmachen. Wie ist's mit der Schönberg-Serenade? Wenn Du die nicht bekommst, versuche wenigstens, das neue Blasquintett zu kriegen, lasse kein Mittel unversucht: wir müssen unbedingt etwas von ihm sowohl als auch von Webern haben. Besonders den Schönberg mußt Du auf jeden Fall bekommen.
Wenn Du diese Sachen hast, steht Donaueschingen moralisch hoch über allen anderen Musikfesten dieses Jahres.
Also, Berschche, halt Dich draa, sonst kriest De se!!!

Dein Baule

Das Donaueschinger Programm von 1924 war aus der Sicht der völkisch-nationalen Pressevertreter durch »Internationalität« gekennzeichnet. Von den 13 Komponisten, deren Werke aufgeführt wurden, waren nur vier Reichsdeutsche, während fünf aus Österreich und weitere vier aus Ländern des europäischen Ostens stammten. Die Folge war, daß in konservativ-nationalen Kreisen die Neue Musik als Produkt eines angeblichen »Internationalen Judentums« angeprangert wurde. Schönberg und seine Schüler standen dabei im Mittelpunkt der Schmähungen.
Zu den aggressivsten Kritikern der Neuen Musik zählte Alfred Heuss, der von 1921 bis 1929 die Schriftleitung der ›Zeitschrift für Musik‹ innehatte. Um die Probleme der Neuen Musik und des Donaueschinger Festes in Form von Diskussionen zu erörtern und damit eine unaufbrechbare Konfrontation zwischen Befürwortern und Widersachern zu vermeiden, regte Hindemith die Einladung von Alfred Heuss an. Ein Antwortschreiben liegt nicht vor.

AN ALFRED HEUSS

[Frühjahr 1924]

Sehr geehrter Herr Doktor!
Donaueschingen veranstaltet auch dieses Jahr seine Kammermusikaufführungen zur Förderung zeitgenössischer Tonkunst.
Wir sind uns bewußt, daß sowohl unsere heutige Tonkunst als auch die Donaueschinger Veranstaltungen der Kritik aller musikinteressierten Kreise ausgesetzt sind, und zwar einer nicht immer zustimmenden Kritik. Die Ansichten über das, was heute auf dem Gebiete der musikalischen Komposition geleistet wird, sind (mit Recht) sehr verschieden. Wir, die wir voll Vertrauen nicht nur an die Zukunft, sondern auch an die Gegenwart der Musik (und damit auch der deutschen Musik) glauben, möchten uns nicht Einseitigkeit unserer Gesinnungen vorwerfen lassen, zudem möchten wir eine ungerechte Kritik unserer immerhin sehr gut gemeinten Bestrebungen möglichst vermeiden. Dies glauben wir zu erreichen, indem wir den Besuchern unserer Veranstaltungen Gelegenheit geben, auch andere Meinungen über die moderne Musik als die unsrigen zu hören und danach das Urteil zu bilden. Wir betrachten Sie nun absolut nicht als einen Feind unserer Bestrebungen und der neuzeitlichen Musik überhaupt, schätzen vielmehr Ihre streng kritische Stellungnahme zu allen musikalischen Zeitereignissen, wie sie aus Ihren zahlreichen Aufsätzen in der Zeitschrift für Musik hervorgeht, außerordentlich hoch ein. Die Ansichten, die Sie aussprechen, sind

ja die vieler Musiker und Musikliebhaber, und wir würden es darum sehr begrüßen, wenn Sie sich bereit erklären würden, gelegentlich unserer Veranstaltungen einen kleinen Vortrag über die moderne Musik, wie sie sich Ihnen darstellt, zu halten. Um nicht durch unerquickliche Diskussionen eine Trübung unserer Festtage herbeizuführen, würden wir jede offizielle Debatte über den Vortrag vermeiden; Sie hätten also Gelegenheit, mit größtem Freimut und der an Ihren Schriften so schätzenswerten Offenheit aufzutreten. Wir hoffen umsomehr auf eine Zusage Ihrerseits, als Sie ja, wie wir hören, auch gelegentlich der Frankfurter Generalversammlung des Allgemeinen Deutschen Musikvereins einen Vortrag über nationale und internationale Musik geplant haben. Es ist unserer Ansicht nach ein Leichtes, über musikalische Leistungen und Bestrebungen leichtfertig zu kritisieren (wie es leider oft genug geschieht), und wir glauben darum, zur Klärung aller Widersprüche in den Ansichten über Neue Musik beizutragen, wenn wir einen Mann auffordern, seine Ansichten zu äußern, dessen Stellungnahme allgemein bekannt und von dessen Ernst und gutem Willen jeder musikalisch Interessierte heute überzeugt ist.

Donaueschingen hat (das muß auch jeder Gegner der Veranstaltungen zugeben) eine große Mission zu erfüllen. Das kann es nur, wenn auch die Musiker dabei mitwirken, die die modernen Bestrebungen in der Musik ein wenig kritisch ansehen, und darum ist es unbedingt nötig, daß bei unseren diesjährigen Sommerveranstaltungen die moderne Musik von berufener Seite kritisch beleuchtet wird. Wir geben uns der angenehmen Hoffnung hin, daß Sie unsere Anfrage zustimmend beantworten.

Eine Absage würde uns außerordentlich betrüben, da wir sonst keine Persönlichkeit von solch festem Urteil wüßten, die wir auffordern könnten, für moderne Musik zu sprechen. Wir sind bereit, wegen der näheren Bedingungen (die Sie uns bitte angeben wollen), der Wahl des Themas etc., mit Ihnen zu verhandeln.

Am 31.8.1923 schrieb Hindemith an den Schott-Verlag: »Wenn ich einen Operntext hätte, würde ich in einigen Wochen die größte Oper herstellen. Mir ist das Problem der neuen Oper klar und ich bin sicher, es jetzt sofort restlos lösen zu können – soweit das menschenmöglich ist.«

Hindemiths Haltung verrät ein beachtliches Selbstvertrauen. Er weiß aber auch, ebenso seine Verleger, daß das Interesse der Öffentlichkeit am breitesten und nachhaltigsten durch eine gute Oper zu gewinnen ist. Die Schwierigkeit liegt allerdings darin, ein gutes Libretto zu finden. Zusammen mit Willy und Ludwig Strecker werden eine Reihe von Stoffen und Autoren in Erwägung gezogen. So wurde vom Verlag eine ›Faust‹-Oper in Zusammenarbeit mit Bertolt Brecht vorgeschlagen, während Hindemith vor allem auf die Mitarbeit von Franz Blei hoffte. Der Austausch an Vorschlägen war rege; doch erst Mitte 1925, als Hindemith in Ferdinand Lion einen gewillten und hervorragenden Partner fand, konnte schließlich die Oper ›Cardillac‹ entstehen. Zuvor kam es zwischen dem Verlag und Hindemith zu zahlreichen Auseinandersetzungen. Im Februar 1924 schrieb Willy Strecker: »... Ich habe unter anderem auch einmal an ein Südsee-Milieu gedacht, wie ›Die freudlose Witwe‹ von Bruns oder seine anderen gleich gerichteten Brüder oder auch an Noa Noa von Gauguin ... Die Sehnsucht nach dem Primitiven und die seltsame Mischung von Un- und Überkultur scheint mir ein deutliches Bedürfnis unserer geistigen Gegenwart zu sein.«
Neben der Oper galt Hindemiths Interesse aber auch weiterhin der Instrumentalmusik. Im Jahre 1923 hatte er sein 4. Streichquartett op. 32 komponiert. Darüber hinaus aber beschäftigte ihn jetzt mehr die Form des Konzertierens. 1924 entstand das erste Beispiel des Typs der konzertanten Kammermusik. Hindemith komponierte die Kammermusik Nr. 2 op. 36 Nr. 1 für obligates Klavier und 12 Solo-Instrumente.

AN DEN SCHOTT-VERLAG

Bremen, 4. April 1924

Liebe Herren,

Für Ihren Brief danke ich Ihnen sehr. Die Idee eines Ausschreibens halte ich für sehr gut und ich bin natürlich gerne bereit, mitzuschiedsrichten. Glauben Sie, daß viel interessante Einsendungen kommen werden? Nachdem ich die Schiedsrichterei in Donaueschingen, in Salzburg und im allgemeinen Musikverein gründlich kennen gelernt habe, bin ich reichlich skeptisch geworden. Ich bin einstweilen der Überzeugung, daß es gar keine unentdeckten Talente mehr gibt (wenigstens in Deutschland nicht), man hat sogar reichlich eifrig entdeckt und mancher ist dabei größer geworden, als er es seinen Fähigkeiten nach hätte werden können. Sollte mich das Resultat des Ausschreibens eines Besseren belehren, so hätten Sie etwas außerordentlich Gutes für die neue Kunst getan, dann hätte man wirklich neue Leute mit neuen Sachen gefunden. Also nochmals: ich mache mit, schicken Sie mir nur so viel Sie wollen, ich fürchte mich nicht vor ein wenig mehr Arbeit. – Die Operntextfrage hat mich in der letzten

Zeit auch wieder viel beschäftigt, und ich kann Ihnen streng vertraulich mitteilen, daß ich (erstens) Aussicht habe, einen funkelnagelneuen Text von Romain Rolland zu bekommen (ich denke, daß ich ihn (den Text) in den nächsten Tagen in Frankfurt sehen kann), und daß (zweitens) Franz Blei mir einen für die allernächste Zeit angekündigt hat. Einer von den beiden wird doch wohl etwas sein? Ich schreibe Ihnen darüber, sobald ich selbst genau Bescheid weiß. Wollen wir nicht bis dahin warten? Sollten beide nicht zu brauchen sein, kann man sich noch immer an einen der anderen Herren halten. Ein Südseestoff oder überhaupt eine Handlung mit sehr ausgeprägtem exotischen Kolorit scheint mir etwas gefährlich. Man kommt da nie ganz um die immer sehr billigen musikalischen Exotismen herum, die ja doch in Europa erfunden sind und (für mich wenigstens) immer nur ein Suchen nach dem Ausweg aus der Sackgasse darstellen, in die unsere moderne Oper geraten ist; ein schwächliches Suchen, und ich meine, man solle die Sache mit der ganzen Kraft anpacken ohne zu fürchten, mehreres zu zerbrechen, was ohnehin morsch ist. Meinethalben könnte eine Oper getrost in einer Fabrik, auf einer Großstadtstraße von heute, in der Eisenbahn oder sonst irgendwo spielen (ich will damit nur sagen, daß ich nicht für nötig halte, daß zu einer guten Oper unbedingt ein starker Schuß Romantik gehört) sie brauchte deswegen weder naturalistisch, veristisch noch symbolisch zu sein. Die Hauptsache wäre, daß man eine Musik dazu machen könnte, die Hand und Fuß hat – und ich glaube schon, daß ich die jetzt zuwege brächte. Sollten die beiden angeführten Sachen nichts Geeignetes sein, dann fangen wir einfach einmal mit einem der von Ihnen genannten Dichter an zu arbeiten; irgendwie muß man doch etwas zustande bringen. – Ich war nicht sehr fleißig die ganze Zeit über. Ich schleppe schon einige Monate lang eine latente Grippe oder so etwas ähnliches mit mir herum und bin deshalb reichlich verblödet. Sobald ich aber in der nächsten Woche in Frankfurt einmal beim Arzt war und außerdem über die Texte Bescheid weiß, fange ich entweder gleich mit einer Oper oder mit der schon lange geplanten Kammersymphonie an.
In den nächsten Tagen bekommen Sie dann auch endlich von daheim mein neues Quartett geschickt; ich denke, Sie werden die Augen aufmachen, wenn Sie es sehen. Ich halte es noch

immer für sehr gut (das hält schon reichlich lange vor). Wo ich hinkomme, spielt man meine Sachen, die Kammermusik ist also gut auf dem Marsche. Jetzt fehlt halt nur noch die gute Oper. Aber die muß unbedingt noch dieses Jahr heraus. Haben Sie noch etwas von der Berliner Volksoper gehört? Die Aufführung muß doch dort bald sein. Ich habe an Szenkar vor kurzem geschrieben, aber bis jetzt hat er noch nicht geantwortet.
Für heute grüße ich Sie herzlichst. Wir spielen vielleicht demnächst in Wiesbaden, wahrscheinlich das neue Quartett von mir. Ich teile es Ihnen noch rechtzeitig mit und ich würde mich dann freuen, Sie dort begrüßen zu können.

Ihr Paul Hindemith

Die Donaueschinger Musikfeste waren – daran konnte kein Zweifel bestehen – große Erfolge. Zahlreiche junge Komponisten wie Ernst Krenek, Philipp Jarnach, Ernst Toch, Felix Petyrek, Max Butting und viele andere bestimmten ausgehend von Donaueschingen die Szene der Neuen Musik. Hindemith galt als die stärkste Persönlichkeit dieser jungen Generation, war sich aber gerade auch aufgrund seiner Erfahrungen als verantwortliches Ausschuß-Mitglied der Problematik der Neuen Musik sehr bewußt.

AN DEN SCHOTT-VERLAG

2. April 1925

Liebe Herren,
Anbei bekommen Sie die drei restlichen Sachen wieder. Die drei sind also für Donaueschingen angenommen. Ein Teil meiner Korrekturen liegt auch bei. Weiter bin ich heute noch nicht gekommen. Den Rest erledige ich noch heute nacht im Zuge und schicke ihn morgen ab, die Sache verzögert sich also nur um einen Tag. Vielleicht kriegen Sie in nächster Zeit schon das gewünschte Orchesterstück. – Nun noch eine Sache. Sie sprachen neulich in Wiesbaden von einer Salonorchesterfantasie aus dem »Tuttifäntchen«. Ich habe mir diese Geschichte überlegt und bitte Sie, so etwas nicht herauszubringen. Dieses Stück ist doch nur in sehr beschränktem Maße von Interesse. Abgesehen davon, daß es aus einer Musik für Kinder besteht, die für das allgemeine Publikum zu läppisch sein wird, ist die ganze Musik doch eine Begleitmusik zu Bühnenvorgängen und als solche herzlich unselbständig und ohne Bühne kaum wirksam. *Mein Hauptbedenken ist*

aber dieses: Ich bin der festen Überzeugung, daß in den nächsten Jahren ein schwerer Kampf um die neue Musik anheben wird, die Vorzeichen sind dazu da. Es wird sich erweisen müssen, ob unsere heutige Musik und darunter auch die meinige fähig ist, weiterzubestehen. Ich glaube natürlich sicher daran, weiß aber ebenso gut, daß die Vorwürfe, die man der Mehrzahl der sogenannten modernen Musik macht, nur allzu berechtigt sind. Die Feinde der neuen Musik werden kein Mittel scheuen, gegen diese vorzugehen. Ein Stück wie das »Tuttifäntchen« wäre ein willkommener Anlaß, gegen mich und die neue Musik anzurennen, da eine Salonorchesterbearbeitung doch nichts von dem hat, was auf der Bühne herauskommt. Man wird mit Recht sagen, (da ja in solchen Fällen alles verallgemeinert wird), daß die jungen Musiker kein Stilgefühl und keinen Sinn für Material und Wirkung hätten. Ich bin der Ansicht, daß besonders in den nächsten Jahren größte Reinlichkeit in dergleichen Dingen unbedingt am Platze ist und ich selbst will dazu tun, was ich kann, sie zu erreichen. Deshalb bitte ich Sie, wenn es irgend möglich ist, die Herausgabe dieses Stückes zu unterdrücken. Ein überaus glänzendes Geschäft würde es wohl ohnehin nicht werden. Die Musik ist doch für den allgemeinen Gebrauch zu naiv. Ich hoffe, Sie werden bemerkt haben, daß ich mich in der letzten Zeit in meinen Sachen allergrößter Sauberkeit und Reinlichkeit befleißige und mir läge sehr viel daran, wenn ein kleiner Abglanz dieser Bestrebungen auch nach außenhin bemerkbar würde. Ich bitte Sie, wenn irgend möglich, doch alles zu vermeiden, was dem hinderlich sein könnte. Ich hoffe, Sie sind meiner Ansicht. Im übrigen ist wohl alles in Ordnung. Das Klavierkonzert soll in Prag einen sehr großen Erfolg gehabt haben. Das freut mich sehr, denn ich halte es nach wie vor – trotz Ihrer Abneigung – für ein gutes Stück; mindestens so gut wie das Cellokonzert. Die Aufführung unter Zemlinski soll eine außerordentlich gute gewesen sein.

Also auf Wiedersehen.
Herzliche Grüße Ihres
Paul Hindemith

Heinrich Schenker, der bedeutende Wiener Musiktheoretiker, dessen Auffassung vom sogenannten »Ursatz« als dem jedem musikalischen Meisterwerk zugrunde liegenden Gerüstsatz die Anerkennung der Musik

nach Johannes Brahms ausschloß, hatte 1925 in seinem Jahrbuch ›Das Meisterwerk in der Musik‹ geschrieben:
»Ein Lehrer der Theorie schreibt: ›Würde Beethoven heute komponieren, so würde sich seine Tonsprache eher der eines Hindemith als eines Clementi nähern.‹ Hart stoßen hier Beethoven, Hindemith und Clementi zusammen! Es sei – doch ist die Lösung der Frage weit einfacher. Gesetzt, Beethoven schriebe »heute« wie Hindemith, nun – schlecht wäre er wie dieser. Oh, wie gut täte diesem Professor ein wenig Genie-Orthodoxie, die ihn an so etwas gar nicht denken ließe. Und nun erst recht: Gäbe es heute einen Musiker von Beethovens Fähigkeiten, wahrlich, er komponierte wie Beethoven!«
Hindemith, in diesen Jahren ganz offensichtlich darum bemüht, im Zusammenhang mit den vielfältigen Problemen der Neuen Musik und den Fragen nach ihren »gesetzlichen Grundlagen« eine Klärung zu finden, fühlte sich durch diese Bemerkung zu einem Schreiben veranlaßt. Schenkers enges historisches Gesichtsfeld – die Musik von Bach bis Brahms lediglich umgreifend – erschien Hindemith angesichts des eigenen Musikideals und seiner künstlerischen Selbsterfahrungen im höchsten Maße anfechtbar und unhaltbar. Dem Brief an Heinrich Schenker hat Hindemith große Bedeutung beigemessen. Das geht daraus hervor, daß er gegen seine Gepflogenheit zunächst einen Briefentwurf niedergeschrieben hat. Er wird im folgenden wiedergegeben.

AN HEINRICH SCHENKER

[1925]

[Briefentwurf]
Auf der letzten Seite Ihres Jahrbuches habe ich meinen Namen entdeckt, und »schlecht« wie mich der liebe Gott nun einmal in diese Zeit gesetzt hat, sehe ich mich durch diese Tatsache veranlaßt, Ihnen einige Zeilen zu schreiben – (ich hatte es schon oft vor). Nicht daß ich ärgerlich bin, möchte ich Ihnen sagen, ich bin es nicht. Da Sie wissen, daß ich »schlecht« bin, muß ich wohl annehmen, daß Ihnen einiges von meiner Musik bekannt ist und darüber kann ich mich doch nicht ärgern. Von mir kann ich Ihnen sagen, daß ich ein eifriger und erfreuter Leser Ihrer Bücher bin. Erfreut deshalb, weil in ihnen zum ersten Male richtig gesagt wird, was ein guter Musiker bei der Beschäftigung mit der Musik hört, fühlt und versteht.
Weil in ihnen Grundlagen des musikalischen Schaffens aufgedeckt werden, die, wie Sie so richtig immer wieder sagen, von je Gültigkeit hatten und stets Gültigkeit haben werden. Und für unsere heutige Musik sind sie genau so wichtig wie für jede vergangene. Daß ich, schon ehe ich nur einen Satz aus

Ihren Schriften kannte, stets versucht habe, diese Grundforderungen zu erfüllen – bitte lachen Sie jetzt nicht – wollen Sie mir glauben. Diese Versuche sind sicher zum Teil mißglückt, in vielen Stücken werden sie vielleicht nicht recht deutlich, in anderen sind sie möglicherweise durch einen Wust von Äußerlichkeiten zugedeckt. (Es dauert lange, bis man so weit ist, alles richtig ausdrücken zu können, was man sagen will). Ich lege diesem Brief zwei Quartettpartituren bei; kann ich hoffen, daß Sie nach Überwindung des ersten und weiteren Mißbehagens sich mit derselben Sorgfalt und Gründlichkeit damit befassen, wie Sie es mit einer Scarlatti-Sonate tun, so bin ich überzeugt, daß Sie auch in dieser Musik die Urlinie und damit musikalische Vernunft und Logik entdecken werden. Ich kann mir nicht die Freiheit nehmen, mich mit Schubert zu vergleichen, frage mich aber, ob ich den letzten Satz auf der 200. Seite Ihres Jahrbuches nicht dahin variieren kann, daß nicht unbedingt die Schuld bei mir zu liegen braucht, wenn Sie wider Erwarten diese Musik als sinnlos beiseite legen. Ich bin nicht Ihrer Ansicht, daß mit Brahms die Musik gestorben ist, ich bin auch noch nicht alt genug, um zu glauben, daß unsere Zeit schlechter ist als irgendeine vorher. Ich begäbe mich denn in die Lage Eines, der einer Eisenbahn wohl zugesteht, daß sie sich bewege, zugleich aber verlangt, daß sie dies mit Hilfe vierer Beine tue, da Räder in der freien Natur nicht vorkommen. Schlechter ist heute vielleicht nur eins: die besten Köpfe befassen sich lediglich damit, zu beklagen, daß es nicht mehr so ist wie früher. Man beschreibt nur, erörtert, – wo ist aber die positive Arbeit? Ist es nicht besser, zu versuchen, Musik zu produzieren, selbst auf die Gefahr hin, 99 unter 100 Malen sich zu irren, als nur darüber zu schreiben? –
Ich bitte Sie herzlich, nicht zu glauben, daß ich aus irgendwelchen unlauteren Gründen mich zu Ihren Theorien bekenne, fürchten Sie auch nicht Ihre Lehren durch eine billige Begeisterung von mir mißverstanden oder verballhornt. Seien Sie überzeugt, daß ich hier wie in aller Musik, die ich schreibe oder spiele, nichts mehr erstrebe als Klarheit und Ehrlichkeit. Finden wir in Noten oder Worten gar nicht zusammen, hoffe ich, einmal Gelegenheit zu haben, Ihnen durch Vorspielen einer Bachschen Geigensonate nicht nur Freude machen zu können sondern Ihnen zu beweisen, daß es auch heute noch Musiker gibt.

Zum Schluß bitte ich Sie, diesen Brief nicht leidenschaftlicher zu lesen, als er geschrieben wird. Versuchen Sie die Ruhe zu haben, die gestattet, den Mitmenschen nicht zu verachten oder gar zu hassen. Die Ruhe und die grenzenlose Liebe zur Musik, die mich veranlaßt, alles zu unternehmen – selbst diesen vielleicht aussichtslosen brieflichen Versuch – was dazu dienen kann, Mißverständnisse aus dem Wege zu räumen, Rauhes zu glätten und ein Arbeiten miteinander, nicht gegeneinander zu fördern.

Zu den Bemühungen des Donaueschinger Arbeitsausschusses gehörte seit 1925, durch eine vorgegebene Thematik die Komponisten anzuregen und auf diesem Wege das Donaueschinger Forum offen für aktuelle Strömungen zu halten. Im Mittelpunkt des Musikfestes von 1925 stand Chormusik. Im Jahr darauf setzte man sich mit Musik für Blasorchester im Sinne von »Gebrauchsmusik« auseinander. Dahinter steckte auch die Absicht, »Neue Musik« für die Laienmusiker zugänglich zu machen und ihr zugleich damit ein breites Fundament zu geben. Im Interesse einer Breitenwirkung nahm Hindemith den Kontakt zu Fritz Jöde, dem Führer der »Musikantengilde« auf, die 1926 in Brieselang ihre erste »Reichsführerwoche« abhielt. Zugleich wollte Hindemith durch diesen Kontakt die Komponisten mobilisieren, nicht mehr nur für ein passives Zuhörerpublikum zu schreiben, sondern Musik für Laien zum eigenen Musizieren zu komponieren. Die Verbindung zwischen »Donaueschingen« und der Jugendbewegung war nur von kurzer Dauer. Der Grund lag darin, daß Hindemith die Programmgestaltung auch nach dem Überwechseln des Musikfestes nach Baden-Baden im Jahre 1927 in der bisherigen Form gesichert wissen und vermeiden wollte, daß außermusikalische Gesichtspunkte von seiten der Jugendbewegung in die Programmteile der Musikfeste hineingetragen würden.

AN FRITZ JÖDE

Baden-Baden – Frankfurt, 12. Okt. 1926
(der Zug wackelt sehr, hoffentlich können Sie alles entziffern)

Lieber Herr Prof. Jöde,
Brieselang liegt ja nun schon einige Tage hinter uns. Haben sich bei Ihnen nachträglich irgendwelche Bedenken eingestellt? Oder sind Sie nachträglich erst recht begeistert über unseren gemeinsamen »Coup«? Ich das letztere.
Ich bin so voller Hoffnung und Zuversicht wie noch selten in meinem ganzen musikalischen Leben. Natürlich bin ich mir ebenso bewußt wie Sie und viele Andere, daß wir Anfeindungen, Mißverständnissen, Blödigkeit und Böswilligkeit gegen-

überstehen werden. Hat das aber etwas zu sagen bei einer so wichtigen Aktion? Zur rein technischen Ausführung unserer Pläne müssen wir uns bald einmal sprechen. Sowie ich einmal in Berlin bin, rufe ich Sie an ...

Ich denke mir, daß Sie bald mit ganz bestimmten Aufforderungen zur Komposition von für Sie geeigneter Musik an verschiedene Komponisten herantreten müßten (ich selbst habe schon in den nächsten Tagen eine kleine Orchestersuite fertig, die Höckner in Bieberstein bekommt – außerdem habe ich bis Donaueschingen sicher einen Teil des Ensembleübungsbuches fertig). Die Tagung hat mich außerordentlich interessiert; sie hat meine Ideen über die Jugendbewegung und über ihr Zusammenarbeiten mit der Musik – der heutigen – durchaus bestätigt. Einiges ist mir aufgefallen, dessen Änderung in Donaueschingen sicher zum Vorteil Ihrer Arbeit gereichen wird.

Ich fand, daß die Vorträge fast ausschließlich für Fachmusiker gehalten wurden, ein musikalischer Laie konnte außer vagen Vorstellungen kaum etwas daraus entnehmen. Da nun die meisten Ihrer Mitglieder Laien sind, müßte man auf leichteste Verständlichkeit und Sachlichkeit achten. Erpfs Vortrag war in dieser Beziehung sehr gut, hat aber wohl infolge der mit Kaminskis Verdummungstaktik angerichteten Verwirrung nicht die Wirkung gehabt, die er angesichts seiner Wichtigkeit für alle Anwesenden hätte haben sollen. Kann man die Vorträge nicht vorher einfordern? Ich meine, man dürfte nichts dem Zufall überlassen.

Vorträge über rein praktische Fragen traten leider hinter theoretischen Erörterungen sehr zurück. Ich glaube nicht, daß es von Vorteil ist, die Leute mit Kenntnissen über die Kirchentonarten etc. zu versorgen (die einmal doch nur – oder fast nur – historisches Interesse für uns haben) statt ihnen neuere Ansichten über musikalische Dinge (nach Kurth etwa) klar zu machen. Vor allem nahm die Belehrung über rein technische Dinge einen verhältnismäßig sehr kleinen Raum ein ... Eine Art Seminar (jeden Tag etwa 1 Stunde) für die Führer müßte auch eingerichtet werden, wo sie in größerem Stile Anweisungen zum Dirigieren und Einstudieren bekommen; Leute aus der zuhörenden Gruppe müßten vortreten und dirigieren, damit die übrigen an den Fehlern lernen.

Ein wenig seltsam berührt den Zuschauer die ständige Begei-

sterung, in der die Gemeinschaft sich befindet. Ich finde, daß Begeisterung eine seltene und große Angelegenheit ist, man darf sich nicht erniedrigen, indem man sie sich (z.B.) bis aufs Essen erstrecken läßt ... Ich bin aber sicher, daß sich eine Menge solcher leicht komischen Auswüchse verlieren wird, wenn die Leute sehen, daß sie – wie wir alle – doch nur Teile eines größeren Geschehens sind. Sie wissen, daß ich, um diese falsche Begeisterung nicht zu unterstützen, morgens vor meiner Abreise nicht mehr erschienen bin; ich bitte hier nochmals, mein Nichterscheinen richtig verstehen zu wollen.
Im Allgemeinen glaube ich, daß die moderne Musik ziemlich gut bei der Tagung abgeschnitten hat. Ich hoffe, daß nunmehr, nachdem Ihre Leute zum ersten Male ausgiebig in engere Berührung damit gekommen sind, die Aussichten für das Donau-eschinger Zusammenarbeiten sehr günstig sind. Vielleicht fallen einige Unentwegte ab – die hätten wohl mit der Zeit sowieso am Wege liegen bleiben müssen. Die übrigen werden erkennen, daß hier etwas geschieht, unser aller musikalisches Leben von Grund auf zu erneuern, und werden sich dieser Bewegung immer eifriger anschließen. Fangen Sie nicht zu spät an, Ihren grundlegenden Aufsatz fürs Donaueschinger Programm zu schreiben. Ich schreibe den meinen im Laufe der nächsten Monate, so daß wir nachher noch Zeit genug haben, uns darüber auszusprechen und etwaige Änderungen vorzunehmen.
Voll der besten Hoffnungen grüßt Sie und die anderen alle

Ihr Paul Hindemith

Am 15. Mai 1924 heiratete Hindemith Gertrud Rottenberg, die Tochter seines ehemaligen Chefs und Generalmusikdirektors der Frankfurter Oper, Dr. Ludwig Rottenberg. Gertrud Rottenberg hatte Gesang studiert und gab für kurze Zeit Konzerte. Hindemith widmete ihr 1924 die ›Serenaden‹ op. 35, eine »Kleine Kantate nach romantischen Texten für Sopran, Oboe, Bratsche und Cello«.
Der Bestand an Briefen, die Hindemith an seine Frau geschrieben hat, ist nicht allzu groß. Kein einziger Brief hat sich erhalten, der aus der Zeit vor der Eheschließung stammt. Auch aus den ersten beiden Ehejahren liegen keine Korrespondenzen vor.
Gertrud Hindemith übernahm schon bald einen Teil der Korrespondenz für ihren Mann und wurde im Laufe ihres gemeinsamen Lebens auch in künstlerischen Dingen zu einem wichtigen und nie umgangenen Partner und Ratgeber. Zum Originellsten, was die Beziehung zwischen Hindemith und seiner Frau hervorgebracht hat, gehören die zahlreichen

Löwezeichnungen. Im »Löwen« sieht Hindemith seine Frau, die im Sternzeichen des Löwen am 2. August 1900 geboren ist. Auch die Briefe, die Hindemith von seinen Reisen nach Hause geschrieben hat, zeigen originelle Eigentümlichkeiten. Durchweg verwendet er als Anrede das Wort »Pushu« oder hin und wieder auch andere Kosenamen. Er selbst heißt oft »Yijak«, und wenn von Küssen die Rede ist, dann heißt es: »Yashni«. Interessant ist auch die Tatsache, daß Hindemith in den Briefen an seine Frau von sich meist in der dritten Person spricht und als Anrede das »Sie« verwendet.
Am 9. November 1926 erlebte die Oper ›Cardillac‹ an der Dresdner Staatsoper unter der Leitung von Fritz Busch ihre Uraufführung. Mit Spannung war dieses Bühnenwerk des führenden Komponisten in den Zwanziger Jahren von der Öffentlichkeit erwartet worden. Zahlreiche Opernhäuser, darunter auch das von Oldenburg, brachten ›Cardillac‹ sofort auf die Bühne.

AN GERTRUD HINDEMITH

28. November 1926

Lieber Herzenspushu, damit Du weißt, wo der Yijak ist, schicke ich Dir beiliegenden Zeitungsfetzen. Mir wird allmählich ganz ängstlich zu Mute: bin ich schon so vertrottelt, um diese fast rademacheröden Formen öffentlicher Anerkennung zu rechtfertigen? Morgen ist große offizielle Kiste hier mit Ministerpräsidenten, großen Reden und Kartoffelsalat – alles wegen mir. Das Schlimmste ist, daß sich ein rechtsgerichteter Verband »geschlossen hinter Cardillac« gestellt hat. Allen Ernstes überlegt man sich, ob ich nicht die Oldenburgische Medaille für Kunsthonig verliehen bekommen soll. Zu allem noch Herrn Landmanns Brief. Dem Yijak gefällt das alles gar nicht gut. Er wünscht, er säße mit seinen Löwen irgendwo in einem kleinen Häuschen weit weg von dem allem. –
Dieser Hagen Washgaff fängt wirklich schon an, gemeingefährlich zu werden. Das kann so nicht weitergehen; sein Gull ist doch kein Griffelkasten!
Mashmu, mein Freundlein, der Ludwig kommt eben mich abzuholen. Ich will ihm einiges im Cardillac erklären. Morgen bekomme ich die Bühne aufgestellt – Alle behaupten, die Regie würde großartig werden. Ich bin nach den gemachten Erfahrungen skeptisch.
Sei gegrüßt, mein alter Hauslöwe und nimm viele viele

Küßleins
vom Yijak
mit leerem Bushbei.

7 Paul und Gertrud Hindemith. 1924

In Zusammenhang mit den Erwägungen, das Donaueschinger Kammermusikfest zu verlegen, versuchte Hindemith, die Stadt Frankfurt als Veranstaltungsort für dieses »Fest« zu interessieren und zu gewinnen. Die Verhandlungen wurden mit Otto Ernst Sutter, dem Direktor der Frankfurter Messe, der im Sommer 1927 dann eine große Ausstellung »Die Musik im Leben der Völker« ausrichtete, geführt. Am 4. Januar 1927 unterbreitete Sutter dem Oberbürgermeister und Hindemith »Vorschläge für die Gründung einer Gesellschaft ›Deutsche Kammermusikfeste in Frankfurt am Main und Homburg v. d. H.‹« In diesen Vorschlägen heißt es, daß die deutschen Kammermusikfeste »die Aufgaben und Traditionen der Donaueschinger Musikfeste aufnehmen und weiterführen sollten« und »in engen Zusammenhang mit der ganzen deutschen Jugendmusikpflege zu bringen« seien. Die Aufstellung des Programms und die organisatorische Durchführung sollte einem siebenköpfigen Musiker-Ausschuß überantwortet werden. Hindemiths Schreiben vom 5. Januar 1927 an Sutter bezieht sich auf diese »Vorschläge«. Daß dieses Projekt dann scheiterte, lag entscheidend daran, daß der Musikdezernent der Stadt, Dr. Heinrich Langer, diesen Plänen Widerstand entgegensetzte. Dem aber lag ein Zerwürfnis zwischen dem Musikdezernenten und Hindemith zugrunde. Letzterer nämlich unterstützte die Pläne des Berliner Ministeriums und seines Referenten Leo Kestenberg, das Hoch'sche Konservatorium in eine Staatliche Hochschule für Musik umzugestalten, die einen betont fortschrittlichen Zuschnitt erhalten sollte – z. B. durch Ausbildungsmöglichkeiten für die Bereiche Rundfunk-, Film- und Unterhaltungsmusik sowie Chorleitung. Langer wollte von solchen Bestrebungen nichts wissen und überwarf sich mit dem in der Diskussion nicht gerade zimperlichen Hindemith. In dessen Augen mußte aufgrund dieser Erfahrungen eine sinnvolle künstlerische Aktivität in Frankfurt als recht aussichtslos erscheinen.

AN OTTO ERNST SUTTER

5. 1. 27.

Lieber Herr Sutter, schönsten Dank für Ihren Entwurf. Er ist mir sehr wertvoll, besonders was die wissenschaftliche Seite der Angelegenheit betrifft. Zu einigen Punkten muß ich Verschiedenes bemerken.

Zuerst: ... sollen die Aufgaben und Traditionen der Donaueschinger Musikfeste aufnehmen und weiterführen. Das ist gut so. Donaueschinger Tradition ist, daß der Musikausschuß (Haas, Burkard und ich) Ideen, die heute in der Luft liegen (Kammersymphonie, Madrigal, Kammeroper, mechanische Musik, Jugendmusik), aufgreifen und sie zu verwirklichen beginnen. Der Elan, den Donaueschingen bisher bewiesen hat, hängt mit der raschen Entschlußkraft und der leichten Beweglichkeit unseres aus nur 3 Leuten bestehenden Aus-

schusses unlösbar zusammen. Ein 7-köpfiger Musikausschuß ist der Tod des Festes. Es hätte einen Sinn, wenn man – wie noch vor einigen Jahren – damit rechnen könnte, daß unter den etwa 1000 Einsendungen, die jedes Jahr vorliegen, auch nur 3 brauchbare Stücke sind. Das ist nicht der Fall. Wir sind daher immer mehr dazu übergegangen, für jedes Fest gewisse musikalische Richtlinien aufzustellen und dann die jüngeren Komponisten aufzufordern, die neuen Ideen mitauszuführen. Eine Idee, die sich als die einzig durchführbare erwiesen hat. Sie läßt sich aber nur durchführen, wenn der Musikausschuß (wie wir es getan haben), zwar mit größter Unparteiischkeit seines Amtes waltet, aber die persönlichen Beziehungen zu allen jungen Komponisten benutzt, sie zu Kompositionen anzuregen. Nur so bekommt man nicht nur Schund. Ich bin der festen Überzeugung, daß es in diesem speziellen Falle ohne eine gewisse Initiative, die sieben Leute nie haben können, abgeht. Die Jury des Allgemeinen Deutschen Musikvereins und die der internationalen Gesellschaft beweisen jährlich, daß die vielköpfigen Musikausschüsse nichts zuwege bringen. An zwei für uns sehr wichtigen Beispielen sei dies erläutert.
I. Mechanische Musik. Die mechanische Musik ist heute eine brennende Sache geworden. Schlagen Sie irgendeine Musikzeitung auf, um diese Ansicht bestätigt zu finden. Einer kommt also auf die Idee: es soll endlich für mechanische Instrumente geschrieben werden, nicht nur darüber. Einer unterrichtet sich über alle technischen Fragen, einer verhandelt mit den Fabriken, einer interessiert andere Komponisten, unterweist sie in der Handhabung der Apparate. Was macht ein vielköpfiger Ausschuß? Es kommt überhaupt nicht zur Aufführung mechanischer Musik, weil sie für 99 von 100 Musikern das rote Tuch ist. Oder, günstigsten Falles: man drückt durch, daß mechanische Musik angefertig wird –: Sie können sich darauf verlassen, daß die Angelegenheit so lasch behandelt wird, daß sie unter den Tisch fällt.
II. Jugendbewegung. Die wichtigste Frage des heutigen Musiklebens, die Verbindung von Volk und Kunst, ist überhaupt nur durch rein persönliche Beziehungen zu lösen. Ich habe den Anstoß zu dieser Verbindung gegeben und habe Jöde und seinen ganzen Kreis herübergezogen. Mit einem Musikausschuß im Rücken wäre mir das nie gelungen. Die Frage der Stellung der Jugendbewegung in der Musik und im

geplanten Fest besonders ist überhaupt nicht von einem »Musikausschuß« zu lösen. Fragen Sie hier sämtliche »zukünftigen« Musiker, ob sie überhaupt wissen, was die Jugendbewegung will!
Also kurz: ich mache nur mit, wenn die künstlerische Organisation vollkommen so bleibt, wie bisher. Ohne Zusatz, ohne Abstrich. Nicht aus persönlicher Eitelkeit, sondern weil ich weiß, daß nur so die Feste einen Sinn haben und daß die nur so auf die Dauer zu halten sind. *Wir müssen nach wie vor vollkommen unbeeinflußt bleiben bei der Aufstellung der Programme und der Mitwirkenden.* Wenn bei drei Leuten einer eine gute oder neue Idee hat, sind die zwei anderen nicht schwer zu überzeugen, einer gegen 7: das ist aussichtslos. Man habe also so viel Vertrauen zu den Veranstaltungen, daß man sie genau so weitergehen läßt wie bisher oder wir begeben uns weiterer Verhandlungen.
Das ist wohl alles. Vielleicht fallen mir noch Kleinigkeiten ein, die sind aber sicher nicht so wichtig – wir können sie dann mündlich bereden. Freitag vor 1 also.
Schönste Grüße an Sie und Ihre Frau Gemahlin,
von der meinen auch.

Ihr Paul Hindemith

Vor dem Hintergrund der Erfahrungen mit Reformvorhaben und Initiativen im Bereich der Neuen Musik, die in Frankfurt nur auf Widerstand und Ablehnung stießen, dürfte auch Hindemiths Annahme einer Stellung als Kompositionslehrer an der Berliner Musikhochschule zu sehen sein. Die erste Anfrage an ihn erging wahrscheinlich schon um die Jahreswende 1926/27. Am 1. Mai 1927 erfolgte die offizielle Berufung, und am 1. Oktober des Jahres übersiedelte Hindemith in die neue Wohnung am Sachsenplatz in Berlin. Die Wohnung im Sachsenhausener Kuhhirtenturm behielt er als Frankfurter Domizil bei.
Von dieser Verlagerung des Tätigkeitsfeldes wurde besonders auch die Existenz des Amar-Quartetts betroffen. Die Situation verschärfte sich noch durch den Austritt von Rudolf Hindemith, der zu den Gründungsmitgliedern des Quartetts gehört hatte, dann durch Maurits Frank abgelöst worden war und schließlich wieder dessen Stelle eingenommen hatte. Trotz der sich abzeichnenden Schwierigkeiten bei einer Aufsplitterung der Quartettmitglieder zwischen Frankfurt und Berlin versuchten Licco Amar und Hindemith die Auflösung zu verhindern. Man bemühte sich, Maurits Frank, der an der Deutschen Staatsakademie in Prag eine Dozentur innehatte, wieder zu gewinnen und zugleich für alle Beteiligten sichere Positionen anzustreben. Tatsächlich gelang es dem Quartett, bis 1929 zusammenzubleiben.

12. 4. 27

Lieber Mau,
Du bist wahrscheinlich verwundert, plötzlich so eilige Nachrichten zu bekommen. Ich will es möglichst kurz machen.
Du hast sicher schon gehört, daß wir wieder einmal vor der Quartettauflösung stehen, d. h. wir sind so gut wie aufgelöst. Woran das liegt, kannst Du dir ja denken: Du kennst ja uns Drei und kennst auch den Rudolf. Er ist vollkommen übergeschnappt: macht größere Dummheiten als je, behauptet, mit mir und mit Amar nicht zusammen sein zu können. Hat außerdem den Fimmel, mit wenig Arbeit Millionär zu werden und ist dazu von einem krankhaften Ehrgeiz besessen, dem das Quartettspielen keine Befriedigung ist. Einmal will er eine Jazzband aufmachen, ein anderes Mal will er Generalmusikdirektor werden und was dergleichen Späße sonst sind. Anscheinend wird er nun Lehrer für Jazzmusik (anscheinend hält er sich und man ihn für eine Kapazität auf diesem Gebiete) am Hochschen Konservatorium. Hoffentlich genügt dieser ehrenvolle Ruf seinem Ehrgeiz. Ich habe keine Lust, wieder mit einem neuen Cellisten anzufangen auf die Gefahr hin, daß man nach zwei oder drei Jahren wieder so dasitzt. Und so haben wir denn beschlossen, das Quartettspielen sein zu lassen und alle drei in Stellungen zu gehen. Amar wird hier Lehrer werden. Vorerst privat, ab erstem Januar an der hier neu zu gründenden staatlichen Musikschule. Für den Kapser sind mehrere Sachen in Aussicht, die sich in der nächsten Zeit entscheiden werden. Und ich selbst gehe nach Berlin. Die Nachricht von unserer Auflösung hat überall großes Bedauern hervorgerufen. Wir haben viele Briefe bekommen, worin wir aufgefordert werden, doch weiterzuspielen. Zudem haben wir eine Menge Engagementsanträge für nächstes Jahr, so daß es doch zu überlegen ist, ob man eine gute Sache so sang- und klanglos vom Erdboden verschwinden läßt. Man könnte in seiner Stellung sein und zum Vergnügen Quartett spielen: nur Konzerte, die einem selbst Spaß machen und gut zahlen und einige Auslandsreisen. Das könnte ein sehr angenehmes Leben sein. Möchtest Du dabei mitmachen? Wir sind zusammen eingespielt, haben also keine überflüssige Arbeit miteinander. Wir alle und Du vermutlich auch sind älter und verständiger geworden. Du wirst es sicher

8 Bleistiftzeichnung von Hindemith und anderen (Cadavre exquis).
Dieses Porträt von Licco Amar entstand wahrscheinlich
im Kreis der Quartettkollegen. Um 1922/23

heute fertig bringen, Störungen zu vermeiden. Bei etwas gutem Willen dürfte das schon möglich sein. Ist man nicht so wie damals Tag und Nacht zusammen, vermindern sich auch die Reibungsflächen. Wir müßten uns halt alle recht viel Mühe geben. Holle, den ich dieser Tage in Donaueschingen sprach, sagte, Du wollest gerne wieder nach Deutschland zurück. Das träfe sich ja gut. Wie würdest Du Dich (vorausgesetzt natürlich, daß Du Lust hast, mitzumachen) mit Deinen Leuten einigen? Die Lage auf dem Musikmarkt ist heute nicht mehr so wie zur Zeit, als wir anfingen. Die Konzerte sind weniger geworden, man kann nicht mehr vom Spielen allein leben. Du müßtest darum auch eine Stellung haben. Ich hörte, Du wolltest zu Klemperer. Das ist eine Möglichkeit. Eine weitere: Ich könnte für Dich an der Hochschule in Berlin sehen, was zu machen ist (wahrscheinlich ist es) oder noch besser: Hier an der neuen Schule wird auch ein Cellist gebraucht (das ist alles noch ganz diskret!) Amar hat bei der Einrichtung der Schule sehr großen Einfluß.
Er könnte sehen, daß Du engagiert würdest. Das wäre allerdings erst für nächstes Jahr, aber so ohne weiteres wirst Du ja auch nicht in Prag weggehen können.
Für die Quartettätigkeit bestehen folgende Aussichten: Zunächst hätten wir beim internationalen Fest in Frankfurt zu spielen. Zwei Quartette von Vogel und Beck. Sodann das nach Baden-Baden verlegte Donaueschinger Fest mit Quartetten von Berg und Odak und Ensemblestücken, wobei Geige und Cello allein gebraucht werden. Eine Tour mit zwölf Konzerten in England ist uns angeboten (läßt sich, wenn man ernsthaft dahintergeht, erweitern, das war nur die erste Anfrage). Vier Konzerte in Petersburg sind ebenfalls angeboten (staatlich), von Moskau ist auch eine Anfrage da. Dazu kommt wieder eine große Italientour (unsere vierte). Wir haben natürlich gar nichts unternommen bis jetzt, da wir uns ja schon aufgelöst hatten. Es wäre außerordentlich schade, wenn diese schönen Sachen alle ins Wasser fielen. In Deutschland selbst brauchten wir nur die paar großen Städte zu spielen. Peine, Oelsnitz usw können wir beiseite lassen. Ich denke mir es so, daß wir nur drei Monate etwa im Jahre festsetzen, in denen wir spielen. Meinetwegen Oktober, Januar und Mai. In der übrigen Zeit treffen wir uns jede

Woche ein oder zwei Tage und proben auf Vorrat. Du weißt ja selbst, wie unsere Aussichten nach wie vor sind. Trotz der schlechten Zeit haben wir immer noch sehr viel zu tun gehabt; mehr als die meisten anderen Vereinigungen. Statt wie in den ersten Jahren 120-150 Konzerte zu geben hatten wir nur etwa 80, die Zeiten sind halt schlechter. Wir waren in Paris, in London, in Italien, in allen großen deutschen Städten, dazu das ganze Kroppzeug. Du hättest zudem die Möglichkeit, bei den Abenden alter Musik, die ich mit der Ehlers veranstalte (Kasper und Rudolf waren noch dabei), mitzutun. Auf der Gambe natürlich. Das ist eine Sache, die man auch ziemlich ausbauen kann. In dieser Saison haben wir, trotzdem wir gar nichts dafür getan haben, immerhin acht Abende gehabt. Auch hierfür ist Italien in Aussicht.
Also: gib mir gleich Nachricht, ob Du prinzipiell bereit bist, damit wir wissen, ob wir wieder etwas unternehmen können oder endgültig auseinander gehen. Es wäre gut, wenn wir die ganzen Sachen einmal ausführlich besprechen könnten. Bist Du einmal in der Nähe? Wenn nicht, könnten wir uns vielleicht am 4. Mai in Leipzig treffen. Wir spielen am Tage vorher in Weimar. Leipzig liegt für beide Teile ganz gut. Ich erwarte Deinen baldigen Bescheid.
Sei einstweilen herzlichst gegrüßt und das Lawiesel auch von der Gertrud und mir; und von den beiden anderen auch.

Dein
Paul Hindemith.

Als ein Kuriosum der Musikgeschichte bzw. der Geschichte der Musikkritik kann die sogenannte »Fehde Weissmann« betrachtet werden. Adolf Weissmann war Kritiker der »B. Z. am Mittag« in Berlin und gehörte zu jenen, die den in Baden-Baden praktizierten Experimenten ablehnend gegenüberstanden. Zahlreiche Komponisten fühlten sich von ihm völlig falsch verstanden und interpretiert. Hindemith als Mitverantwortlicher für die Programmgestaltung der Baden-Badener Musiktage ging im Juli 1928 zum Gegenangriff über und schrieb an Weissmann einen geharnischten Brief. Als die Auseinandersetzung sich daraufhin zuspitzte, setzten Franz Schreker, Kurt Weill und Hindemith in einer gemeinsamen Aktion den Verlagschef Dr. Ullstein unter Druck, indem sie verlangten, »daß Herrn Weissmann untersagt würde, von jetzt ab überhaupt noch über Werke Schrekers, Hindemiths und Weills zu berichten.« Adolf Weissmann ließ sich tatsächlich in einer direkten und offenen Auseinandersetzung unter den Augen des Verlagschefs von den »drei feurigen Männern«, denen er in dieser Situation nicht gewachsen war, die Zusage abringen, von nun ab nicht mehr über Werke der drei genannten Komponisten öffentlich zu schreiben. Der Chefredakteur der Zeitung, die Konsequenzen dieses »Satyrspiels« bedenkend, hielt sich nicht an diese Abmachung. Er ließ die drei Herren wissen, »daß die Zusage des Herrn Weissmann null und nichtig sei, weil er gar nicht in der Lage war, ohne Genehmigung der ihm vorgesetzten Instanz eine bindende Zusage abzugeben«. Allein die Redaktion habe darüber zu bestimmen, worüber ihr Referent zu berichten habe und worüber nicht.

AN ADOLF WEISSMANN

Berlin, im Juli. [1928]

Sehr geehrter Herr Weissmann,

Wir hatten bis jetzt nicht das Vergnügen, uns brieflich miteinander zu unterhalten. Wenn ich heute auf Ihren an mich gerichteten offenen Brief antworte, geschieht es, um eine von Ihnen geschmähte gute Sache zu verteidigen.

Ihr Artikel mutet an wie eines jener Pamphlete, mit denen man zur Zeit des jungen Strauss (einer Zeit, zu der nicht schlechter und nicht besser musiziert wurde als heute) der Musik bestimmte Wege weisen zu können glaubte. Sind wir heute noch keinen Schritt weiter gekommen?

Ich halte Ihren Brief für ein zweckloses Unternehmen. Sie nützen damit nicht der Musik, auch schaden Sie weder der Badener Sache noch mir persönlich. Warum also haben Sie ihn veröffentlicht? Sie könnten das Verlangen gehabt haben, eine »aktuelle« Kritik zu schreiben. Dafür hätten Sie wahrhaftig einen geeigneteren Vorwurf finden können als die diesjährige »Deutsche Kammermusik Baden Baden«. Fast jeder Satz, den Sie außerhalb der eigentlichen Werkkritik schreiben, ist anfechtbar. Sie bemühen sich nirgends, Ihre im höchsten Maße subjektive Anschauungsweise zu Gunsten gerechter Betrachtung zurückzusetzen. Ich muß es mir, um nicht endlose Debatten heraufzubeschwören, versagen, Ihre Übertreibungen zu korrigieren. Sind Sie nicht einmal auch nur einen Augenblick lang auf die Idee gekommen, daß Ihr Standpunkt nicht der richtige sein könnte? Es ist für mich eigentlich selbstverständlich, daß ein Mann, für den die Musik lediglich ein Vorwand ist, darüber zu schreiben (und der ja im Hexenkessel des Konzert- = und Theaterbetriebs unmöglich frisch und aufnahmefähig bleiben kann) nicht recht verstehen kann, was die Musik für den Musiker ist. Daß er auch einer zu rein musikalischen Versuchszwecken geschaf-

fenen Veranstaltung, die sich nur notgedrungen der heute gebräuchlichen Konzertform bedient (da wir einstweilen andere Arten der direkten Musikübermittlung kaum kennen) seine Zustimmung versagen muß, weil sie in sein System des öffentlichen Musikwesens nicht hineinpaßt, ist ebenso klar.
Der Versuch, eine Aufgabe zu lösen, muß nicht sogleich die glücklichste Lösung zur Folge haben.
Wir haben in Baden versucht, zur Komposition von Orgelmusik und Kantaten anzuregen. Wäre eine heutige Literatur dieser Gattungen vorhanden, hätte der Versuch unterbleiben können. Er ist, Ihrer Ansicht nach, fehlgeschlagen. Ist er deshalb unnötig gewesen? Es ist denkbar, daß bei einer Experimentalaufführung sämtliche Versuche mißlingen und trotzdem könnte diese Aufführung für die heutige Musik wertvoller sein als einige noch so schöne »Musikfeste«. (Ist Ihnen aufgefallen, daß das Wort »Fest« von uns noch nie im Zusammenhang mit den Donaueschinger und Badener Veranstaltungen gebraucht worden ist?) Sie reden in Tönen hohen Lobes von Hauers »Wandlungen«, der »hochbegabte« Gronostay ist Ihnen ein »Tausendsassa«, Jarnachs Orgelstück »trägt den Stempel der Meisterschaft«, Humpert »ist mit Ehren zu nennen«, Reuters »Saul« ist »öffentlicher Aufführung wert«. Einige Zeilen vorher sprechen Sie von »Verwässerung«, »Verflachung«, »ungenügender Urteilskraft«, von »Belanglosem« und »Halbgarem«. Wie paßt das zusammen? Sind Sie so wenig über die heutige Musikproduktion unterrichtet, um nicht zu wissen, daß ein gutes Stück unter acht Uraufführungen schon ein sehr hoher Prozentsatz ist? Zudem lagen sicherlich bei der diesjährigen »Deutschen Kammermusik« die wichtigsten Versuche nicht auf dem Gebiete des Konzertwesens. In Ihrer Aufzählung der Badener Ereignisse vermisse ich die Besprechung der Filmmusik-Matinee (die Sie gleichwohl mit der irreführenden und unbedingt abzulehnenden Überschrift »aktuelle Musik« in erster Linie zu meinen scheinen). Ging Sie diese Vorführung nichts an? Noch weniger als die offene Singstunde unter Fritz Jöde, die zum ersten Male Auswege aus unserem heutigen Meisterbetrieb ahnen ließ? Zu solcher Veranstaltung kann man nicht kommen, einen Kanon »schön« finden und nach einer Viertelstunde wieder verschwinden.
Nur nebenbei bemerke ich, daß Sie im letzten Jahre dieselbe

Musik abgelehnt haben. Für Ihre aufmerksame Teilnahme an unserer Veranstaltung spricht ferner nicht, daß Sie den von Ihnen als »trefflich« bezeichneten Herrn Osterkamp (der in der erwähnten Oper von Kneip eine ganz kleine Episodenrolle übernommen hatte, in dieser und in seinen anderen Partien gleichwohl ausgezeichnet war) mit dem allerdings trefflichen Herrn Witt verwechselt haben.
Warum kommen Sie eigentlich immer noch nach Baden?

Ihr ergebener Paul Hindemith

Neben der Mitwirkung im Amar-Quartett übte Hindemith auch eine intensive Konzerttätigkeit als Solist auf der Bratsche und der Viola d'amore aus. In den späten Zwanziger Jahren war er als vielseitiger Instrumentalist überaus gefragt und hochgeschätzt. Das führte freilich in Verbindung mit der Lehrtätigkeit, den kompositorischen Arbeiten und den organisatorischen Pflichten für die Baden-Badener Musik oft bis an die Grenzen der Belastbarkeit. Mit der im folgenden Brief erwähnten Bratschensonate meinte Hindemith die zu seinen Lebzeiten unveröffentlicht gebliebene Sonate für Bratsche solo op. 31 Nr. 3.

AN GERTRUD HINDEMITH

[11. März 1928]

Lieber guter Herzenspuschu, mein bester Freund, ich denke so viel und lieb an Dich und schicke Dir viele Küßlein. Gutes Tier, ich habe Dich sehr lieb. Geht Dir's gut? Es ist nicht schön, so allein, gelt? Ich fahre sehr langweilig hier herum. In Basel wars ganz nett. Der Heinrich Burkard ist von dort bis Freiburg mitgefahren, der Zug war gepfropft voll, weil die Leute von der Leipziger Messe zurückfuhren. In Basel war gleich eine Probe, dann habe ich mich ein wenig schlafen gelegt und dann geübt. Abends habe ich nicht gerade erstklassig gespielt, es war aber immerhin noch anständig und für Schweizer Verhältnisse war man sehr begeistert. Nachher saß der ganze Orchesterrummel noch eine Weile beisammen, ich bin dann bald heim, ich war sehr müde. Die Bratschensonate ist nicht so gut wie die andere und viel zu schwer, man kann sie nur gut spielen, wenn man abnorm viel Lust hat und das kann man auf dem Podium nicht immer haben. Ich werde sie nicht mehr spielen sondern nur bei Gelegenheit mal eine neue anfertigen. Jedenfalls will ich in den nächsten Tagen etwas vorsichtiger sein und den Windsperger ordentlich üben; wenn der auch nicht sehr gut geht, kriege ich vielleicht Angst und spiele dann immer schlechter. Heute Abend, wenn ich in Augsburg ankomme, werde ich noch eine Stunde drangehen. Und ich glaube, daß ich von Weinheim aus noch nachts nach Aachen fahren werde. Damit gewinne ich einen freien Nachmittag, an dem ich noch einige Stunden üben kann. Es ist dringend nötig. Wie machen wir es nun mit dem Löwchen? Wenn Du erst am 13. abends nach Frankfurt kämest, sähe ich Dich dann erst am 15. in Wiesbaden. Nasch bello! Wollen wir's nicht lieber so machen, daß Du nach Aachen kommst? Dann hörst Du Dir dort das Konzert mit an und wir fahren nachher zusammen nach Wiesbaden. Dort können die Tiere dann bei der Probe helfen. Meinst Du nicht, daß das besser ist? Wenn Du z. B. morgens 8^{14} am Zoo wegfährst, bist Du um 18^{17} in Aachen. Am besten wäre es, Du riefst am 13. vormittags gegen 10 daheim an wegen Hotel etc. und sagst, was Du am liebsten tun möchtest. Am schönsten ists, Du kommst so bald wie möglich. Frankfurt ist natürlich das einfachste, aber ich *muß* unbedingt noch Zeit zum Üben herausschlagen! Die Fahrt nach Aachen ist auch kaum weiter als nach Wiesbaden. Was meint der Kapemm Bogo?

Der russische Ballett-Impresario Serge Diaghilew versuchte seit 1926, Hindemith für ein gemeinsames Ballett-Projekt zu gewinnen. Lange Zeit glaubte der Komponist, den Auftrag »No. 27«, über den nähere Details leider nicht bekannt geworden sind, erfüllen zu können. Dann sagte er doch ab.

AN SERGE DIAGHILEW

2. 1. 29

Sehr geehrter Herr Diaghilew,
zunächst herzlichste Neujahrswünsche und schönste Grüße von hier. Sodann eine Trauernachricht: ich probiere schon seit einiger Zeit, das Ballett zu schreiben – es geht nicht. Zur Zeit geht es nicht. Ich bin seit einigen Wochen vollkommen leer geschrieben, mir fällt eben keine Note mehr ein. Sie wissen selbst, daß es keinen Sinn hat, irgend eine Arbeit zwingen zu wollen. Ich könnte vielleicht, um Ihnen auf jeden Fall das Stück zu liefern, eine Partitur anfertigen: Sie bekämen die stumpfsinnige Arbeit eines Routiniers, mit der Ihnen nicht und mir noch weniger geholfen wäre. Ich brauche Ihnen nicht zu versichern, daß ich nach wie vor mit dem größten Interesse darauf warte, die Arbeit am Ballett beginnen zu

können. Ich weiß aber im Augenblick nicht, wann ich wieder fähig sein werde, eine anständige Musik zu schreiben. Es kann in drei Tagen sein, vielleicht auch erst in drei Monaten. Jedenfalls bitte ich Sie, nicht damit zu rechnen, daß ich für diese Saison rechtzeitig fertig werde. Es ist mir äußerst unangenehm, Ihnen dies zu sagen, aber mir bleibt in dieser Situation gar nichts anderes übrig. Bitte verschieben Sie meine Arbeit auf nächste Saison. Müssen Sie für dieses Frühjahr unbedingt eine Novität haben, so rate ich Ihnen, sich an Herrn Bohuslav Martinu, Paris XIV, Rue Delmabe 11 bis, zu wenden, den ich für sehr befähigt halte und der Ihnen in der kürzesten Zeit eine gute Musik schreiben kann. Wenn Sie mit ihm »No. 27« machen wollen, muß ich Ihnen natürlich den Text schicken. Wollen Sie ein Ballett mit mir machen, ist mir es lieber, dann behalte ich den Text bis ich anfange zu schreiben. Seien Sie, bitte, nicht gar zu böse über diese mir sehr unangenehme Änderung und verstehen Sie bitte die Beweggründe, für die ich ja nichts kann.
Mit den herzlichsten Grüßen, auch an Herrn Kochno

Ihr
Paul Hindemith

1928/29 komponierte Hindemith ›Neues vom Tage‹, eine »Lustige Oper in drei Teilen« auf den Text von Marcellus Schiffer. Am 8. Juni 1929 brachte Otto Klemperer das Werk an der Berliner Krolloper zur Uraufführung. Der Herbst darauf stand für Hindemith im Zeichen zahlreicher Konzerte, bei denen er meist die 1927 entstandene ›Kammermusik Nr. 5‹, das Bratschenkonzert op. 36 Nr. 4 spielte. Am 1. November 1929 begab sich Hindemith auf eine Konzertreise nach Prag, wo er mit George Szell musizierte, und anschließend nach Wien; Albert Schweitzers Monographie über Johann Sebastian Bach begleitete ihn dabei.

AN GERTRUD HINDEMITH

Hotel Wilson, Prag 2. November 29.

Bester Alter, ich habe gerade noch ein Viertelstündchen Zeit vor dem Konzert und da ich überall die freundlichen Löwenzettelchen mit warnenden und heulenden Pushus gefunden habe, bekommst Du nach diesen eindringlichen Mahnungen gleich ein Brieflein. Viele Küßlein schicke ich Dir und Gestreicheltes und sonst alles mögliche Yashny. Mir gehts gut. Die Fahrt war mit Schweitzers Hilfe kurz. [...]
Heute gings nach dem üblichen Konzerttagplan: Probe,

mittags schlafen, anziehen – nachher Konzert. Szell macht das Konzert sehr gut, er hat alles schön vorprobiert und achtet besonders auf Leichtigkeit, so daß mit ihm angenehm zu spielen ist. Das Programm ist sehr hübsch: eine Ouvertüre von Cherubini, die ich gar nicht kannte (Ali Baba), ein wahnsinnig komisches Stück, erinnert mich sehr ans Vorspiel aus »Neues v. T.«, nur keine Stütze ist drin; der hat ja auch keinen komponierenden Wapuff als Vorlage gehabt. Und dann eins der schönsten Mozartstücke: Divertimento mit 4 Hörnern dabei. Die blasen Sachen wie aus einem Kinderbilderbuch und tun mit belanglosem Akkordgetön ungeheuer großartig. Zum Schluß ist die VII. Symphonie. Die hasse ich. Schweitzer habe ich gelesen, den ganzen ersten Band gestern. Er ist sehr interessant, ich habe viel Freude dran, aber ich bin nicht ganz so begeistert wie der Pushu. Mich stört ein wenig die Naivität, mit der der liebe Gott und andere religiöse Einrichtungen da angewandt werden. Aber natürlich, er ist ja Pfarrer. Und dann habe ich seinen etwas unbeholfenen Familienblattstil nicht gerne. Diese ewigen kleinen Interjektionen und privaten Betrachtungen, die er einstreut! Mir sind die »absoluten« Reisenden lieber. Aber er ist ein großartiger Kerl und ich verstehe so gut, daß er sich dort hinsetzt. Jetzt lese ich im zweiten Bändchen. – Die Waschlappen sind herrlich! Ich habe mich schon einige Male fest abgeruppelt damit. Jetzt muß ich essen gehen, sonst wirds zu spät. Sei umarmt, Liebstes, denke an mich und hab mich lieb. Ich komme bald wieder zum Pushu.

Dein Paul.

AN GERTRUD HINDEMITH

Hotel Bristol Wien, 4. Nov. 29.

Lieber Hasha, jetzt bekommst Du nur ein kurzes Brieflein, ich muß gleich zur Probe. Deine Doppelpost kam gerade an. Gragukk. *[Prag ging gut. Das Theater so ausverkauft, daß nicht ein Stehplatz mehr zu haben war. *[Das Konzert ging gut. Szell war begeistert und auf dieses Konto habe ich ihm gestern früh noch einige gute Lehren in Bezug auf Mozart und so gegeben, die er dankbar annahm. Nächstes Jahr soll ich wieder bei ihm spielen. Malko beinebst Bebba war in Prag,

*[beginnende Senilität

wir haben zusammen zu Mittag gegessen. Um 4 bin ich gefahren. Langweilige Fahrt in sehr vollem Zug. Ich habe ein bißchen komponiert, das Ersatzstück fürs Viola d' amour-Konzert. Vielleicht ists ganz gut geworden. So belanglos so eine Arbeit ist, es ist doch verdammt schwer, in ein fertiges und richtig balanciertes Stück ein anderes hineinzusetzen. Für das neue Bratschenstück habe ich mir schon einiges überlegt, vielleicht bringe ich schon etwas davon mit heim für den Pushu. Hier in Weahn scheints zu sein wie immer. Das Hotel ist erträglich. Meine Fahrkarten habe ich schon. Das in Prag verdiente Geld geht wahrscheinlich gerade für Reise, Hotel etc. auf, so daß ich die von Ihnen anbefohlenen Käufe nicht in vollem Umfange tätigen kann, wofür horsamst um tschulljung bitte. Daß Furtwängler nicht im Dezember ist, ist mir nicht unlieb. Zu viel Wien ist sicher ungesund.
Seien Sie lieb und herzlichst gegrüßt. Verteilen Sie bitte 24 Portionen Yashny möglichst gerecht an alle Aspiranten. Und nehmen Sie dafür noch ein Extra-Küßlein in Empfang

von Ihrem Yijakl

Eduard Reinacher, 1872 in Straßburg geboren, lernte Hindemith 1921 in Stuttgart anläßlich der Uraufführung der Einakter ›Mörder, Hoffnung der Frauen‹ und ›Das Nusch-Nuschi‹ kennen. Zwischen Dichter und Komponist entwickelte sich zeitweilig ein enger Kontakt. Hindemith verspürte zu der dunkel-expressionistischen Lyrik Reinachers eine Neigung und vertonte 1922 den Zyklus ›Des Todes Tod‹. Reinacher berichtet in seinen ›Fragmenten der Lebenserinnerungen‹ von Hindemiths Beschäftigung mit seinen Gedichten und lyrischen Dramen und zitiert ihn: »Diese Verse sprechen mich an, aber sie reizen mich nicht zum Komponieren. Wenn ich aus einem Text ein Lied machen soll, so muß er lockere Stellen haben, die vom Dichter gewissermaßen ausgespart sind, freigelassen für den Komponisten, derart, daß die Musik hier gebraucht wird. Du aber arbeitest selbst auf deine Art als Musiker, es bleibt mir kein Raum, das Eigene beizubringen, das Gefüge der Stimmen und der Begleitung ist fertig. Das ist schade, denn die Themen locken ...«
Die wohlüberlegte Haltung, die Hindemith im Falle von kompositorischen Vorhaben gegenüber literarischen Texten bezog, wird durch diesen Bericht ebenso bestätigt wie durch die Zusammenarbeiten mit Ferdinand Lion (›Cardillac‹, 1925/26) und Gottfried Benn (›Das Unaufhörliche‹, 1930/31). Auch die folgenden Briefe an Eduard Reinacher geben zu erkennen, daß Hindemith bei Text-Vertonungen entschieden das »Ganze« im Sinne hatte und sehr genau wußte, wie ein Text beschaffen sein mußte, sollte er für ihn komponierbar sein. Die Briefe an Reinachers wurden im April 1930 geschrieben. Hindemiths Frage und

Angebot an Reinacher steht im Zusammenhang mit den Vorbereitungen zu den im Juni stattfindenden Musiktagen »Neue Musik Berlin 1930«, mit denen die Baden-Badener Musiktage fortgesetzt werden sollten. Die Zusammenarbeit kam allerdings über den Plan nicht hinaus.

AN EDUARD REINACHER

[April 1930]

Lieber Eduard,
als Du letzthin in Berlin warst, haben wir uns durch die Verkettung blödsinniger Umstände nicht gesehen. Das war saudumm und ich hoffe, daß es nächstens besser klappen wird. Heute will ich Dich in Kürze fragen, ob Du nicht einen kleinen Musiktext schreiben willst. Am 22. Juni ist hier in der Jungfernheide ein großes Treffen von etwa 5000 Leuten aus ganz Berlin – Musikfreunde, Liebhabersänger – die zusammenkommen, um für sich zu musizieren. Ich soll und möchte mit meiner Kompositionsklasse zusammen etwas dafür schreiben, habe aber keinen Text. Kannst Du ihn schreiben? Es käme ein kleines Stück in Betracht. Umfang etwa 3–4 Seiten des Bauernzorns. Inhalt wäre am besten eine Abhandlung über irgendeinen ganz allgemeingültigen Begriff – Dankbarkeit, Liebe zur Musik usw. – vielleicht auch irgendwas belehrender Natur; etwas, das so leicht begreiflich und selbstverständlich ist, daß sich 5000 Leute sogleich damit einverstanden erklären können. Die Form wäre am besten die, die Du gewöhnlich in Deinen Stücken hattest: Dialoge, hier teils zwischen zwei oder drei Einzelpersonen und der großen Menge des Chors, dieser vielleicht auch in verschiedene Gruppen geteilt. Für diesen Zweck müßte das Ganze natürlich kurz sein und, da es ja eine sommerliche Feier ist, nicht zu traurig – ernst kann es sein. Wenn Du Lust dazu hast, schreib mir's doch möglich bald und vielleicht schreibst Du mir auch, was Du zu schreiben gedenkst. Die Zeit bis dahin ist kurz, deshalb wüßte ich natürlich gerne recht bald etwas. Inzwischen sei herzlichst gegrüßt und Deine Frau auch. Vor zwei Wochen habe ich in Breslau Schlemmer gesehen. Wir saßen zusammen und haben viel geredet. Was machst Du eigentlich jetzt?

Dein Paul Hindemith.

14. 4. 30

Lieber Eduard,

sei bedankt für Deine schnelle Antwort. Amundsen und das Sechstagerennen finde ich ausgezeichnet, es sind sehr schöne Stücke. Nur für den gedachten Zweck sind sie nicht recht geeignet. Amundsen nicht, weil er zu sehr Bericht ist, während man für solch eine Veranstaltung etwas braucht, wo die Ausführenden zugleich Handelnde sind, nur so ist beim Singen die nötige Unmittelbarkeit herzustellen. Bei der Rennbahn ist hinderlich, daß es durch puren Gesang nicht ganz deutlich zu machen ist (man weiß ja nicht daraus zu entnehmen, was sich jeweils ereignet) und zudem ist es ja fast nur ein Einzelner, der als Sänger in Frage kommt. Das Wichtigste bei der ganzen Feier (oder wie man es sonst nennen mag) ist aber, daß einige Tausend Leute zum gemeinsamen Arbeiten veranlaßt werden. Das dritte Stück finde ich im Grunde nicht ungeeignet. Nur glaube ich nicht, daß in einem Riesenraum, zudem noch im Freien, solch minutiöse Dinge auch nur einigermaßen zur Geltung kommen. Die Gegenüberstellung zweier Ansichten ist natürlich gut. Aber der Chor könnte besser als Gegenpartei der Solisten behandelt sein. Das Gegeneinandersingen ist ja ein Hauptreiz bei der Gegenüberstellung von Soli und Chor.

In diesem Stück hast Du auch viel zu viel Worte hineingesetzt. Du mußt bedenken, daß die Musik die Worte wie Gummi zieht und so das Stück mit etwa zwanzig multipliziert. Die ganz kurze und knappe Sprache, wie Du sie in Deinen früheren Totentänzen hast, eignet sich viel besser. Für die Musik ist die schmuckloseste und kürzeste Sprache die beste. Alles, was darin nicht gesagt ist, sagt die Musik. Das ist eine gute Einteilung. Mit Adjektiven kannst Du also ganz sparsam sein und sie für bessere Gelegenheiten aufsparen. Mir selbst wäre ein etwas kernigeres Thema als gerade das hier lieber. Wenn der Bauernzorn nicht gerade eine für diese Gelegenheit nicht passende Handlung hätte, würde ich Stükke daraus nehmen. Am besten eignen sich für solche Veranstaltungen Stücke didaktischen Inhalts. Abhandlungen über irgendeine reinmenschliche oder staatsbürgerliche oder sonstige Tugend oder so etwas. Die Solisten könnten den Chor belehren und dieser über die Lehre sprechen oder umgekehrt. Auf große dichterische Schönheit brauchst Du nicht in erster Linie zu achten. Das wichtigste ist hier fast, daß mit wenigen Worten möglichst große Klarheit erzielt wird. Willst Du es noch einmal versuchen? Sei nicht ungeduldig. Es ist sicher nicht so einfach, solche Dinge herzustellen. Ich habe auch sehr lange gebraucht, bis ichs in der Musik konnte. Wenn Du erst einmal gesehen haben wirst, wie solche Sachen wirklich gebraucht und verbraucht werden, wirst Du mit mir der Ansicht sein, daß dies eine der ganz wenigen künstlerischen Aufgaben ist, für die es sich noch lohnt zu arbeiten. Du scheinst ein wenig mißmutig zu sein? Vielleicht bekommst Du mit der Arbeit an dieser Sache ein wenig Freude. Ich wäre sehr froh, wenn Du noch daran versuchen wolltest, weil ich solche Dinge heute für wichtiger halte als alle Konzertmusik oder sonstigen Kram. Und ich glaube, daß Du die Texte dafür machen könntest, wenn Du Dich erst einmal ganz in den Stil eingelebt hast. Ich bin jetzt eine Woche lang hier in Frankfurt (Große Rittergasse 118), wenn Du also bald etwas hast, erreicht es mich noch hier, nachher wieder in Berlin.

Sei für heute mit Deiner Frau herzlich von mir und der meinigen gegrüßt. In der nächsten Zeit kommen wir wohl kaum in Deine Gegend. Im November habe ich zuletzt in Stuttgart gespielt. Bin ich aber irgendwann in Schwaben, lasse ich Dichs rechtzeitig wissen.

Dein Paul Hindemith

PS: Liebesgeschichten dürften kaum geeignet sein. Ich halte es nicht für gut, Tausende über Liebesangelegenheiten debattieren zu lassen.

Die amerikanische Mäzenin Elizabeth Sprague Coolidge war Pianistin und komponierte auch. Sie schuf 1925 die nach ihr benannte Stiftung. 1930 komponierte Hindemith auf ihren Auftrag hin die ›Konzertmusik für Klavier, Blechbläser und zwei Harfen‹ op. 49. Das Werk wurde am 12. Oktober 1930 im Rahmen des Coolidge-Festivals in Chicago mit Emma Lübbecke-Job als Solistin erstmals aufgeführt. Hindemith selbst reiste damals nicht in die USA.

AN ELIZABETH SPRAGUE COOLIDGE

8. Mai [1930]

Sehr geehrte Mrs. Coolidge,
Frau Lübbecke übersandte mir Ihren freundlichen Brief, aus dem ich nunmehr genau ersehe, was Sie planen. Der Plan, daß ich selber mit einem neuen Stück diesen Oktober nach Amerika kommen soll, kann leider nicht ausgeführt werden. Wenn ich nach Amerika fahren würde, könnte ich es nur in Verbindung mit einer größeren Konzerttournee, zu der ich mir dann 2 Monate Zeit nehmen müßte. Für dieses Jahr geht es nicht, ich habe 3 große Tourneeangebote ausgeschlagen, da ich mit Arbeit überlastet bin für das nächste Jahr.
Wie ich aber Ihrem Schreiben zu entnehmen glaube, kommt es Ihnen in erster Linie auf eine Komposition von mir an. Jemand, der es dann dirigiert, findet sich ja leicht. Ich kann nach Beendigung des hiesigen Musikfestes Ende Juni daran gehn, ein Stück für Sie zu schreiben. Allerdings liegen bei mir noch einige Hindernisse. Ich habe mich in den letzten Jahren fast ganz von der Konzertmusik abgewandt und fast durchweg Musik mit pädagogischen oder sozialen Tendenzen geschrieben: für Liebhaber, für Kinder, für Rundfunk, mechanische Instrumente etc. Ich halte diese Art der Komposition für wichtiger, als das Schreiben für Konzertzwecke, weil Letzteres fast nur eine technische Aufgabe für den Musiker ist und für die Weiterentwicklung der Musik kaum etwas getan wird. Ich muß darum das Konzert als eine rein geschäftliche Sache betrachten. Alle Musik, die ich in den letzten Jahren für Konzertzwecke geschrieben habe, ist aus geschäftlichen Gründen angefertigt worden. Den Idealismus, den ich gerne auf Dinge verwende, die mir für die Weiterentwicklung der Musik äußerst notwendig erscheinen, kann ich nicht auf die Konzertmusik übertragen. Im Gegenteil, ich muß das eine durch das andere ausgleichen.
Ich hoffe, daß Sie meinen Standpunkt verstehen, wenn ich Ihnen sage, daß das Honorar, was Sie für ein Konzertstück von mir ausgesetzt haben, zu niedrig bemessen ist. Einen Auftrag in dieser Art nehme ich hier nicht unter 10 000 Mark an. Sollte Ihnen dieser Preis zu hoch sein, würde ich Ihren Entschluß natürlich vollkommen verstehen. Sollten Sie auf eine Komposition reflektieren unter den obigen Bedingungen, bitte ich Sie zu schreiben, was Sie gerne hätten. (Dauer,

Form, Art, Besetzung etc.) Manuskript könnte wie gewünscht Ihr Eigentum bleiben, auch mit der ½jährigen Reservation wäre ich einverstanden.
Vielen Dank noch für Ihre freundliche Einladung. Ich bin verheiratet. Meine Frau sowohl als ich, werden uns sehr freuen, Sie bald begrüßen zu können. Wenn auch nicht im Herbst in Amerika, vielleicht später oder gelegentlich Ihrer nächsten Anwesenheit in Europa.
Stets zu Ihren Diensten bin ich mit herzlichem Gruß

Ihr sehr ergebener
Paul Hindemith

Anfang 1930 vertonte Hindemith drei Gedichte von Gottfried Benn für Männerchor. Bald darauf kam es zur persönlichen Bekanntschaft. Anfang Juli 1930 bat Hindemith den Dichter um einen längeren Text. Es kam schließlich nach einigem Zögern Benns zur gemeinsamen Erarbeitung des Oratoriums ›Das Unaufhörliche‹. Benn beschrieb 1936 diese gemeinsame Arbeit als »eine Zeit wunderbar schöpferischer Spannung... fesselnd, fördernd, angetrieben von einem gegenseitigen Elan u. noch unter jenen hellen Himmeln, die nun für immer versunken sind.« Am 21. November 1931 wurde das Oratorium in Berlin vom Philharmonischen Chor und Orchester unter der Leitung von Otto Klemperer erstmals aufgeführt. Noch vor der Uraufführung kamen Benn und Hindemith überein, die gemeinsame Arbeit fortzusetzen und eine Oper in Angriff zu nehmen. Benn unterbreitete dann verschiedene Vorschläge und arbeitete auch Konzepte aus (›Mikrobenjäger‹, ›Weizengeschichte‹, sowie ›Viktoria‹ nach Knut Hamsun). Alle diese Vorhaben aber wurden entweder von ihm selbst wieder verworfen oder von Hindemith nicht angenommen. Während die Opern-Ideen Benns vorwiegend um Probleme der Gegenwart kreisten, lag Hindemith mehr an historischen Themen. Dafür brachte wiederum Benn nicht die rechte Begeisterung auf. So ging er wohl zunächst auf Hindemiths Vorschlag ein, am Beispiel der Klosterschule von St. Gallen den kulturellen Kolonisationsprozeß darzustellen, fand letztlich aber nicht den richtigen Zugang zu dem Thema. Auch zwei andere Stoffe, die vom Schott-Verlag angeregt wurden, nämlich Johannes Gutenberg oder Matthias Grünewald, fanden keinen Anklang. Die Beziehung löste sich schließlich auf. Hindemith, der auch dem anfänglichen – und sehr bald widerrufenen – Engagement Benns für die Ideen der neuen Machthaber nach 1933 befremdet gegenüberstand, suchte Kontakt mit anderen Dichtern, so mit Carl Zuckmayer und Ernst Penzoldt. Im Bemühen um eine neue Oper entschied er sich im Oktober 1932, »selbst Eier zu legen«, also selbst auch den Text zu schreiben. Damit war der Weg zur Entstehung der Oper ›Mathis der Maler‹ gebahnt. Mitte 1933 begann er mit der Arbeit an diesem Werk.
Die nachstehenden drei Briefe sind die einzigen erhalten gebliebenen von Hindemith an Gottfried Benn.

[Zweisimmen/Bern, um den 20.8.1932]

Lieber Herr Dr. Benn, seien Sie nicht gar zu böse über meine lange Schreibpause. Ferien sind halt doch ein anormaler Zustand und in der ersten Zeit dieser eingedickten Faulheit habe ich mehreres unterlassen, was bald hätte getan werden müssen. Wenn Sie glauben, das Weizenstück nicht machen zu sollen, will ich Ihnen auch nicht zureden. Die Vorteile dieses Stoffes sind sicher große – Nachteile hat er aber auch und Sie sollten doch nicht zu sehr erbost über eine verfrühte Kritisierung dieser Nachteile sein. Sie hätten sich doch während der Arbeit auch daran gestoßen und so hätten wir doch nach einigen Wochen wieder dagesessen. Sicher ist die letzte Bühnenfassung an einem bloßen Rohstoff nicht *restlos* erkennbar, die Ausführung gibt freilich den Ausschlag. Ebenso sicher ist aber doch auch, daß mehr Beurteiler mehr sehen und daß einem in der ersten Entdeckerfreude viele Fehler entgehen, die in der Ausführung sich sehr übel bemerkbar machen könnten. Ich glaube also, daß man doch bis zu *einem gewissen Grade* einem Stoff ansehen kann, ob er brauchbar ist. Die Leute, die sich einen Friedemann Bach zusammenzimmern, haben es leicht. Es schadet ja auch gar nichts, daß Sie sich die Sache durch eine überkritische Einstellung nicht zu leicht machen. Wir haben ja Zeit. Wenn Sie von der Weizengeschichte restlos überzeugt gewesen wären, würden Sie sie wohl trotz schärfster Kritik gemacht haben; und an den ersten Schwung der Begeisterung glaube ich nicht so ganz bei Ihrer Art zu arbeiten und bei der meinigen. Das gelingt naiveren Leuten besser.

»Viktoria« kenne ich nicht, ich weiß gar nicht, was es ist und was man damit anfangen kann. Ich wage jetzt auch kaum, ein oberflächliches und vielleicht ganz haltloses Bedenken anzubringen: das nämlich, daß ich ein wenig ängstlich bin Dingen gegenüber, die schon einmal in einer anderen Kunstgattung eine gute Lösung gefunden haben. Aber ich habe nichts gesagt!! Sie finden sicher Brauchbares. Es muß ja nicht sofort sein. Wenn Sie zufällig in den nächsten Tagen auf geeignete Dinge stoßen sollten, wäre es doch sehr schön, wenn Sie ins Wallis kämen. Und selbst wenn wir dort das Stück nicht auf die Beine stellen könnten, käme man wahrscheinlich anhand einiger Modellstoffe doch recht gut voran. Ich will Ihnen

nicht mehr zureden – vielleicht kommen Sie dann um so eher mit einer Auswahl von Vorschlägen.
Um Berlin beneiden wir Sie jetzt nicht. Es muß nicht schön sein dort – wir sind froh, diese paar Wochen Freiheit zu genießen. Unser Häuschen ist schön wie am ersten Tage, die ganze Zeit über hatten wir herrliches Sommerwetter. Es ist im Wallis sicher mindestens so schön – vielleicht beflügelt Sie dies in Ihren Erwägungen.
Schnell Schluß, der Brief soll noch mit der Abendpost fort. Herzlichste Grüße einstweilen von uns beiden.

Ihr P. H.

Flesch sprachen wir neulich telefonisch. Er ist nicht unfroh über diese Sache; es sei kaum möglich, mit diesen Fesseln etwas zu unternehmen, und da er noch Vertrag hat, macht er sich nun die nächste Zeit keine Sorgen.
Eben fällt mir noch etwas ein. Könnte man nicht an einem alten Beispiel zeigen, wie kulturell kolonisiert wird, ein Thema, was heute ja nicht unaktuell ist. Ich dachte an die St. Galler Klosterschule zu Karls des Großen Zeit. Darüber gibt es mancherlei Geschichten, aus denen sich eine Handlung brauen ließe und da die Leute auch die ersten Anfänge der Musikkultur ins barbarische Germanien gebracht haben, ließ sich auch musikalisch viel machen mit Anwendung der Gregorianischen Gesänge. – Haben Sie gelesen, was für einen Operntext Strauss komponiert? Ein Mann, der keinen Lärm leiden kann. Sicher gut geeignet. Wahrscheinlich ganz belanglos. Mikrobenjäger eignen sich gar nicht.
Noch eine Idee, anschließend an die St. Galler Schule. Zu dieser Zeit wurden Stücke komponiert, die heute noch im Gebrauch sind – einige Sequenzen (media vita etc.). Könnte man nicht an einem solchen Liede zeigen, wie die Zeiten laufen? Das Lied in den verschiedensten Anwendungsformen zu allen Zeiten. Vielleicht wenig allgemein, könnte aber musikalisch interessant sein.

AN GOTTFRIED BENN

[Zweisimmen/Bern, vor dem 31. August 1932]

Lieber Herr Dr. Benn, an Literatur über die St. Galler Klosterschule kenne ich nur ein Buch über die musikalische Seite der Angelegenheit, nämlich »Schubiger (ich glaube, so

heißt er) …« genauen Titel weiß ich jetzt aber auch nicht. Das Buch dürfte vergriffen sein. Wenn Sie ganz sicher gehen wollen, rufen Sie am besten einmal bei uns in der Schule den Bibliothekar Herrn Kirst unter Berufung auf mich an. Der kennt sicher den genauen Titel und wenn er es hat, leiht er es Ihnen wohl auch. Vielleicht kennt er auch weitere Bücher über die Sache. Literaturangaben finden sich sicher auch in Ihrem Musiklexikon bei den einzelnen Musikern dieser Schule: Romanus, Notker Balbulus, Totilo etc. Über die außermusikalische Tätigkeit der Schule kenne ich keine Bücher; weiß nur, daß sie mindestens so wichtig ist wie die auf musikalischem Gebiete, und sicher findet sich da mehr Literatur. Man müßte natürlich auch ein wenig den historischen Hintergrund der Zeit mithineinziehen. Es gibt ja mancherlei dazumal: Karl der Große, die Gegenüberstellung der niedergehenden römischen und der Barbarenkultur. In dem Buch von Schubiger, das in seinen nichtmusikalischen Teilen reichlich naiv ist, finden sich vielerlei Geschichten, die verwertbar sein könnten, so die Reise der ersten angeforderten Mönche von Rom nach Metz, der eine, der krankheitshalber in St. Gallen bleibt, die Überbringung einer Kopie der von Gregor dem Großen festgelegten Kirchengesänge und ihre feierliche Niederlegung am Altar der Klosterkirche, die Tatsache, daß die Germanen ihrer durch Suff und Geschrei scheußlichen Stimmen wegen zunächst gar nicht zum Singen zu brauchen waren usw. Der fast unzeitliche Klosterhintergrund und die neutralen Mönchskleider dürften wohl die Historie glaubhaft und nicht so opernhaft penetrant erscheinen lassen. Es müßte natürlich noch einiges Außerklösterliches hinein, zum mindesten Szenen, die nicht nur im Kloster allein spielen: in Urwäldern könnte einiges passieren, in Bauernsiedlungen könnten Bekehrungen stattfinden, im Kloster selbst könnte man die Beziehungen zur Außenwelt zeigen, die Wirkungen des Handelsweges, die Leute aus der Stadt, Kaiser kommen hie und da mal zu Besuch – and so on. Und in das alles läßt sich dann sicher eine interessante Idee hineinbringen. Oder haben Sie mittlerweile noch etwas Besseres gefunden? – Für heute nur dies. Uns geht's nach wie vor sehr gut. Donnerstag oder Freitag fahren wir nach dem Wallis (Sierre, Chateau Muzot).
In Eile herzlichste Grüße einstweilen

Ihr Paul Hindemith

Im Baedeker steht: ... die schon im 9. Jahrh. genannte Stiftsbibliothek (in St. Gallen). Sie besitzt Werke der ehem. Klosterschule, die sich im 9.–11. Jahrh. zu einer der ersten gelehrten Schulen Europas emporschwang und neben der in Reichenau von großer Bedeutung für die deutsche Kunst und Wissenschaft des frühen Mittelalters war; besonders Buchmalerei, Dichtkunst und die Übersetzung lateinischer Schriftsteller in das Alemannische fanden hier eine Pflegestätte.

AN GOTTFRIED BENN

[Anfang September 1932]
Muzot ob Siders (Wallis)

Lieber Herr Dr. Benn, schönsten Dank für den Brief. Hoffentlich sind Ihre Grab- und Schürfarbeiten von Erfolg begleitet. Mir erscheint die ganze Sache noch immer als möglich und gut ausführbar. Für jetzt nur dies, damit der Brief noch mit der Post fortgeht. Wir wollen am 16. hier abfahren, am 17. in Winterthur sein und dann über Colmar, Straßburg, Frankfurt nach Haus. [Zusatz am Briefrand]: falls Sie uns erreichen wollen, persönlich natürlich
Einstweilen in Eile herzlichste Grüße von uns beiden

Ihr P. H.

Wir haben's sehr schön hier, es ist eine feierliche Dichteratmosphäre!

Zu den wichtigsten Personen in Hindemiths Biographie gehört der Mäzen Werner Reinhart aus Winterthur. Reinhart besaß eine erstaunliche Fähigkeit, im Angebot der modernen Musik seiner Zeit das musikalisch Wertvolle zu erkennen; und die Beziehungen, die er zu Komponisten wie Schönberg, Strawinsky, Honegger und anderen eingingen, waren getragen von einem echten Interesse. Das führte in vielen Fällen zu freundschaftlichen Bindungen, die nicht zuletzt darin ihre entscheidende Voraussetzung hatten, daß Reinhart, selbst Musiker und Komponist, seine Mäzenrolle nicht in den Vordergrund hob, sondern im Gegenteil sich außerordentlich zurückhielt. Über seine Arbeit für das Winterthurer Musikkollegium, wo viele moderne Komponisten eine außerordentliche Pflegestätte fanden, schrieb er einmal an den Musikologen Willi Reich: »Wenn Sie über die neuere Zeit des Musikkollegiums berichten, so möchte ich Sie sehr bitten, meinen Namen in diesem Zusammenhang nicht zu nennen. Wenn schon Namen zu nennen wären, so müßten es deren viele sein. Es ist gerade das Schöne bei unserem Kollegium, daß dessen zwölf Vorstands-Mitglieder alle intensiv an der Sache mitarbeiten, wiewohl diese Arbeit nach außen oft gar nicht in

Erscheinung tritt...« (zit. nach: Peter Sulzer: Zehn Komponisten um Werner Reinhart, 2 Bände, 309. Neujahrsblatt der Stadtbibliothek Winterthur 1979, Bd. 2, S. 14).
Die Beziehung zwischen Hindemith und Reinhart datiert aus dem Jahre 1922, als man sich in Salzburg bei den »Internationalen Kammermusikaufführungen« kennenlernte. Im Sommer 1932 bot Reinhart den Hindemiths den »Walliser Turm Muzot« für ein paar Wochen zum Ferienaufenthalt an.

AN WERNER REINHART

Muzot ob Siders 3. Sept. 32.

Lieber Herr Reinhart,
Sie sehen, wir sind da. Ich glaube kaum, daß jemals zwei glücklichere Leute hier gewohnt haben als wir. Wir finden, daß es hier über alle Beschreibung schön ist und sind so froh, dieses schöne Stück Welt einige Zeit genießen zu können. Es ist lieb von Ihnen, uns hier sein zu lassen; wir kennen nur ganz wenig Menschen, die uns so viel Freude gemacht haben. Seien Sie einstweilen herzlichst bedankt. – Zweisimmener Bauernhäuschen haben wir recht genossen. Wir hatten immerzu gutes Wetter, konnten darum stets draußen sein und vergaßen dadurch ein wenig die letzte häßliche Berliner Zeit. Gestern fuhren wir ein wenig trist ab. Es war schönstes Autowetter, wir fuhren eine hübsche Tour, die wir schon von früher kannten: Chateau d'Oex, Bulle, Montreux. Gegen 6 waren wir hier. Fräulein Baumgarten hat uns außerordentlich nett empfangen und bewirtet, geschlafen haben wir gut, wie sich das für alte, ehrliche Burgbewohner gehört (falls Sie diese Einzelheiten interessieren). – Gestern, ehe wir angekommen waren, war Prof. Dent hier gewesen, um nach uns zu sehen. Eben haben wir mit ihm in Montana telefoniert; wir werden ihm noch das Geleite zum Zuge geben. Er fährt nachher ab nach Frankreich. – Wegen des Autos wollen wir nachher im Dorfe nachsehen. Heute Nacht hat es im Hof unter den Bäumen friedlich geruht. Geht es in Veyraz nicht unterzustellen, bringen wir es nach Siders. Allzu viel werden wir ja hier den Wagen kaum benutzen. Ihre Wünsche betreffs Radio, Grammophon und Hund verstehen wir sehr wohl. Von den ersten beiden in den Ferien nichts zu hören sind wir selbst froh, der Hund Alfi ist gestern früh mit unserem Mädchen nach Berlin heimgefahren. – Daß Sie neben allem anderen sich auch noch um unsere geldlichen Angelegenheiten kümmern,

ist rührend. Wären wir in irgendeiner Schwierigkeit, würden wir von Ihrem freundlichen Angebot gerne Gebrauch machen. Wir haben aber ohne Schwierigkeiten genügend Geld mitnehmen bezw. uns schicken lassen können, so daß wir gut auskommen werden. – Wir wünschen Ihnen inzwischen einen angenehmen Aufenthalt in England und freuen uns sehr, Sie auf dem Heimweg in Winterthur begrüßen zu können.

Herzliche Grüße von uns beiden.
Ihr Paul Hindemith.

AN WERNER REINHART

Muzot ob Siders September [1932]

Lieber Herr Reinhart,
es ist auch nach wie vor herrlich hier, nur wir sind mit der Zeit so faul geworden, daß wir uns kaum noch zu irgendwelchen Schreibarbeiten aufraffen können. Darum berichten wir Ihnen heute auch nur kurz, daß wir am Freitag früh hier aufbrechen wollen. Unterwegs wollen wir uns in Zürich die Picasso-Ausstellung ansehen und dann gegen Abend in Winterthur landen. Nach altem Brauche werden wir Sie nach in der »Krone« bezogenem Quartier wieder anrufen. Samstag vormittags wollen wir dann weiterfahren nach Basel, Colmar (zum Isenheimer Altar), bei Schweitzer in Grüßbach vorbei und Straßburg. Wir freuen uns sehr, Sie zu sehen.

Inzwischen herzliche Grüße von uns beiden.
Ihr Paul Hindemith.

AN DEN SCHOTT-VERLAG

10. X. 32

Verehrte Brüder, der vornehme Mann sagt zwar nicht »es ist zum Kotzen«, es ist aber wirklich so. Ich sitze da wie eine trockene Jungfrau. Benn funkt eben gar nicht. Er kommt vor lauter Überkritik zu nichts. Er plagt sich sehr und sicher kommt auch etwas zum Vorschein, aber wie lange soll man darauf warten? Die St. Galler Sache reizte ihn anscheinend nicht genug, Gutenberg und Grünewald ebenso. Nun knobelt er weiter – man muß halt sehen, was passiert. In meiner Verzweiflung habe ich beschlossen, selbst Eier zu legen. Schließlich weiß ich, was ich will und die Worte haben diese Dichter doch immer nur machen können, wenn ich ihnen ganz genau vorgeschrieben habe, was sie tun sollen. Für Gutenberg habe ich mir eine Menge Material gesammelt. Die Zeit ist interessant, in Mainz und Straßburg passiert um 1440 allerlei, nur der Mann selbst gibt so gar nichts her. Beim besten Willen sprüht er keine Funken, so sehr man auch draufhaut. Er scheint ein ziemlich trockener Herr gewesen zu sein. Möglich wäre es, die Buchdruckerkunst selbst in den Mittelpunkt der Handlung zu stellen, aber dazu gehört ein Dichter mit »Visionen« – und wo sind die? Grünewald wäre gut, wenn er nicht gerade Maler wäre. Wesen und Zweck einer Oper um Grünewald könnte doch nur die Malerei sein und man käme ja nicht drum herum, den Mann in Begeisterung malen zu lassen; ein für die Musik sehr dürftiges und für meine Begriffe komisches Motiv. Erinnern Sie sich an die »Gezeichneten«, wo die exaltierte Dame vor der Staffelei in Verzückung gerät? Etwas Ähnliches müßte wahrscheinlich auch hier passieren. Vielleicht finden Sie noch andere Stoffe. Ich überlege auch hin und her. Zur Übung und zum Zeitvertreib wollte ich einstweilen eine Oper machen, die man für Kinder spielen kann als Weihnachtsmärchen. Ich dachte an eine Variante des Andersen-Märchens »Der kleine und der große Klaus«, hatte es auch schon ziemlich weit entwickelt, aber man kann es doch nicht machen. Entweder man macht es so naiv, wie es geschrieben ist, dann kann man es nicht auf die Bühne stellen, oder man stellt es in ein anderes Milieu, dann passen die Motive nicht mehr. Vielleicht finde ich noch einen anderen Vorwurf. Einiges schwebt mir vor. Es ist ein dämlicher Zustand. Ich bin geladen und könnte jeden Tag mit einer Theatermusik loslegen. So kann ich nur getreu dem Wahlspruch hier sitzen »Verzweifeln und nicht arbeiten«. Zum Trost erscheint nachher Herr Menge bei uns. Besseres weiß ich heute nicht. Vielleicht kann ich Ihnen nächstens trostreichere Dinge schreiben. Einstweilen schönste Grüße

Ihr Paul H.

In der zweiten Märzhälfte des Jahres 1934 weilte Hindemith in Italien. In Mailand spielte er am 20. März zusammen mit Szymon Goldberg und Emanuel Feuermann zum letzten Mal im »Trio«. Dieses bedeutende Ensemble hatte seit 1929 bestanden (zuerst mit Josef Wolfsthal als Geiger). Im Anschluß an das Mailänder Konzert fuhr Hindemith nach Rom, wo er am 24. März die Uraufführung der Oper ›La favola del figlio cambiato‹ von Gian Francesco Malipiero miterlebte. Ähnlich wie Darius

Milhaud oder Arthur Honegger gehörte Malipiero zu jenen ausländischen Komponisten, mit denen Hindemith eine freundschaftliche Beziehung verband und für deren Werke er sich auch als Interpret einsetzte.

AN GIAN FRANCESCO MALIPIERO

[1934]

Lieber Freund Malipiero,
ich habe mich gefreut, von Ihnen zu hören, schönsten Dank für Ihren Brief. In Theatersachen bin ich nicht ganz unerfahren, ich habe ja etwa 12 Jahre im Theater zugebracht, deshalb war es mir schon möglich zu erkennen, daß die Aufführung in Rom kein rechtes Bild Ihres Stückes gab. Ich hatte aber immerhin Text und Klavierauszug gut studiert und hatte dadurch und durch das zweimalige Hören in Hauptprobe und Aufführung gute Vergleichsmöglichkeiten. Der Text gefällt mir nicht so sehr gut, mir scheinen diese Dinge ein wenig überholt zu sein. Die Musik kannte ich gut (jetzt habe ich wieder vieles vergessen), da sie ja von Ihnen ist, ist die Qualität selbstverständlich. Sie müssen natürlich einem, der selbst schreibt und sich gerade mit den Fragen der Oper sehr herumschlägt, eine gewisse Voreingenommenheit und vielleicht auch Ungerechtigkeit zubilligen, die für den weniger Interessierten gar keine Gültigkeit hat und sicher für den beurteilten Kollegen ein Beweis höchster Achtung ist. Es kann durchaus kein Tadel sein, wenn mich die dem Text so sehr angepaßte Deklamation in kleinen Sätzen stört, wodurch für mein Gefühl die melodische Entwicklung gehemmt wird und das ist für eine Oper vielleicht nicht vorteilhaft. Haben Sie sich vom Text etwa unterkriegen lassen? Mir schien es so – seien Sie mir aber nicht böse, wenn ich unrecht habe. Ich wünsche Ihnen für die nächste Oper einen allen Forderungen gerecht werdenden Text, der Sie auch zur schönsten Opernmusik anregen wird. Ich selbst bin gerade sehr mit einer Oper beschäftigt. Veranlaßt durch die ewige Not mit den Dichtern mache ich jetzt endlich den Text selbst und ich hoffe, daß er brauchbar wird. Wenn ich einen vorläufigen Druck davon habe, werde ich ihn Ihnen schicken und dann dürfen Sie über mich herfallen. Nach Venedig möchten wir furchtbar gern kommen. Wovon aber? Wir haben kein Geld. Wenn wir schon aus Süddeutschland zur Not mit dem Auto hinkämen,

wäre uns dort doch alles sehr teuer. Wir sind in arme Zeiten geraten und Italien ist weit weg. Ich wünsche Ihnen und Ihrer Frau einen guten Sommer, gute Gelegenheit zur Arbeit und schöne Einfälle. Im Winter kommen Sie sicher wieder nach Deutschland, dann sehen wir uns sicher.
Inzwischen die herzlichsten Grüße, auch von meiner Frau

Ihr
Paul Hindemith

Hindemiths Stellung nach der Machtübernahme der Nationalsozialisten war schwierig. Er konnte zunächst unbehelligt seiner Arbeit nachgehen. Zu Spannungen kam es, als Aufführungen seiner Werke von Regimegegnern bzw. von Vertretern einer künstlerischen Neutralität zu Demonstrationen gegen die nationalsozialistische Kulturpolitik benutzt und von den Nazis als Versuche angesehen wurden, dem »Gleichschaltungs«-Prozeß zu entgehen. Der Boykott blieb nicht aus. Er betraf vor allem die Oper ›Mathis der Maler‹, deren Uraufführung 1934 in Frankfurt stattfinden sollte, jedoch verboten wurde. In der Folge kam es zu wiederholten, aber immer vergeblichen Versuchen, die Aufführung der Oper in Deutschland zu erreichen.
Am 12. März 1934 hatte Wilhelm Furtwängler die dreisätzige Sinfonie ›Mathis der Maler‹ in Berlin uraufgeführt. Das Werk wurde begeistert aufgenommen. Das Ereignis hatte politische Folgen. Im Herbst 1934 begann eine Pressekampagne gegen Hindemith, was Furtwängler dazu veranlaßte, sich öffentlich für den Komponisten zu verwenden. Er setzte sich in seinem berühmt gewordenen Artikel ›Der Fall Hindemith‹ vom 25. November 1934 in der ›Deutschen Allgemeinen Zeitung‹ für ihn ein und stellte schließlich sogar, durch die staatlichen Pressionen in die Enge getrieben, seine Ämter zur Verfügung.
Es gab im Zusammenhang der »Kampagne« gegen Hindemith durchaus mutige Sympathiebekundungen. So führte Johannes Schüler die ›Mathis‹-Sinfonie am 20. November 1934 in Essen auf. Das Konzert hatte eine beispiellose Resonanz; Teile des Werks wurden wiederholt.

AN WERNER REINHART

[1934]

Lieber Herr Reinhart,
Ihr Brief hat uns sehr erfreut. Daß Sie nur bis Wiesbaden gekommen sind, ist schändlich; es ist doch wirklich an der Zeit, daß Sie auch einmal hier erscheinen. Wir lesen mit Neid von Ihren Reiseplänen, da wir nicht viel unternehmen können. Bis jetzt bin ich der vielen Arbeit am Operntext wegen gar nicht dazu gekommen, mir den Kopf über Ferienunternehmungen zu zerbrechen, und jetzt, wo der Text allmählich

zu Ende geht, habe ich noch keinen rechten Sinn dafür. Jedenfalls fahren wir nächstens nach Frankfurt und dort werden wir weiter überlegen. Sicher werden wir in Süddeutschland landen, irgendwo wo man gut arbeiten kann. Wenn es wieder zu voll sein sollte, rücken wir vielleicht auch wieder in die Schweiz aus. Bedeutendere Dinge vorzunehmen hindert uns teils die Arbeit, teils die enorme Pleite. Wenn der Text fertig ist und ich einen provisorischen Druck habe, erlaube ich mir, Ihnen einen zu schicken; ich hoffe, es ist bald so weit. Die Musik, die bis jetzt erschienen ist (Symphonie) kommt jetzt in Platten heraus (Telefunken, die Philharmonie spielt, ich dirigiere). Ich freue mich, daß Sie das Stück aufführen lassen. In Basel wird es auch gemacht, dort dirigiere ich es auch selbst (Anfang Februar), was ich hier jetzt öfters getan habe. Werden wir Sie gar nicht eher sehen? Ihre Veilchen blühen noch immer. Etwa 40 Blüten hat das Stöckchen getragen.

Herzlichste Grüße und gute Sommerwünsche.
Ihre Gertrud und Paul Hindemith

AN JOHANNES SCHÜLER

[1934]

Lieber Herr Schüler, der unirdisch viele Dreck, der über mich in den letzten Tagen ausgeschüttet wurde, hat mich für die erfreulichen Tatsachen der Welt noch empfänglicher als sonst gemacht. Sie sind eine, und dafür danke ich. Daß Sie sich von diesem Gewebe von Schwindel und Schmähung nicht unterkriegen ließen, hat mich aufrichtig gefreut; ihre Aufführung muß nach allem, was ich höre, herrlich gewesen sein. An Stelle ausführlichen Dankes schicke ich Ihnen hier einen provisorischen Druck des Mathis-Textes. Bitte behalten Sie ihn aber ganz für sich, es darf jetzt einstweilen nichts in die Öffentlichkeit davon.

Herzlichst Ihr
Paul Hindemith

Am 19. Januar 1936 reiste Hindemith nach London, wo er in den folgenden Tagen Konzerte geben und bei der BBC Rundfunk-Aufnahmen machen sollte. Am 20. Januar starb König Georg V. von England. Über das darauf Folgende berichtete Gertrud Hindemith an den Freund und Mäzen Werner Reinhart in Winterthur: »Mein Mann war jetzt in

England, gerade als der König starb, sollte er in Queens Hall spielen. Der ›Schwanendreher‹ war natürlich ganz unmöglich geworden und um die British Broadcasting Corporation zu trösten, schrieb er in einem Tag eine schöne ›funeral music‹ mit Bratsche, denn er sollte ja spielen...« Reinhart antwortete darauf Ende Januar: »Was Sie mir von ihm in diesem Zusammenhang schreiben, ist wirklich ganz einzigartig und hat irgendwie etwas ›Mozartisches‹. Ich wüßte niemand, der ihm heute so etwas nachmachen könnte.« Hindemith selbst berichtete über die Entstehung der ›Trauermusik für Bratsche und Streicher‹ an Willy Strecker nach Mainz.

AN WILLY STRECKER

23. I. 36

Lieber Willy, Sie sollen doch gleich mal erfahren, was sich so alles zugetragen hat. Ich weiß nicht, ob Sie gestern Abend Ihr vortreffliches Radio auf London gezielt hatten. Wenn ja, werden Sie bemerkt haben, daß der Schwan infolge toten Königs nicht gedreht werden konnte. Vorgestern früh war große Verzweiflung in der B.B.C. Boult und Clark wollten auf jeden Fall, daß ich mich am Konzert beteilige – es fand im Radio, nicht in der Queenshall statt – und weil nach stundenlangem Herumraten sich kein geeignetes Stück fand, beschlossen wir, daß ich eine Funeral music machen sollte. Wie ich gestern in der Zeitung las, bekam ich also ein Studio eingeräumt, die Kopisten wurden langsam angeheizt und von 11–5 habe ich dann ziemlich heftig getrauert. Es ist ein hübsches Stück geworden, am Mathis und Schwanendreher orientiert, mit einem Bach-Choral am Schluß (»Vor deinen Thron tret ich hiermit«, für Könige sehr passend), den außerdem jedes Kind in England kennt, was ich allerdings erst nachher erfuhr. Vielleicht kennen Sie ihn auch, er handelt augenscheinlich von »the old hundred« oder so. Wir probten gestern sehr gut und abends spielte das Orchester mit großer Andacht und Rührung. Es war sehr ergreifend. Boult war für englische und für seine persönlichen Begriffe aus dem Häuschen und bedankte sich fortwährend. Meine verschiedenen Schüler schreiben nunmehr Artikel über die Affäre, sie waren sehr stolz, daß der alte Herr es noch so gut und so schnell kann. Der Solobratscher des Orchesters wird das Stück nächstens noch einige Male wiederholen. – Sollte man diese Geschichte nicht etwas ausnutzen? Wollen Sie es nicht auch dem deutschen Blätterwald rauschen lassen? Es ist doch immerhin eine nicht ganz alltägliche Sache, daß die B.B.C.

zum Tode ihres Kings bei einem Ausländer ein Stück machen läßt und es über ihre ganzen Sender jagt. Ich will mich jetzt auf Leichen spezialisieren, vielleicht gibt es noch mehr Gelegenheiten. Sollte man das Stück nicht mit Klavierbegleitung in England herausbringen? Ich bekomme eine Abschrift der Partitur (sie ist nur für Streichorchester, das Stück dauert 8 Minuten) in einigen Tagen. Sie können Sie dann haben und sehen, was damit anzufangen ist. Der Schwanendreher wird später nachgeholt, wahrscheinlich Anfang August. – Storch und »Meison« haben gut funktioniert. Sonst habe ich diesmal von London nichts gesehen und gehört, weil ich dauernd hinter Bratschen oder Notenpapier gesessen habe.
Einen bärtigen Seemannsgruß ans ganze Geschlecht Strecker,
Ihr

P. H. Maßanfertigung.

AN GERTRUD HINDEMITH

23. Januar [1936]

Geliebter Löwenhascha, nur schnell ein paar Zeilen. Großes Durcheinander wegen des Trauerfalls. Schwanendreher natürlich unmöglich, auch sonst kaum irgendwas denkbar. Auf mich wollen sie andererseits nicht verzichten, so habe ich halt eine Trauermusik für Streichorchester und Solobratsche geschrieben. Sie ist nicht gerade hochoriginell, aber in der Schnelligkeit konnte ich nicht noch auf Entdeckungsfahrten gehen. Du wirst's ja hören. Bißchen Mathis, bißchen Lindlein und zum Schluß einen Choral. Hast Du gestern Reger gehört? Ich glaube, es war anständig. Bartok war da, ich habe gestern mit ihm und Clark zu Mittag gegessen. Milhaud ist gerade vor mir abgereist, sonst fand sich noch Kabasta nebst Frau vor, gastspielreisend. Und natürlich Reizenstein. Anzug wird schön, allerdings kein tiefblauer, weil ja für festliche Gelegenheiten der schwarze noch da ist. Also genug, mir tun die Pfoten schon weh vom vielen Notenschreiben.

Viel Yashny
Dein Y.

Hans Kayser, ein Vertreter und Verfechter des harmonikalen Weltbildes, gab von 1934 an die ›Blätter für harmonikale Forschung‹ heraus. Hindemith zählte zu den Beziehern der Hefte, in deren Reihe bald ein Sonderheft mit der Übersetzung des dritten Kapitels aus Johannes Keplers ›Harmonices mundi‹ erschien. Wahrscheinlich wurden Hinde-

miths Interesse an dieser Figur und sein Plan einer Kepler-Oper (›Die Harmonie der Welt‹), durch die Publikationen Kaysers ausgelöst, denn er befaßte sich ungefähr ab 1937 ernsthaft mit diesem Opernvorhaben. Wie stark sich Hindemith auch im Interesse der theoretischen Fundierung seines Musikideals von Kayser angezogen fühlte, mag aus der Tatsache abgeleitet werden, daß er es war, der 1934 den Kontakt suchte. Die Beziehung verlief freilich wenig glücklich. Kayser und Hindemith waren zu unterschiedlich veranlagt; vor allem aber erschien dem Komponisten und Musiker das harmonikale Denken zu praxisfern. Hindemith hat später aus Anlaß der Uraufführung der Oper ›Die Harmonie der Welt‹ im Jahre 1957 eine geistige Abhängigkeit von Kayser nicht bekundet.
Die Lage in Deutschland und die ständigen Anfeindungen, denen Hindemith seit 1933 ausgesetzt war, machten Hoffnungen auf ein sinnvolles Wirken und Arbeiten immer aussichtsloser. Im September 1936 hatte Hindemith am »Internationalen Musikfest« in Venedig teilgenommen. In diesen Zeitraum fielen auch die Planungen zu einer ganzen Reihe von Reiseunternehmungen für das Jahr 1937. Das weist auf die Absicht hin, sich von den Verpflichtungen als Hochschullehrer in Berlin endgültig zu lösen und Deutschland zu verlassen. Vom 29. Januar bis 20. Februar 1937 reiste Hindemith in die Türkei, um dort die ihm von der türkischen Regierung in Auftrag gegebene Planung des »Aufbaus des türkischen Musiklebens« weiterzuverfolgen. Einen Monat nach der Rückkehr, am 22. März 1937, kündigte er offiziell seine Hochschullehrerstelle zum 1. Oktober des Jahres. Kurz darauf trat Hindemith seine erste Reise in die USA an. Sie stand primär im Zeichen von Gastspielen als Bratschist und Dirigent, diente aber daneben vor allem auch dem Kontakt mit den amerikanischen »Associated Music Publishers«. Unter ihrem Präsidenten Ernst R. Voigt vertrat die AMP, für die Hindemith die Abkürzungen »Musicpub« oder »Pub« gebrauchte, in den Vereinigten Staaten zahlreiche europäische Musikverlage, darunter auch den Schott-Verlag. Besondere Bedeutung erlangte diese Agentur gerade für die emigrierten Komponisten. Sie übernahm deren Betreuung, vertrat deren Rechte und besorgte in vielen Fällen stellvertretend für die Heimatverlage die Drucklegung bzw. Veröffentlichung von Kompositionen.
Die Reise verlief für Hindemith außerordentlich erfolgreich. Sie dauerte insgesamt vom 25. März bis 3. Mai und führte von New York aus nach Washington, Boston, Chicago und Buffalo. Das Konzertprogramm bestand im wesentlichen aus dem 1935 komponierten ›Schwanendreher‹-Konzert und aus der Solosonate für Bratsche op. 25 Nr. 1. Im Verlauf der Reise komponierte Hindemith eine neue Bratschensonate, die er am 21. April in Chicago uraufführte. Außerdem erarbeitete er eine Neufassung der ›Vier Lieder nach alten Texten‹ op. 33, die später um ein weiteres Lied ergänzt, von William Strunk und Arthur Mendel ins Englische übertragen und unter dem Titel ›Five Songs on old Texts‹ veröffentlicht wurden. Die Uraufführung der vier umgearbeiteten Lieder fand am 9. April in Washington statt. Es sang der Dessoff Choir unter der Leitung von Paul Böpple, einem engagierten und vor allem auch im Interesse der neueren

Musik sehr einsatzfreudigen Chorleiter schweizerischer Herkunft. Viele Begegnungen konnte Hindemith auf dieser ersten Amerika-Reise verzeichnen. So lernte er seinen Onkel Gustav Hindemith und seine Vettern Emil und Rudi kennen. Sein Onkel war 1864 in Naumburg am Queis geboren worden und vor der Jahrhundertwende in die Vereinigten Staaten ausgewandert. Sehr zahlreich sind auch die Begegnungen mit Bekannten, Kollegen und Freunden aus den zurückliegenden Berliner Jahren, die in den USA eine neue Existenz aufzubauen versuchten. Die Cembalistin Alice Ehlers, mit der Hindemith in den späten zwanziger Jahren schon viel zusammen musiziert hatte, gehörte zu jenem Kreis.
Von dieser ersten Amerika-Reise wie auch von den nachfolgenden Reisen in den Jahren 1938, 1939 und 1940 hat Hindemith nahezu täglich an seine Frau geschrieben. Die Briefe haben durch die Ausführlichkeit der Erzählungen und Berichte, die dem zu Hause in Berlin verbliebenen Ehepartner zugedacht sind, Tagebuchcharakter. Die hier wiedergegebenen Briefniederschriften berichten von der Überfahrt und von den ersten Tagen in New York. Während der Ozeanüberquerung stellte Hindemith endgültig das zuvor mehrfach umgearbeitete Theoriebuch ›Die Unterweisung im Tonsatz‹ fertig.

AN GERTRUD HINDEMITH

25. März [1937]

In Hamburg wurde der Herr durch ein Telefongespräch aus dem Bett geklingelt. Er glaubte zuerst, daß der Fidelio schon anrufe, überzeugte sich aber sogleich vom Gegenteil. Dagegen hatte er kurz darauf mit dem Fidelio persönlich zu tun, als nämlich der Trompeter auf dem Schiff das Leonoren-Signal sehr schnell und gar nicht hinter der Szene blies, um die nicht verreisenden Schiffsbesucher zu veranlassen, sich zu entschiffen. Vorher erregte noch ein Besuch, den der Herr unliebsamerweise erhielt, allgemeines Ärgernis. Kurz bevor die Treppen weggezogen wurden, entdeckte er nämlich, heftig gestikulierend die Kaimauern entlangrasend, Frau Weiss-Mann nebst Sohn und Fräulein Kestner. Die überflüssige Freundlichkeit, mit der der Herr sich nochmals zum B-Deck begab, um an der Lauftreppe Adieu zu sagen, war insofern gar nicht am Platze, als die Treppe schon fast schwebte und Mutter und Sohn heftigst von den Offizieren beschimpft wurden. Dann fand sich in der Kabine zu allem Überfluß noch ein von den dreien gemeinsam gelegtes Schokoladenei.
Die Eindrücke wurden besser beim Mittagessen. Aus der Fülle der Speisekarte genoß der Herr Kartoffelsuppe, einen Schellfisch mit einer scharfen Senftunke und dann Rinderbrust mit viel Merrettich. Währenddessen wunderte er sich,

daß das Schiff gar nicht losführe, als er aber hinauskam, war man schon über Blankenese hinaus. Er ging nun daran, seine Kabine häuslich einzurichten. Er hat eine schöne, angenehme Unterkunft mit allem komfortablen Zubehör. Leider wurde er in seiner Arbeit unangenehm unterbrochen durch Schriftstücke mit Zeichnungen, die sich wie seinerzeit das an allen Häusern in Berlin hingeschriebene »Hingabe« in allen Kleidern, Büchern, Behältern fanden. Infolge der gehabten Anstrengungen wollte er sich auf eine halbe Stunde niederlegen, tat das auch, wachte aber erst um ½6 wieder auf. Dann inspizierte er das ganze Schiff. Mittlerweile war man in Cuxhaven angekommen. Das Motorboot Taucherowulf legte an Backbord an. Was ein Taucherowulf ist, war nicht herauszukriegen. Entweder ist der Taucher O. Wulf gemeint oder das Wort ist eine Zusammenziehung zweier Begriffe mit einem Binde-O, etwa wie Anglophil, oder das O ist eine einfache Akklamation. Aus der Tätigkeit des Schiffes ging jedenfalls nichts Aufklärendes hervor. Es war im Gegenteil zuerst gar nicht zu erkennen, was ausgeladen wurde. Dann stellte es sich heraus, daß es Silberbarren waren.
Mittlerweile war es Zeit geworden, sich zum Abendessen anzuziehen und schon intonierte ein Glockenzeichen »Steuermann laß die Wacht«. Dem Herrn schmeckte es mit Hilfe von Suppe, Makrelen und Rehbraten ausgezeichnet. Anschließend begab er sich in den Salon und schrieb ein Kapitel »Melodik«. Das Schiff ist mittlerweile kräftig in die Nordsee gekommen, was sich in zeitweiligen Schwankungen bemerkbar macht. Der Herr hat sich darum etwas Vasano einverleibt und sitzt nun beim Bockbierfest im Rauchsalon. Zum Zeichen ausgelassensten Rummels liegen Studentenmützchen und Hütchen aus Kreppapier auf allen Tischen und die Musik spielt alle zehn Minuten wenig schöne Dinge. Als ein vollkommen übermütiger Mann in der Überfülle des Erlebens einen schüchternen Puster auf einem der Stimmung halber hingelegten Pappsaxophon losließ, wurde er von allen anderen Festteilnehmern, die in Ruhe ihr Bier trinken wollten, tadelnd angesehen. Seitdem herrscht wieder der Friede zwar nicht eines Kirchhofs (denn dort spielt ja meist keine Musik), aber immerhin einer größeren Bedürfnisanstalt spät nachts, in der der letzte Mann zu seiner Unterhaltung das Radio laufen läßt. Jetzt räumt der Ober auch noch die Papiermützen

wieder ab, das ist wohl das Zeichen, daß der Bockbiertaumel beendet ist. Wahrscheinlich bekommt ein Seemannswaisenhaus die Hütchen.

26. März

Heute früh begann der Herr damit, einige bisher unbekannte Attraktionen des Schiffes auszuprobieren. Kurz nach 7 begab er sich, mit der vielbesprochenen Trainingshose und dem in allen Lebenslagen empfehlenswerten Pullover angetan in das Schwimmbad. Eigentlich ein Bädchen, ein Bädli, denn es ist nicht größer als ein besseres Säuställchen. Immerhin kann ein nicht allzu großer Mann kreuz und quer sich darin bewegen, etwa wie ein Goldfisch in einem größeren Marmeladeglas. Das Schöne daran ist, daß es mit ununterbrochen sich erneuerndem Seewasser gefüllt ist. Es riecht demnach wie in des Donaueschinger »Schützen« Badezubern und erfrischt ungemein. Hierauf zog sich der Herr an und begab sich zur ausführlichen Frühstückstafel, wo ihm der hervorragendste aller gebackenen Rauchheringe tiefe Ehrfurcht abnötigte. Das Wetter hellte sich langsam auf, das Schiff schob sich sicher und ruhig durch das ruhige Meer wie seinerzeit die Inflationsgewinnler durch die Maschen des Strafgesetzbuches. Die heraufkommende Sonne benutzte der Herr zu einem Spaziergang von 2 Kilometer Länge, das entspricht hier etwa 13 Runden um das Promenadendeck.

Während die englische Küste, gänzlich aus Schultafelkreide bestehend, langsam vorübergezogen wurde, saß der Herr im Gesellschaftsraum und schrieb ein Kapitel, was bis zum Mittagessen währte. Um die jederzeit wache Neugier der Löwen zu befriedigen, sei ihnen das Programm dieser menschenfreundlichen Veranstaltung mitgeteilt: Schildkrötensuppe, Oliven und Carciofini und sweet Pickles außerhalb des oeuvres, dann ein Haselhuhn und hinnedruff Reis Trautmannsdorff (der Erfinder des Trautoniums). Nachmittags frequentierte der Herr zuerst das Bootsdeck und die noch höher gelegenen Zonen, es wehte aber ein so starker Wind, daß er nicht lange blieb, auch in den kleinen fahrbaren Häuschen nicht, die wie ein Klubsessel mit Umbau sich gebärden. Er begab sich also wieder hinab und schrieb ein bißchen, veranstaltete aber dann zu Ehren des berühmten William Penn eine Pennstunde, und als er aufwachte, war

man schon in bedenkliche Nähe des Hafens von Southampton gelangt. Hier landeten wir mitten in freier Gegend auf dem Wasser, nicht ohne zuvor den Dampfer »Washington« vorbeifließen zu lassen. Sofort hinter ihm kam der Tender »Greetings« und entlud eine Menge Koffer mit ihren anvertrauten Passagieren in uns. Dafür bekam er aus unserer Mitte einige Leute (vielleicht haben sie dem Kapitän nicht gefallen), zwei Kinderwagen und einen Rodelschlitten. Es ist begreiflich, daß man sich aller Dinge entledigt, für die es hier schlechterdings keine Verwendungsmöglichkeit gibt. Unter den Besuchern lernte ein kleines Kind seine aunt Peggy kennen, einige besonders Eifrige rasten einmal um sämtliche Decks herum, dann blies der Trompeter wiederum das Leonorensignal und die Besucher stiegen wie ein in die dritte Potenz erhobener Pizzaro in das untere Gewölbe, um dann wie aus einem unterirdischen Gang wohlbehalten wieder ans Tageslicht und auf den oder die oder das »Greetings« zu gelangen.
Der Herr nahm, etwas ausgekühlt und von dem Übermaß an Erlebnissen erschüttert seine Schreibarbeit wieder auf, bis der Hohenfriedberger Marsch zum Abendessen rief. (Für den Klaiser Kochlöwen: Diesmal tat ichs nicht unter Ochsenschwanzsuppe, Seezunge, Schweinskotelett in Idealkonkurrenz mit der vortrefflichsten Röhrenkartoffel der Welt [Röhrenkartoffeln sind unter den Kartoffeln keineswegs dasselbe was unter den Summern die Röhrensummer sind]). Mitten in die Seezunge platzte der Zeppelin hinein, nämlich der aus Südamerika zurückfliegende. Es sah schön aus, so wie ein fliegender Fisch, bei dem wegen Undichtheit der Haut die Innenbeleuchtung durchschimmert. Und nun kommt bald Cherbourg.

27. März

Gestern abend um 9 begab sich der Herr Reisende ins Bordkino, wo man zuerst einen Harzfilm (nicht etwa ein Film aus Harz), besser einen Harzer Film (damit ist weder ein Film des Flötisten Harzer noch ein Käsefilm gemeint), kurz und gut einen Film aus dem Harzgebirge abdrehte. Dann kam der »Favorit der Zarin«, so blöd, daß man nur auf dem weiten Weltmeer dafür ein Wort der Verzeihung findet. Wie es ausging, weiß der Herr nicht, denn er begab sich auf das hellerleuchtete Promenadendeck, um das Wasser des Hafens von Cherbourg zu inspizieren. Hier lag schon der Tender »Landemer« nebenan (wahrscheinlich heißt er so zur Erinnerung an die eingegangene Zeitschrift »Über Land und Meer«) und versorgte uns mit Passagieren und frischem Gemüse; dafür bekam er etwas Post.

Heute früh begann der Herr wieder mit seinem Schwimmbad, machte dann unter der imaginären Fuchtel seines alten daheimgebliebenen Hauslehrers ausgiebig Gymnastik, frühstückte und begab sich auf eine mehrere Kilometer lange Wanderung. Im Laufe des Tages produzierte er dann noch zwei lange Kapitel seines Buches, war nachmittags müde, schlief, und nachher wunderte er sich, daß es ihm nicht so recht wohlübel sei. Er kam lange nicht drauf, schließlich entdeckte er, daß er an beginnender Seekrankheit litte. Im Grieben steht: »Seekrankheit ist auf Schiffen von der Größe, wie sie im Transatlantikdienst verkehren, im allgemeinen nur bei besonders schwerer See zu befürchten.« Hier irrt Grieben. Der Ozean hatte sich bisher genau an das in der Oberon-Arie festgelegte Programm gehalten. Im Laufe des Nachmittags war er mit der ruhigen Einleitung fertig geworden und gegen Abend an den Mittelteil gekommen, wo die Streicher ihr Gewurle anfangen. Das Endbrio mit Hüon, dem Gatten könnte er sich schenken. Der Herr nahm vor dem Abendessen etwas Vasano. Gegen 7 teilte ihm der Steward mit, daß erst etwas später gegessen würde, da heute ein Special-dinner stattfinde. Darauf warf sich der Herr in seinen Ismokin, und da das Vasano nur langsam wirkt, saß er wie ein jüngerer, dem Gesellschaftsleben abholder Walfisch an seinem Tisch, schmollte und aß nichts. Der Speisesaal war submarin dekoriert, das Ganze sollte eine Fahrt mit dem gläsernen Boot darstellen, was insofern unlogisch ist, als die Zuschauer ja selbst in die See versetzt worden waren. Neben seinem Teller fand der Herr eine Schachtel mit einem gläsernen, ins Knopfloch zu steckenden Fisch. Außerdem wurde ihm schriftlich mitgeteilt, daß er in die Familie der Zauberfische aufgenommen worden sei. Das war ihm unangenehm, denn er wußte nicht, was er außer den Speisen des Tages (in Verkleinerung und Umkehrung) den anderen Familienmitgliedern hätte vorzaubern können. Der Obersteward ließ sich dann von jedem Gast eine Nummer zwischen 1 und 99 aufschreiben zwecks Verlosung von bereitgestellten, beleuchteten gläsernen Fischen. Aus einer Beschreibung war zu entnehmen, daß die Verlosung so vor sich gehen sollte: »Wer die an Hundert nächstliegende Zahl notiert hat, gewinnt, wenn er nicht näher am Zweitnächsten ist als dieser an Hundert. Der drittnächste darf wiederum nicht näher am Zweitnächsten sein als der Nächste an diesem, sonst wird der Niedrigste genommen; aber auch nur dann, wenn der Zweitniedrigste nicht näher an 50 ist als der Drittniedrigste. Im Zweifelsfalle entscheidet das Los.« Es ist gut, daß die »Geschichte der Mathematik« dabei lag, es wäre sonst schwer gewesen, dieses raffiniert ausgeklügelte System zu durchschauen. Bald darauf wurde das Ergebnis verkündet. Fräulein Krüger bekam ein größeres Seepferd, Herr Hoosten eine gläserne Seezunge in natürlicher Größe und Herr Kahn einen überlebensgroßen illuminierten Stint (wahrscheinlich wieder eine Schiebung der internationalen Judenschaft).

Dann kam, was auf der Speisekarte als »Überraschung Loch Ness« angegeben war. Das Lokal verdunkelte sich, die Musik spielte noch schlechter als sonst, anzügliche Stücke (Ouvertüre »König Neptun« und ähnliches), und dann kamen sämtliche Kellner, in ein Seeschlangenkostüm von 10 Meter Länge gesteckt, und durchschritten zweimal den Saal. Dabei ließen die Kellner, welche das Eingeweide des Tieres darstellten, völlig unberechtigter Weise ein fortdauerndes Gequieke hören. Ein Matrose erstach dann die Überraschung und die aus den Innereien zurückgekehrten Kellner servierten Eis.

Nachher soll im Salon noch Winzerfest gewesen sein. Der Herr hat es nicht erlebt. Er schrieb noch ein Weilchen, ging bergauf und bergab auf Deck spazieren und schlief bald ein.

28. März

Nach dem Hasen zu schließen, der sich beim Frühstück auf dem Tisch befand, scheint heute Ostern zu sein. Es ist beruhigend zu wissen, daß daheim in den Kirchen die Leute auf See in das sonntägliche Gebet eingeschlossen werden. Man betet aber anscheinend nur gegen Unglücksfälle, nicht gegen hohe See. Vielleicht nennt der alte Seebär das, was wir heute den ganzen Tag und jetzt am Abend in verstärktem Maße haben, eine leichte Brise. Den Landratten genügts, die älteren Damen erscheinen schon nicht mehr zum Essen. Der

Herr hat bis jetzt ganz gut durchgehalten. Morgens hat er zwar auf Seebad, Marsch und Gymnastik verzichtet, weil er sich zu der außen wackligen See nicht noch in ein inwendig wackelndes Bassin begeben wollte, und für Marsch und Gymnastik schien ihm die Unterlage zu nachgiebig. So setzte er sich dann hin und schrieb das letzte Kapitel seiner Melodik.

Gegen Mittag gab sich der Kapitän die Ehre, den Herrn nebst anderen hervorragenden Passagieren seines Schiffes zum Cocktail in seine Wohnung einzuladen. Außer daß Herr Geheimrat Oberhummer den Herrn in die Mysterien des Rotary-Clubs einweihte, geschah nichts Bemerkenswertes. Vom Mittagessen wollen wir in Anbetracht des Seeganges schweigen. Den Nachmittag brachte der Herr schreibend, dösend und lesend zu. Vom Abendessen genoß er nur das unumgänglich Notwendige, verzichtete auch auf das um 9 Uhr stattfindende klassische Konzert und hat sich jetzt ins Bett gelegt, weil er findet, daß die waagrechte Lage der senkrechten vorzuziehen sei.

29. März

In der Nacht gings hoch her. Das Arien-Allegro wurde mit Kraft und Ausdauer geübt, auch den ganzen Tag über. Das Schiff krachte in allen Fugen, dem Herrn war speiübel. Einzig die waagrechte Bettlage verhinderte ihn an fortwährenden Ausbrüchen. An Herumgehen oder gar an Essen wagte er nicht zu denken. Als im Laufe des Vormittags der Steward hereinschwankte und erzählte, daß das heute gar nichts sei und wegen seiner südlichen Beschaffenheit auch nicht lange anhalten würde, ließ er sich zu Kakao und Butterbrötchen überreden. Dann erfuhr er noch, daß einmal bei schlechtem Wetter 48 Bullaugen eingedrückt worden seien, worauf er sich schaudernd der Wand zudrehte und in die zittrigen und schlecht zupackenden Arme Morpheus sank. Gegen Abend schaukelte es immer noch. Das angesetzte Pferderennen war ihm noch um einiges mehr schnuppe als das Waldfest im Grill-Raum. Er genoß lediglich eine Flasche Mineralwasser. Als er auf dem Etikett der Flasche las, was man eigentlich haben müsse, um dieses Wasser mit Erfolg zu trinken (Gelenkrheuma, Frauenkrankheiten, innersekretorische Störungen usw.), war er für seine Seekrankheit fast dankbar.

30. März

Gegen Morgen besserte sich die Lage. Der Herr blieb im Bett. Als er bei ruhiger gewordener See sich erhob, sah er im Spiegel einen Mann mit grauem Vollbart. Er war viel zu matt, um dem zu Leibe zu gehen, sondern fiel auf sein Sofa und schlief wieder ein. Später aß er eine Kleinigkeit und begann langsam wieder an sein Buch zu gehen. Das alles war so anstrengend, daß er sich jetzt, um 7 Uhr abends, schon wieder ins Bett gelegt hat. Es soll Leute geben, die das alles zu ihrem Vergnügen unternehmen.

31. März

Heute nahm das Leben des Herrn wieder den regelrechten Seebärenverlauf. Um sieben Uhr begab er sich ins Badebassin, wo er wegen des wackelnden Schiffes öfters mit einem anderen Schwimmer unter Wasser zusammenstieß. Dann Gymnastik und Marsch ums Deck. Und nach dem Frühstück hat er dann geschrieben wie ein alter Klassiker. Mit dem Erfolg, daß er bis zum Abendessen knapp mit den Notenbeispielen und den Korrekturen für sein Buch durchgekommen war. Das Buch glatt durchzulesen dauert ungefähr sechs Stunden. Es mag sein, daß es nicht in jeder Beziehung vollkommen ist, aber manchmal liest sich's recht spannend und der Leser wundert sich, daß aus der ollen Musik noch so viel herauszuholen ist. Beim Frühstück war alles bemüht, dem Herrn das Leben so angenehm wie möglich zu machen und um ihn völlig zu trösten, versicherte ihm sein Frühstückskellner, daß man den beliebten Gast zwar sehr vermißt habe, es hätte aber fast der ganze Speisesaal gefehlt.

Nachzutragen ist noch, daß der Reisende um ½7 morgens Experimente mit seinem Vollbart machte. Erst kam er sich vor wie Brahms in seinen jüngeren Jahren, war aber immerhin enttäuscht, daß seine ehrfürchtige Verehrung für Vollbärte einen starken Stoß bekommen hatte. Von jeher hatte er angenommen, daß ein Vollbart wenn schon nicht eine Schicksalsfügung, so doch wenigstens eine Charakterveranlagung sei. Und nun war sowohl Schicksal wie Charakter einfach durch zwei Tage Unsauberkeit in unübertrefflicher Naturnähe herbeigezaubert. Erst versuchte der Vollbart-Proprietaire, sich auf Richard Wagner zu stutzen, es wurde aber nichts draus. Mag sein, daß sich auf See die echte Seemannskrause

gegen den unechten Intellektuellenkranzbart wehrt. Er schnippelte viel daran herum und bekam schließlich einen bis auf die Farbe erträglichen Balbo-Bart heraus. Und als er schließlich alles abrasiert hatte, blutete er aus allen Ecken und es fühlte sich an, als ob man ihm die Haut abgezogen hätte.
Sein mühsam bewahrtes Inkognito lüftet sich leider etwas, manche Fahrgäste stieren, andere fragen den Obersteward. Der ist aber eingeweiht und darf nichts verraten. Herr Seckel hatte den Herrn aber doch in einem gänzlich abgelegenen Winkel auf dem Bootsdeck entdeckt und erzählte seinen ganzen geschäftlichen Werdegang nebst der Musikliebhaberei seiner Tochter, Schwiegertochter, Nichte usw. Den Moment, als es ihm kalt wurde und er seinen Mantel holen mußte, benutzte der Herr, um zu entwischen und wieder an sein Buch zu gehen.
Heute abend war wieder Festessen. Diesmal hieß es Jubiläums-Tafel und bestand aus sieben Gängen. Das war dem Herrn zu viel und er aß nur die Einleitung. Als er seinem verständnisvollen Freund, dem Kellner erklärte, daß es nicht gut möglich sei, all das, was hier geboten würde, zu genießen, brach dieser in die orphischen, aber sicher nicht unbegründeten Worte aus: »Das ist's ja, was einen so maßlos verbittert.«
Mag sein, daß der Herr sich mit einer Flasche Mosel genügend angeheitert hatte, vielleicht ist auch ein alleinsitzender Gast an einem Tisch ohnehin dazu aufgelegt: Er bekam's plötzlich mit dem Lachen, konnte das ganze Panoptikum nicht mehr ernsthaft ansehen und begab sich nach draußen.

1. April

Schwimmen, Gymnastik, Marsch wie immer. Den Tag brachte der Herr damit zu, die letzte Durchsicht seines Buches vorzunehmen und das Analysenkapitel anzufangen. Ereignet hat sich nichts, außer den sich mehrenden Anzeichen baldiger Landung: Zollerklärungen, Bescheinigungen, Rechnungen, Landungskarte. Das Wetter ist schön, das Meer fortwährend ruhig, so könnte man's längere Zeit aushalten. Abends genoß der Schriftsteller in Anbetracht seines fertigen Buches und im Gedenken an seine lieben Daheimgebliebenen, mit denen er bei solcher Gelegenheit dasselbe tut, einen kleinen trockenen Henkell. Haben ihnen die Ohren sehr geklungen? Anschließend raste er noch einen Kilometer lang in der Abendkühle ums Deck und begab sich dann zum Bordkino ins »kleine Hofkonzert«. Hier ergab er sich, allein auf der Galerie sitzend, nochmals seiner völligen Ruhe und Unbelästigtheit. Morgen wird das leider ein Ende haben.

2. April

Lieber Pushu, so, hier bekommst Du mit dem nächsten zurückgehenden Schiff (wahrscheinlich dasselbe), alles, was ich bis jetzt hinter mich gebracht habe. Wie Du siehst, sind die Tage nicht nutzlos verstrichen. Wenn Du die Melodik für brauchbar erachtest, schicke sie nur bald an den Willy, damit sie drucken können. In den nächsten 8 Tagen, wo ja noch keine Konzerte sind, will ich die Analysen fertig haben; daran ist noch eine ganze Menge zu stechen. Die Korrekturen des übrigen habe ich direkt nach Mainz geschickt (ich habe noch viel geändert und verbessert) und habe auch dem Willy geschrieben. Wie mir's die ganze Zeit über gegangen ist, ersiehst Du aus dem beiliegenden Logbuch. Die beiden anderen Teile aus Southampton und Cherbourg hast Du wohl bekommen. Ich werde die ganze Tour in dieser Art weiteraufschreiben, dann hast Du einen guten Überblick. Das Schiff würde Dir gut gefallen. Es ist größer als die Ausonia; nicht so prunkvoll, aber alles ist kräftiger, stabiler. Es wird jedenfalls kein Landschloß, kein normannischer Stalaktitensaal vorgetäuscht, sondern es ist ein richtiges Schiff. Na, das nächste Mal wirst Du's ja sehen. – So jetzt muß ich zum Frühstück. Es ist zwar erst ½8, aber ich habe schon alles mögliche heute früh erledigt. Meine Aufstehzeit verschiebt sich immer mehr in die Nacht hinein. Jetzt bin ich schon bei ½6 angelangt. Nachher ist noch Arbeit mit Packen, schreiben will ich auch noch. Dann wird so langsam das Weltwunder in Sicht kommen, und dann wird die Hetze losgehen. Halten Sie nur eine Daumenkralle, damit ich's mit etwas Spaß überstehe.

Leben Sie wohl, mein Guter, behalten Sie den Y. so lieb wie er sie. Grüßen Sie den Alfi, und nach Frankfurt auch einstweilen einen Gruß, bis ich ihnen in den nächsten Tagen mal eine Karte schicke.

Ihr Y.

2. April [1937]

Anfänglich ging noch alles seinen gewohnten ruhigen Schiffsgang mit Schwimmen, Frühstück, Marsch. Draußen war's neblig, der Herr versprach sich nicht viel vom kommenden Tag. Zum ersten Mal seit Tagen flogen wieder die Möwen mit dem Schiff, wahrscheinlich kommen sie von Neuschottland herüber. Dann kam die Packerei und das noch sehr gute Mittagessen mit einigen Lieblingsspeisen des Herrn. Ganz dünn am Horizont sah man schon einen winzigen Strich Land und dann wurde es bei allmählich aufgehendem schönsten Sonnenschein wirklich interessant. Erst an Long Island vorüber, Coney Island und was man so sonst noch aus dem Kino alles kennt. Was dann kommt, hat man zwar auch tausendmal in Filmen und Bildern gesehen, es ist aber so phantastisch, daß es sich nicht vorstellen läßt. Außer Stambul ist es sicher die schönste Hafeneinfahrt der Welt, der Fluß mit den unzähligen Schiffen und Booten und der Betrieb an den Ufern, das ist eines der lebendigsten Bilder, die man sehen kann. Das tollste ist aber die Wolkenkratzerei von Manhattan. Es gibt hohe, auch sehr hohe Häuser, man ist nicht phantasielos und kann sich vielerlei zusammenreimen. Das hier übertrifft aber alle Phantasie. Es ist wie eine vollkommen irre Ritterburg mit unzähligen Türmen, die schlank und spitz wie Nadeln einander überbieten. Es scheint wieder Märchen zu geben, denn es ist zu unwahrscheinlich, daß Menschen so etwas aufgerichtet haben sollen. Und seltsamerweise hat es nichts Bedrückendes, wie ich mir eigentlich gedacht hatte. Im Gegenteil, es macht einen leichten, frohen Eindruck. Es gibt also auch für ausgepichte Reisende noch Überraschungen.

Mit Paß und Zoll macht man ziemlich viel Firlefanz. Es kamen aber mit dem Boot der Paßleute Briefe an Bord, darunter ein Zauberbriefchen von der Library, das alle Beamte in allergrößter Höflichkeit die Formalitäten in einem Viertel der Zeit erledigen ließ. Mein Steward Behn, der für sämtliche Dinge der Welt ein tiefes Verständnis besitzt (aus eigenem Antrieb hat er den Klavierspieler der Schiffskapelle, der mich sprechen wollte, verhindert; »der Herr muß den ganzen Tag arbeiten, den kannst du nicht sprechen«) und in alles eingeweiht war, hatte inzwischen die natürlich unvermeidlichen Reporter in meine Kabine plaziert. Dort

stand ich ihnen wie ein echter Weltreisender Rede und beantwortete ihnen lebenswichtige Fragen: Ob ich moderne Musik schreibe, ob ich Gershwin's »Rhapsody in blue« gerne habe, ob ich schon mehr als drei Opern geschrieben habe.
Mr. Voigt vom Musicpub hatte geschrieben, daß er mit einem orangefarbenen Taschentuch winken würde und tatsächlich tat er's auch. Vier Mann standen auf dem Pier, außer den beiden Pubs (der andere heißt Tompkins), der olle Onkel Gustav und sein Sohn Rudolf. Der alte Knabe hatte sich's nicht nehmen lassen, war schon um vier Uhr morgens aus seinem Nest aufgebrochen und mußte um 7 abends wieder heimfahren. Ich kam an und wurde empfangen wie einer, der schon zehnmal dagewesen war. Wir fuhren ins Hotel (ein sehr nettes ruhiges, es ist fast gegenüber dem Musicpub), ich packte schnell ein bißchen aus und dann we had a drink. Mit Voigt blieb ich bis 10 zusammen, Uncle and son gingen, als es dämmrig wurde.
Zu komisch, Leute kennen zu lernen, mit denen man so nah verwandt ist. Der Olle ist genau so, wie man sich den Einwanderer aus den achtziger Jahren vorstellt: In allen Sätteln gerecht, ist mit seinen 73 Jahren munter und fidel und kippt Bier wie ein Gutgeübter. Er scheint in der Hauptsache Schmied zu sein. Ich hätte ihn eher in Mutters Verwandtschaft eingereiht, er hat wenig Ähnlichkeit mit den anderen Hindemith's, wenn man nicht das vom Ongl Baul bekannte offenbare sichere Vertrautsein mit allen Ereignissen dieses Universums in Betracht zieht. Manchmal spürt man einen Tonfall oder einen Blick vom Vater, auch an den Händen erkennt man einen aus der Familie. Der Vetter hingegen ist völlig unhindemithsch. Er ist hier Photograph; ein schmaler, anscheinend etwas schwächlicher Mann von etwa 43 Jahren.
Als die beiden gegangen waren, ging ich mit Voigt, dem man noch schnell den Mantel geklaut oder verwechselt hatte, mal schnell zum Broadway. Das ist auch schwer vorstellbar. Ein völlig außer Rand und Band geratenes Lichterspiel, eigentlich reizt es fortwährend zum Lachen und schließlich habe ich dann auch eine laute Lache angeschlagen, als ich einen riesigen Lichtreklamedrachen an einer Hauswand sah, der alle 10 Sekunden aus seinen Nüstern große Wolken richtigen

Dampfes ausspie. Abendessen nahmen wir in einem Seetierrestaurant und aßen Austern und gerösteten Hummer.
Im Telefonbuch, das auf dem Nachttisch liegt, entdeckte ich, daß es allein in Manhattan 4½ engstbedruckte Seiten Smith gibt und damit ist mir dann endlich die hirnverbrannte Zwecklosigkeit dessen, was da ist und geschieht, zum Bewußtsein gekommen.

3. April

Heute war ich um ½6 schon auf und habe mich in meinem Zimmerflüchtchen häuslich eingerichtet. Dann habe ich heftig am Analysenkapitel geschrieben und bin dann gegenüber beim Musikpub gewesen. Wir haben alles für die nächste Zeit festgelegt, Programme, Reisen usw. Mr. Tompkins, der eine Pub, ist das, was man von einem faltenlosen keep-smiling-Geschäftsmann mit Pfeife im Mund verlangen kann. Mr. Voigt (spr. Weugt), der übrigens glänzend deutsch spricht, ist dagegen schmal und verschmitzt, er hat's hinter den Ohren. Trotzdem wurden diese beiden offenbar geriebenen businessmen von einem gänzlich harmlos, geradezu lyrisch aussehenden Kammermusikvereinsvorstand, der wegen des Konzerts in Boston herübergekommen war, völlig über die Ohren gehauen, so daß sie sich nachher die Haare rauften, alles aber auf die anscheinend allgemein bekannte falsche Biederkeit der Bostoner schoben.
Nachmittags ging ich in dem Steinbaukasten spazieren. Es mag eindrucksvoll sein, schön ist's sicher nicht. Vielleicht so etwas wie die Radio-City ausgenommen, deren schmaler Hauptbau von über 300 m Höhe im ganzen etwas Schönes ist, dafür sind die Einzelheiten wenig erfreulich. Riesenverkehr natürlich und all das, was dem kleinen Mann imponiert. In der fünften Avenue ein toller Laden am anderen. Der liebe Gott hat die niedrigsten Häuser, seine Kirchen stehen ziemlich verlegen zwischen den wichtigeren Gebäuden. Vielleicht leidet er an falscher Bescheidenheit, es kann aber auch sein, daß er dem Fremden recht vor Augen führen will, was die Leute in his own country alles können. Diese Leute sind übrigens ein toller Mischmasch. Ihre Kinnladen, auch die femininen, bewegen sich fortwährend von links nach rechts wie die der wiederkäuenden Rinder, der Gummiverbrauch muß enorm sein. In den zwei Tagen, die ich schon hier bin

und wo man auf Straßen und in Häusern sich nicht über den Mangel an Gesichtseindrücken beklagen kann, ist mir noch nicht ein einziges hübsches Gesicht aufgefallen, weder männnoch weiblich. Wenn man nicht die Ehlers als solches rechnen will, die mir mit pompejanischrot geschmückten Wangen und mit Lippen wie Adventskerzen, von denen ein Teil an den Zähnen hängen geblieben war, an einer der verkehrsreichsten Ecken in die Arme lief. Sie spielt auch in Washington.
Ich hörte eine Probe vom Dessoff Choir unter der Leitung eines Mannes mit dem Namen, den wahrscheinlich schon die Ureinwohner dieses Landes getragen haben: Böpple. Sie singen die neuen Chöre sehr schön. Die Stücke sind leicht und klingen gut. Ich habe endlich das Gefühl, daß die Musik jetzt so wird, wie ich mir's vorstelle. Gegen Abend traf ich mich mit dem Vetter Rudy und seiner Frau Eunice. Er ist etwas ladwighaft, ein wenig zergrübelt, sie ist die Duprat um 30 Jahre jünger. Sie luden mich in ein russisches Restaurant ein, wo ich schon wieder erkannt wurde, aber mit des Vetters Schutzstellung unbelästigt entfliehen konnte. Nachher waren wir noch in dem Studio in Carnegie-Hall, wo sie wohnen. Sie ist Sängerin, scheint nach Aussagen meiner Pubs gut gewesen zu sein. Gibt anscheinend hier Gesangsstunden. Er hat ein Atelier in Downtown, ich sah hervorragende Bilder von ihm. Sie sind beide brave Leute, die sich redlich durchschlagen und in dem irren Betrieb aufreiben. Sie waren sehr rücksichtsvoll und redeten kaum ein Wort über ihre und meine beruflichen Dinge. Sogar Karten für das Konzert hier haben sie sich und für den ollen Onkel schon gekauft.

4. April

Heute war ich in Begleitung des Vetters draußen beim Onkel und sah auf diese Weise mancherlei. Erst fährt man mit einer Ferry nach Jersey City, wo die meisten Bahnhöfe sind. Dann Eisenbahn (genau so wie im Film – wir daheim sind in diesen Dingen offenbar maßlos verwöhnt) ins Land hinein, das aus mäßigem Eichenwald und häßlichen Orten zu bestehen scheint. Die Landstraßen sind voller lebendiger Autos, die schon gestorbenen liegen zu Tausenden allenthalben in der Gegend herum. In Port Jervis kam der nächste Vetter, Emil, den man noch weniger in unserer Familie schätzen würde, und fuhr uns etwa 20 km nach Rio. Er ist ein richtiger

harmloser, netter Bauernbursch mit Händen wie drei andere Familienmitglieder zusammen und einer braunen Lederhaut wie ein alter Trapper; er ist auch fast 40 Jahre alt.
Der alte Onkel hat mich tief gerührt und in große Hochachtung versetzt. Er hat ein Holzhaus von etwa 9–10 Zimmern, Stall, Garage und Maschinenhaus, das er mit Emil ganz allein bewirtschaftet. Da der Bub außerdem noch im nahen Kraftwerk bis mittags um 3 täglich beschäftigt ist, ruht die ganze Last des Betriebes auf dem 73jährigen alten Mann. Heute hatte er Schweinebraten mit Sauerkraut und Kartoffelbrei gemacht, ausgezeichnet. Er erzählte von allerlei und zeigte mir seinen Besitz.
Er hat das Haus ganz allein vor 30 Jahren gebaut, jeden Stein und Balken hat er einzeln herbeigeschafft. Später hat er es mit seinem Emil ausgebaut, hat Dampfheizung hineingelegt, Wasserleitung und elektrisches Licht, wozu sie die Stromerzeugung auch selbst errichtet haben. Ihre landwirtschaftlichen Geräte machen sie auch selbst in einer völlig motorisierten, auch eigenhändig eingerichteten Werkstatt, er schießt Hirsche, schlachtet Ochsen, pökelt ein, macht Gelee, wäscht und hat zu allem Überfluß noch ein Orchester gegründet, zu dem sieben Mann aus der Nachbarschaft einmal in der Woche bei ihm zusammenkommen und unter seiner Leitung (er ist der Pianist der Gruppe) spielen. Das Klavier hat er mal früher für 6 Dollar gekauft und zurechtgemacht. Er stimmt es natürlich selbst, es war tadellos instand. Emil spielt Geige, ohne mit seinen Pranken das Instrument zu zerdrücken, und nach des Onkels Aussage spielen sie neben allem möglichen Opernkram Mendelssohn- und Bruchkonzert, zwar nicht sehr gut, aber immerhin.
Bei dem Ollen muß irgendein verborgener Zug der Familie hervorgetreten sein. Ich glaube sogar, daß hier die eigentliche Veranlagung herausgekommen ist. Er ist jedenfalls der, welcher völlig unverkrampft als der natürlichste von allen wirkt. Die ständige Arbeit in der Natur, der Zwang zu unentwegten Anstrengungen haben aus ihm einen im höchsten Maße bewundernswerten geraden und kräftigen Kerl gemacht. Er ist ein Stück kleiner als ich und geht schon etwas gebückt, ist aber offenbar bullenstark und kregler als seine Söhne, von denen Rudy durch den New Yorker Betrieb schon elegisch und zermürbt ist, Emil an Magengeschwüren leidet und

schon fürchterliche Operationen hinter sich hat. (Einen dritten, Ferdinand, sah ich nicht. Er ist Vorführer im Kino in Port Jervis, und da am Sonntag dauernd Vorstellung ist, konnte er nicht herüberkommen). Der Alte in seiner Ausgeglichenheit trägt alles mit gleicher Ruhe: Seine beiden gestorbenen Frauen, die Krankheit seines Sohnes – und auch den »glücklichsten Tag seines Lebens«, an dem er Einen aus seiner Familie aus dem old country bei sich hatte.
Nachmittags fuhren wir in der sehr hübschen Gegend herum, sie erinnert an das Uerzeller Hügelland, und der Olle kehrte allerorts ein. Da er lange Friedensrichter war und jetzt Steuertaxator ist und noch sonst irgendwelche Gemeindeposten innehat, kennt ihn jeder, alles freut sich offenbar ihn zu sehen. Wir nahmen in den umliegenden Inn's einige Drinks, d.h. nur der Alte und ich. Er machte keinerlei Aufhebens von mir, ich war nur sein Neffe aus dem old country, nur manche eifrige Radiohörer wußten was von mir, aber den Alten rührten diese Äußerlichkeiten nicht.
Etwas verdöst, sehr nachdenklich und fast ein wenig auf den Kopf geschlagen fuhr ich um 6 abends mit Rudy zurück, lernte noch den ohrenbetäubenden Untergrundbahnbetrieb kennen, aß in einem italienischen Restaurant und begab mich ins Seymourbett.

Viele Freunde hat Hindemith in amerikanischen Musikerkreisen auf seiner ersten Reise in die Neue Welt gewonnen. Sie haben mit Sicherheit in den folgenden Jahren, angesichts der sich immer dringlicher stellenden Frage nach einem Neuaufbau der Existenz außerhalb Deutschlands mit zu der Entscheidung zugunsten der USA beigetragen. Zu den »neuen« Freunden gehörte auch William Oliver Strunk, der von 1934 bis 1937 als Direktor die Musikabteilung der Library of Congress in Washington leitete. Ihm schrieb Hindemith nach seiner Rückkehr nach Berlin im Mai 1937.

AN WILLIAM OLIVER STRUNK

[Mai 1937]

Liebe Strunks,
ich bin mit schwerem Herzen abgefahren, was bei einem so alten Reisenden wie ich mich sehr gewundert hat. Als ich Sie

beide noch bis ganz zuletzt aus der Menge herauskannte, teils am wehenden Taschentuch, teils am grauen Hut und Kostüm, hätte ich gerne das Schiff wieder aufgehalten. Es blieb mir nichts übrig als in meine Kabine zu krabbeln. Dort kam nun endlich das, was ich seit drei Tagen erwartete: Ich lag mit ziemlich hohem Fieber und wurde trotz der Wärme von endlosen Schüttelfrösten geplagt. Gestern wankte ich wie eine Leiche auf Urlaub im Schiff herum, heute geht es aber bis auf einen scheußlichen Husten wieder besser und morgen hoffe ich meinen regulären Schiffslebenswandel aufzunehmen.

Es war schön, Sie noch die letzten beiden Tage in New York zu sehen. Behalten Sie diese und auch die vorangehende Zeit in gutem Andenken und mich nach Möglichkeit auch. Es kommt mir wie ein Jahr vor seit den Tagen in Washington, die Wochen waren arbeits- und erlebnisreich, ich fahre nicht unbefriedigt zurück. Nun wartet wieder ein anderes Leben auf mich mit der italienischen Arbeit, dann viel Unterricht und der Arbeit für die Türken. Und dazu viel Plackerei und Unangenehmes.

Lassen Sie es sich immer gut gehen, denken Sie manchmal an mich, Sie Mr. Oliver in Ihrer Bibliothek und Mrs. Mildred bei den Blumen im Garten. Und wenn Sie einmal ganz übermütig sind, dann bereiten Sie sich ein Türkenblut und trinken es auf mein Wohl. Und schreiben Sie mal.

Herzlichst Ihr Paul H.

Besonders ereignisreich war für Hindemith das Jahr 1938. Endlich erlebte die Oper ›Mathis der Maler‹ in Zürich ihre Uraufführung. Im selben Jahr wurde auch das Ballett ›Nobilissima Visione‹, das er zusammen mit dem Tänzer und Choreographen Léonide Massine erarbeitet hatte, in London erstmals auf der Bühne gezeigt. Doch besonders schwer wog das Unerfreuliche. Im Herbst 1938 nahmen die Hindemiths Abschied von Berlin und Deutschland. Im wallisischen Bluche in der Schweiz fanden sie ihr vorübergehendes Zuhause. Die Erleichterung darüber, den Schwierigkeiten, den dauernden Unannehmlichkeiten, aber auch den Verlockungen, angesichts des Drucks von seiten der Machthaber sich selbst zu verleugnen, entkommen zu sein, ist Hindemith deutlich anzumerken.

20. Sept. 38

Lieber Willy,

heute ist zum ersten Male ein etwas ruhiger Vormittag, da sollst Du gleich einen Bericht über die letzten 2 Wochen haben. Als ich, nachdem wir uns am Telefon gesprochen hatten, losgefahren war, kam ich nicht ganz ans Ziel: Am Basler badischen Bahnhof schickten sie mich wieder zurück, weil ein bis dato nie notwendiger und deshalb von mir gänzlich unbeachteter Polizeiauslandsvermerk in meinem Paß gerade vor einigen Tagen abgelaufen war (das passiert tatsächlich alten und mit allen Hunden gewaschenen Reisenden!). So saß ich in Freiburg, noch überflüssigerweise durch den arbeitslosen Samstagnachmittag und Sonntag aufgehalten, und wartete gemeinsam mit Herrn Oberinspektor Kopp auf Bescheid vom Berliner Polizeirevier. Am Montag kam er und ich konnte wieder losfahren, diesmal erfolgreich aber doch mit einem kleinen bitteren Beigeschmack, denn mein nunmehr neuglänzender Auslandsvermerk wurde nicht einmal bemerkt. In Basel hörte ich von Chonrad Bäckch's Zustand – nichts Wesentliches, was ich nicht schon von Dir wußte. Er liegt in Sallanches in der Haute-Savoye und man hat Hoffnung, ihn soweit herzustellen, daß er Anfang nächsten Jahres wieder krabbeln kann. Komisch, daß er in montaner Hinsicht so Kühnes leistet, wo doch seine musikalische Phantasie sich kaum weiter als zum Großen Bären erhebt. Dienstag kam Gertrud an, Mittwoch war ich in Zürich. Mathis kommt am 5. November wieder zum Vorschein. Ich habe einen ganzen Vormittag mit den Theaterheiligen über die Neugestaltung des sechsten Bildes gesprochen; es scheint, daß sie es gut kapiert haben und ganz neu machen wollen. Ich kann mich ja rechtzeitig darum kümmern. Tags darauf luden wir unser Hauptgepäck in unserem neuen Quartier ab und fuhren dann nach Venedig. Dort war's trotz Überfülle herrlich wie immer. Das Musikfest spielte sich in einigem Durcheinander ab und die vorangegangenen Konzerte hatten auf die Besucher keinerlei förderlichen oder nachteiligen Eindruck hinterlassen. Insbesondere war von dem repräsentativen Musikwerk des allseits anerkannten Fortner nirgends die Rede. Molinari machte mit dem römischen Orchester ein ganz erstklassig gespieltes Konzert mit Rückblickmusik der letzten Jahrzehnte: Busoni, Respighi, Ravel und Strawinsky – von diesem den Sacre, mit einer Leichtigkeit, Perfektion und Werktreue gespielt, wie sie das Stück wohl noch nie erlebt hat. Trotzdem war der Abend etwas seltsam; man saß ein wenig da wie die Teilnehmer an jenem sagenhaften Mahl, wo ein englischer Archäologe seinen Gästen Reisbrei aus fünftausendjährigen ägyptischen Körnern servierte. Nun hatten zwar weder die Komponisten dieses aschgraue Alter noch die Stücke die Patina liebenswerter Mumien, und gleichwohl saß man nicht sehr tief berührt davor und wunderte sich eigentlich, daß da so außerordentlich wild hantiert wurde, um doch nur die mehr als sonst abweichende Privatmeinung des Komponisten einem überdeutlich ins Ohr zu schreien. Es ist völlig lächerlich, das mit der Marke »Kulturbolschewismus« abzutun; es ist sogar überflüssig, denn ich bin sicher, man wird nach wenigen Jahren den Zugang zu diesen Dingen ohnehin nicht mehr finden, da sie sich in einer Richtung ausdehnen, der man nur nachfolgen kann, wenn man mit den musikhistorischen und sonstigen Voraussetzungen der Entstehungszeit und den persönlichen Eigenarten der Komponisten einigermaßen vertraut ist. – Für mein Stück hatte ich genügend Proben und das Orchester spielte gern, geduldig und gut. Am Abend war es das letzte Stück in einer ausgiebigen Schüssel Tutti frutti: Lualdi, Honegger, Walton, Marinuzzi. Honegger (ein kleines Nokturne) gefiel recht gut, hingegen das weitaus anständigste Stück – das Walton'sche Bratschenkonzert, von ihm dirigiert und von Mr. Ruddle nicht ganz hinreichend gebratscht – machte auf die Italiener wenig Eindruck; so etwas liegt ihnen doch zu fern. Die beiden italienischen Rollschinken, von denen ich eigentlich dachte, daß sie verschiedene Vögel abschießen würden, taten dies keineswegs; das wurde vielmehr von der »Visione« besorgt. Das Stück macht sich in der Konzertfassung ausgezeichnet. Man kann es ganz so lassen, nur bitte ich Dich, die auf beiliegendem Zettel notierten Druckfehler noch aus den Stimmen herausnehmen zu lassen; dann dürften diese wohl fehlerlos sein. Nächsten Maggio musicale in Florenz wird das Ballett aufgeführt. Vertrag mit Massine ist schon gemacht, und ich dirigiere es. – Nach Venedig genossen wir ausgiebig Padua, wo nach dem schon gut bekannten Giotto der Mantegna für uns eine ganz große Entdeckung war. Ferner sahen wir in Ferrara eine für uns bis dato noch kaum gekannte italienische Welt und zogen dann nach Ravenna, das wir wieder einmal nach Strich und Faden durchnahmen. Am Sonntag Vormittag nach Forli mit einer etwas enttäuschenden Melozzo-Ausstellung, in der von Melozzo ungefähr so viel war wie Schott'sche Söhne im Verlagshaus Schott, und abends sind wir dann wieder in der Schweiz gelandet. Hier bleiben wir nun noch eine Woche, bis wir nächsten Mittwoch in unser Haus ziehen können. Wir hoffen hier noch ein abgelegenes Plätzchen zu finden, an welchem ich die Vorarbeiten zum zweiten Theoriebuch zu erledigen hoffe. – Das ist's. Die beiden Kritiken, die sich über Venedig fanden, lege ich Dir bei. Auch einen Aufsatz Einstein's über das Theoriebuch, der in »Maß und Wert« stand (eine Mann-Lion-usw.-Zeitschrift). Er ist nicht von Belang, umsomehr als er auch nicht richtig gelesen hat, die Sachen durcheinanderwirft und nicht bemerkt, um was es sich handelt. Immerhin, er hat den guten Willen; und ich bin fast stolz, wenn diese siebenmal gesiebten Schreiber finden, daß ein »herrliches Wort«, »schön ausgedrückt« und »glückliche Formulierungen« bei mir Schreibamateur gefunden werden können. – Leb wohl für heute und sei nebst der ganzen heiligen Familie herzlichst gegrüßt.

21. 9.

ich habe noch die heutige Post abgewartet, es war aber nichts Erwähnenswertes dabei. In der Frankfurter Zeitung las ich eine ausführliche Kritik (d.h. Kunstbetrachtung) über das venezianische Fest, in der die »Visione« gar nicht erwähnt ist. Verwunderlich ist das nach den bisher gemachten Erfahrungen nicht, es zeigt mir nur, daß die jetzt gefaßten Entschlüsse durchaus richtig sind. Das nunmehr hinlänglich bekannte Verharren auf einer völlig idiotischen Anordnung dürfte sich in der nächsten Zeit kaum ändern. Es gibt nur zwei Dinge, die anzustreben sind: Anständige Musik und ein sauberes Gewissen, und für beides wird gesorgt. Von diesem Standpunkt aus gesehen waren alle bisherigen Unternehmungen überflüssig – und wenn ich sehe, daß letztes Jahr noch ein Hosenschisser wichtig genommen wurde, der in jeder Hinsicht völlig belanglos ist, ob er nun gut oder schlecht oder überhaupt nicht über eine Sache schreibt, so steigt einem nachträglich noch ein Kloß des Bedauerns die Kehle hinauf, besonders wenn man diese nichtssagenden Figuren dann zwischen dem allgemei-

nen Musikvolk in letzter Blöße sich zu einem Fastgarnichts verdünnen sieht. Läßt Du einmal etwas hören?
Wir sind bis nächsten Dienstag:
Sonvico pr. Lugano (Ticino)
Albergo Posta
ab dann:
Sierre (Valais)
Poste restante

Viele Grüße! Dein Paul

Nochmalige *dringende* Bitte: Sag nichts, wo wir sind. Wir haben sonst keine Ruhe. Hier trifft man alles mögliche Volk und wir sagen auch niemand was davon.

AN WILLY STRECKER

Blusch 2. Okt. 38

Lieber Willy,
die erste Nachricht von den glücklichen Hausbesitzern! Den sehr glücklichen sogar, denn das Häuschen ist so, als wäre es uns auf den Leib geschneidert, und die Gegend ist das schönste was man sich wünschen kann: Eine liebliche Matten- und Baumlandschaft, rings umgeben von den großartigsten Dingen. Hinter uns die südlichste Kette der Berner Alpen, gegenüber die Walliser Schneeriesen (Weißhorn usw.) und vor uns tief unten das Rhônetal, das man etwa 40 Kilometer weit aufwärts verfolgen kann. Dazu die Abgeschiedenheit in einem winzigen Bauerndörfchen voller Kühe mit ständigem Gebimmel, das Häuschen mit Sommerveranda und Garten mit Obstbäumen, was will man mehr? Neben der Komponiererei gibt es Hausarbeit genug: Holzsägen und -hacken (bei Eichenklötzen eine ganz gesunde Beschäftigung), Pilzesuchen und im Frühjahr die Gartenarbeit. Im Winter haben wir das ideale Skigelände. Wann kommst Du also, um Dir die Herrlichkeit anzusehen? Ich wollte die letzten Oktobertage nach Zürich gehen; wenn Du also nach Deiner Reise kämest, würdest Du mich vielleicht nicht mehr hier antreffen. Willst Du darum nicht lieber vor Paris kommen? Von Sierre gibt's reichlich direkte Züge nach Paris, und unsere Bergbahn fährt auch oft genug. Also schreib, wann Du ungefähr hier landen kannst, dann bekommst Du vom altbewährten Reisebüro einen genauen Fahrplan und ich geleite Dich eigenhändig hier hinauf. Bis dahin habe ich auch einiges

bereit, was Du mitnehmen kannst. Vom Theoriebuch habe ich schon einen großen Teil für die 2. Auflage vorbereitet und auch schon das Aufgabenbuch angefangen. Auch davon wird schon einiges vorliegen, wenn Du kommst. Dem Gaßmann schreibe ich in den nächsten Tagen. Auch nach New York schreibe ich, wegen der Ballett-Besetzung. Sonst weiß ich nicht viel zu erzählen. Wir sitzen wie die alten Dorfbewohner nach dem Abendessen geruhig am Tisch, ein Glas zwischen uns und sind vollkommen stilecht schon um 3/4 8 totmüde. Also viele Grüße derweil und auf Wiedersehen!

Dein Paul.

Die Postadresse ist immer: Sierre (Wallis) poste restante

Ende Januar 1939 begab sich Hindemith auf seine dritte Amerika-Reise. Sie dauerte bis Anfang Mai. Mit ihr verband Hindemith jetzt ganz offensichtlich Überlegungen, im Falle des Kriegsausbruchs in die Vereinigten Staaten überzusiedeln. Doch dazu war es notwendig, Voraussetzungen im beruflichen Bereich zu schaffen, die eine Existenz ermöglichten. Hindemith war aufgrund der vorangegangenen beiden Reisen in den USA kein Unbekannter mehr. Von vielen Seiten erfuhr er Interesse und wurden Angebote und Vorschläge zu gemeinsamen künstlerischen Unternehmungen an ihn herangetragen. George Balanchine bemühte sich um eine Ballettmusik; im Jahr darauf sollte der Plan in dem Ballett ›Die vier Temperamente‹ konkrete Gestalt annehmen. Léonide Massine und sein Manager Denham waren gleichermaßen an Hindemith interessiert. Sie wollten die erfolgreiche Zusammenarbeit bei der ›Nobilissima Visione‹ fortsetzen. Es kam freilich nicht mehr zu einem künstlerischen Ergebnis.
Im Wells College in Aurora im Staat New York und andernorts hielt Hindemith Vorlesungen; und er wurde durch Nicolai Nabokov, den Leiter des College, mit dem Vorschlag konfrontiert, im kommenden Jahr Sommerkurse zu geben. Das bedurfte noch sorgfältiger Erwägungen. Doch als die Verschlechterung der politischen Lage immer offensichtlicher wurde, gab Hindemith die Einwilligung, für das kommende Jahr weitere Vorträge und Kurse in den USA abzuschließen. Die nächste Reise in die USA wurde bereits als längerer Aufenthalt ins Auge gefaßt. Damit war die Basis gelegt für die künftige Lehrtätigkeit in den Vereinigten Staaten und schließlich für die Verpflichtung an die Yale University im Jahre 1941.
Zunächst aber war Hindemith, als er in den ersten Monaten 1939 durch die Vereinigten Staaten reiste, noch keineswegs festgelegt. Er verhielt sich allen Möglichkeiten gegenüber offen. So scheint er sich auch ernsthaft für Aufgaben im Bereich der Filmmusik interessiert zu haben, zumal auf seiten des berühmten Walt Disney an eine Zusammenarbeit gedacht wurde. Der Kreis der deutschen Freunde und Bekannten, die sich

inzwischen in Amerika niedergelassen hatten und die Hindemith auf dieser Reise aufsuchte, wurde im Vergleich zu den Vorjahren erheblich weiter gezogen. Der Dirigent Otto Klemperer, der Komponist Ernst Toch, der Filmregisseur Oscar Fischinger, der Orchesterkollege aus Frankfurter Zeiten, Hans Lange, Bernhard Heiden, der bei Hindemith in Berlin studiert hatte, und viele andere, auch solche, die aus den Vorjahren schon bekannt sind, bilden wichtige Figuren in dieser Reisegeschichte. Zu ihren Merkwürdigkeiten gehören das zufällige Zusammentreffen mit dem österreichischen Musikkritiker Julius Korngold und der Auftritt des Malers Salvador Dali.
Wieder waren es auch auf dieser Reise viele Konzerte, die Hindemith absolvierte. Die Dirigentenaufgaben mehrten sich. Daneben aber stand noch gleichwertig die Kammermusik für Bratsche. Häufige Partnerin war dabei die amerikanische Pianistin Lydia Hoffmann-Berendt, die Hindemith bereits aus Berlin kannte und die in den vorangegangenen Jahren häufig als seine Klavierbegleiterin aufgetreten war. Besondere Hochschätzung brachte er dem Pianisten Jesús Maria Sanroma entgegen, der viel mit ihm zusammenarbeitete und musizierte, und der in den USA zu einem wichtigen Anwalt der Hindemithschen Musik wurde. Die Ausbeute an kompositorischen Werken konnte bei der starken Beanspruchung nicht groß sein. Es wurde lediglich die bereits im Juli 1938 begonnene Sonate für Bratsche und Klavier fertig komponiert. Hindemith spielte sie zusammen mit Sanroma erstmals am 23. April 1939 in der Town Hall in New York.
Wie im Falle der Reisen von 1937 und 1938 hat Hindemith auch von dieser Reise seiner Frau gleichsam lückenlosen Bericht über alle Vorkommnisse in Form von Briefen geschrieben. Der nachfolgend wiedergegebene Briefbericht ist um einen größeren Teil, der die Erlebnisse während der Überfahrt betrifft, um den nach der Ankunft in New York geschriebenen detaillierten Reiseplan sowie um mehrere Briefe im Verlauf der Reise gekürzt.

AN GERTRUD HINDEMITH

28. 1. 1939

Geliebter Leu, es war ein trauriges Bild, als der brave Wapuff, der doch sonst allen Situationen so kühn gewachsen ist, geknickt auf dem Bahnsteig zurückblieb. Ich hoffe nur, daß ihn das Leben und Treiben der Weltstadt Basel wieder etwas ermuntert hat und daß das Fastnachtspiel das seinige dazu getan hat. Ich fuhr ruhig, überheizt und völlig ungestört, ein altes holländisches Ehepaar abgerechnet, das sich schon in Straßburg wieder dünnemachte. Ab Longuyon gab's etwas, das sich Voiture Buffet nennt, im übrigen aber häßlich, nicht sehr sauber und nur mäßig wohlschmeckend ist. Ich benutzte es und döste mich dann so langsam bis Lille durch. Dort geleitete mich der nasenhochziehende Porteur der Welt in das

Royal-Hotel, wo schon bis auf den Nachtportier und einen stühlerückenden Hausdiener alles geschlossen war. Nur mit Mühe gelangte ich zu einer halben Perrier-Flasche und konnte den simpelhaften Portier auch nur schwer davon überzeugen, daß er mich um ¾6 wecken solle. Das Hotel hatte alle Angewohnheiten eines Royal, elektrischen Türriegel, Mitteilungen an die Gäste unter Glastischplatten, Weckertelephon und sonstige ausgekochten Raffinessen. Im übrigen war es aber scheußlich abgegriffen, schmutzig und roch nach Pipi. Nur, ich war müde genug, so daß mich nichts störte. Mein Blick fiel nur noch auf die dem Bett gegenüber eingemauerte Uhr und dann entschlief ich fest, nicht ohne noch zur Sicherheit den neuen Wecker zu stellen. Gegen ½5 wurde ich wach und stellte fest, daß der Wecker gegen sämtliche Turmuhren Lilles um 20 Minuten vorging. Um diese 20 Minuten wollte ich mich bei seiner künftigen Wecktätigkeit nicht prellen lassen, ich war aber auch zu faul, ihn zurückzustellen und so stellte ich ihn einfach ab und entschlief wieder voll Vertrauen auf das Gewecke des Nachtportiers. Er wock nicht. Ich wachte 10 vor 7 auf, um 7.03 ging der Zug. Ich habe mich selten so schnell fertiggemacht wie heute früh. Zum Zug reichte es zwar auf keinen Fall mehr, immerhin benutzte ich aber das in den letzten Monaten aufgestaute Französisch, um den Nachtportier heftig zu beschimpfen und mit dem Tageskollegen den Fahrplan zu wälzen. Der nächste Zug kommt erst gegen Mittag in Boulogne an. Schließlich fanden wir an versteckter Stelle einen Omnibus, der um 7.15 Lille verlassen sollte. Ich machte allen Anwesenden auf schimpfende Weise Beine und rannte dann im Laufschritt wie ein Verfolger hinter dem Hausbursch mit dem Gepäck durch die dunkle und scheußliche Stadt. Vom gestrigen Freitag lagen in sämtliche Kehrrichtkübel verstreut Fischgerippe, von schwarzen Katzen benagt. Ich habe noch niemals in so kurzem Zeitraum so viel Fischgräten und so viel schwarze Katzen gesehen. Den Autobus bestieg ich, und schon fuhr er los. Ein sehr gestrenger Schofför lenkte ihn. Er hatte es nur ungern, wenn die Fahrgäste inbezug auf die ein- und auszusteigende Tür ihren eigenen Willen hatten oder wenn sie ihm das Fahrgeld nicht abgezählt bereithielten. Er schimpfte sie alle aus, mich aber nur wenig wegen meines kleinen Gepäcks, das er mit scheelen Augen in seiner Scheißkarre stehen sah. Es stand neben einem etwa 2.20 Meter großen Mann in Cowboy-Ledertracht, ziemlich abgehalftert, aber mit großen Medaillen und anderen Trophäen behängt. Neben ihm stand ein lederumnagelter Spazierstock von zwei Meter Länge und so dick, daß Philiberte ihn gerade hätte umarmen können. Und auf dem Boden hatte er noch eine Art roter Stange mit einem zerbrochenen Bronzeadler daran und einem Spiegel und einer Fahrradglocke. Er saß völlig schweigend und unbeweglich wie der pensionierte Old Shatterhand neben einem jungen Ehepaar, dessen männlichem Bestandteil namens Nono es übel war. Nachher sah ich, daß der Wildwester zwei sorgsam gedrechselte und zinnoberrot lackierte Holzbeine hatte. Er war eine für Geld zu besehende Attraktion und fuhr nach St. Omer, wo in Form von vielen Jahrmarktsbuden und im Freien zu verkaufenden Kleiderschränken, Nähmaschinen und jungen Schweinen ihm ein reiches Tätigkeitsfeld aufgebaut war. Es war etwas seltsam, durch die Gegend zu fahren, wo ich vor 21 Jahren herumgestolpert bin. Überall Wegweiser nach den Dörfern, die ich teils als Unterstände, teils als kinderbebettelte verlassene Quartierhäuser, teils als kaffeeverpflegende übriggebliebene Einwohnerinnen kannte und in Amentières fuhren wir sogar an den Häusern vorbei, die ich seinerzeit von ihren Vorräten an Dachkändeln und Leitungsbleirohren befreit habe (die dann nachts zum Verkauf an den höheren Kommandostellen vorübergeschmuggelt werden mußten). Gegen 11 kamen wir nach einer Fahrt, die erst gegen Ende durch hübscheres Hügelgelände ging, in Boulogne an. Da das Schiff um 11^{30} abgehen sollte und ich vorher noch den Koffer am Stadtbahnhof holen wollte (ich war schon fast damit abgefunden, daß auch er sich der allgemeinen Unordnung angepaßt und irgendwo unterwegs gestreikt hatte – er war jedoch da!) und auch zum Schiffsbüro mußte, so ergriff ich hastig das nächstbeste Taxi und jagte den netten älteren Herrn am Steuerruder in höchster Eile zum Stadtbahnhof. Es war wie in Buster Keaton-Filmen: Der Bahnhof war das nächste Haus um die Ecke, das Schiffsbüro war genau eine Straße weiter und direkt eine halbe Minute vom Pier entfernt, wo der Zubringerdampfer abfahren mußte. Und außerdem kam das Schiff eine Stunde zu spät an. So hatte ich also endlich Zeit, das ausgefallene Frühstück nachzuholen, was mir dann noch zudem von der Holland-Amerika-Linie geoffered wur-

de. Das kleine Schiff war sehr kalt und schwankte sich ziemlich heftig nach seinem weit draußenliegenden größeren Kollegen hinüber. Bei der Ankunft dortselbst hielt die reichlich vorhandene Fahrgastschaft die ganze Breitseite belagert, was wie eine Propagandaseite des »Stürmer« aussah. Das Schiff ist knallvoll, beladen mit einer Bewohnerschaft – zum Abgewöhnen. Die beiden einzigen offenbar nichthebräischen Fahrgäste sitzen an meinem Mittagstisch, den noch freien Stuhl soll der Erste Offizier einnehmen. Mittags konnte er natürlich nicht, da er erst seinen Dampfer wieder flottmachen mußte. Die Bedienung ist sehr aufgeregt, bringt manchen Gästen dreimal Suppe, anderen gar keine, vergißt Getränke, wirft den armen Seefahrern Käse auf den Schoß und beschimpft sich mit halbgedämpfter Stimme untereinander. Das Schiff selbst ist nicht übel, aber die Kabinen sind alle reichlich eng; mag sein, daß die Luxuskabinen im Dachstock ihrem höheren Preise entsprechend geräumiger sind. Das Bootchen läuft aber bis jetzt schön ruhig. Es scheint (abgesehen von dem glatten Seewasser) sehr günstig zu liegen. Nach dem Essen habe ich mich des Auspackens und einer ausgiebigen Rasur befleißigt und jetzt bin ich gerade vor der in der Lounge anrückenden nachmittaglichen Teekapelle ins Rauchzimmer ausgerückt, wo ein herumirrender Herr alle in den Sesseln verstreut sich ergehenden Zeitgenossen fragt, ob sie der Herr David wären. Die Frage ist, obwohl sie ohne bejahende Antwort geblieben ist, durchaus begreiflich.
So, mein liebster Hascha, das sind so bis zur Postauflieferung für Southampton die Hauptereignisse. Jetzt hörst Du eine ganze Weile nichts mehr von mir; ich schicke Dir aber, damit du nicht länger als nötig warten mußt, sofort bei der drübigen Ankunft einen Brief ab. Vergessen Sie den armen Weltreisenden nicht, behalten Sie ihn recht lieb und betrachten Sie sich als von ihm mit viel Yashny umarmt und gestreichelt. Dem Alfi ein Pfotchen und der Adele einen Gruß.

Dein Y.

AN GERTRUD HINDEMITH

New York, 13. II. 39.

Mein geliebtester Hasha,
heute früh bin ich wieder hier gelandet, hatte bis vorhin allerlei Leute und Besprechungen und jetzt gerade verließ

mich der Pub, nachdem er mir Deine beiden Briefe gebracht hatte. Das Herz wird einem kiloschwer beim Lesen all der Berichte über die Herrlichkeiten, Bluschs, Cretelles und des Wolkentals! Ein in der Sonne eingeduselter Wapuff – und ich wanderte zwischen Schlafwagen und Hotels umher! Immerhin, eine Woche ist schon herum, das Heimweh werde ich auch noch über die restlichen hinwegpflegen. Seit ich Dir den letzten Brief schickte, bin ich droben an den Seen gewesen. Am Mittwoch (8. II.) war ich abends mit Rudy und seinem Weibe Eunice anstandshalber im Blue Ribbon auf einen Sauerbraten, der mir nach der schon ausführlich geschilderten Schiffskost gut tat. Rudy hat sich aus Downtown aufwärts gemovt und hat jetzt seinen Laden in der 45sten, zwei Häuser neben dem Publaden, wo das Geschäft offenbar ein bißchen besser geht. Die beiden brachten mich zum Zug, mit dem ich gegen elf losfuhr. Ich hatte ein »lower« (nämlich Bett). Dieses Jahr habe ich es aufgegeben, die teureren Compartments zu nehmen, und habe stattdessen immer den Schlafwagen für Gemeinschaftsempfang. Das ist viel billiger (New York – Chicago z. B. nur knapp 7 Dollar) und die nur durch einen Vorhang markierte Privacy stört nicht weiter. Morgens um 7 kam ich in Buffalo an, wo ich mit der Hoffmann-Behrendt Proben verabredet hatte. Ihr Neffe holte mich im Auto ab. Das Hotel, von dessen Merkwürdigkeiten ich schon letztes Jahr ausgiebig berichtet habe, hatte über die in Cellophan eingehüllten Zahnputzgläser hinausgehend dieses Jahr einige neue features: Zunächst eine Art Hymen aus grünem Papier über's Closet gespannt und mit einer Aufschrift, aus der sich die Desinfiziertheit dieses Hohlraums entnehmen ließ. Erst nach Deflorierung kommt der Gast in den Genuß, den er anstrebt. Einfacher ist's bei dem Paket Zigaretten, das man ihm zum Frühstück mitliefert. (Seitdem habe ich immer ein Paketchen, um anzubieten). Ich probte mit H. B. mehr als 7 Stunden. Sie hatte ziemlich alles vom letzten Jahr vergessen, arbeitete sich aber wieder gut ein und gegen Abend war sie dann wieder verwendungsfähig. Peggy war in alter Glorie anwesend, schien mir noch etwas spinneter als früher. Abends aß ich dort unter Anwesenheit des Autoris (der italienische Kapellmeister von Buffalo). Es ging nicht sehr lange, da alles müde war. Nächsten Vormittag ziemlich blöde Fahrt am See entlang (Er heißt zu Ehren der Tante oder diese

9 Um 1940

zu seinen Ehren Erie) nach Cleveland, bis 3 Uhr. Schlafen, anziehen, abendessen – das bekannte Programm vor einem Konzert. Gespielt (anständig) haben wir im Museum, in einem netten Saal, der überfüllt war von einem aufmerksamen Publikum. Sprengers Bratsche bestand ihre Feuerprobe mit höchsten Ehren, sie ging los wie die Zwillingsbrüder Blücher, vorausgesetzt, daß dieser als Zwilling hätte geboren werden können. Nach dem Konzert war eine Einladung bei Mr. Quimby (so heißt er wirklich), dem Music-Department-Direktor des Museums. Es war hübsch und angenehm, obwohl 5 Komponisten von lokaler Bedeutung anwesend waren. Nächsten Vormittag (11. II.) saß ich erst mit meinem verflossenen Schüler Levy-Heiden, der aus Detroit herübergekommen war, und sah ihm Partituren durch und dann war ich im Museum. Dort gibt es einige ganz tolle Sachen. Erstens mal haben sie großartige Dinge aus dem Welfenschatz – es berührt ein bißchen komisch, diese Sachen hier zu sehen. Dann sah ich ein wunderschönes französisches Kreuz, ganz im Stile der Giotto-Vorläufer, aber viel früher; woraus sich entnehmen läßt, daß der nur mit dem Ochsenkopf eingebläute Begriff der Individuation sich auch in der Malerei schon Bahn gebrochen hatte. Und ferner ein ganz außerordentlicher Greco und eine sehr schöne Madonna mit Kind, die ich von jeher für einen totsicheren Botticelli (nicht Bottinelli) hielt, die aber neckischerweise auf Filippino Lippi umgetauft worden war. Ferner waren sehr schöne alte Österreicher da, von denen ich gar keine Ahnung hatte. Die neuere Abteilung befriedigte nur mäßig. Ausnahmen waren ein paar blaue Männer von Picasso und – ganz überragend – der kleine singende Mann von Barlach, den wir auch damals in der Akademie-Ausstellung sahen. Schön war, daß an diesem Tage – es war Samstag Vormittag – das ganze Museum voller Schulkinder saß, die sich im Nachzeichnen übten. Nichts war vor ihnen sicher, und so sah man kleine Mädchen vor dem Greco sich abmühen und ich fand einen kleinen Negerbuben, der einen ganz großen französischen Rückenakt auf seinen Block zauberte – anstandshalber ließ er aber alles weg, was auch nur einigermaßen anstößig wirken konnte – Mittags hatte ich mich mit Lübbeckes Freund Lolo Lewis bei ihm zu Hause zum Essen verabredet.

Es war sehr nett. Es geht ihnen lala, sie wohnen in einem der rühmlichst bekannten Holzhäuser, was natürlich für Leute, die aus einer komfortablen Wohnung in Frankfurt kommen, ein harter Ausgang ist. Sie haben's nicht leicht, sind aber zufrieden und finden sich in das neue Leben ganz gut. Er begleitete mich noch zum Hotel. Nachmittags fuhr ich ab, an einer Seitenstation (weil sie am nächsten dem Hotel lag), die bei weitem nicht so komfortabel wie der Hauptbahnhof Randogne-Blusch war sondern mehr den Stationen Darmona, Venthone oder -Muraz ähnelte. Zwar erreichte sie nicht den Tiefstand des »Arrêt de Service«, aber immerhin ist für eine Stadt von 1½ Millionen Einwohnern eine Bretterbude doch etwas blamabel. Der Schlafwagen war einer der ärgsten Wackler, die ich bis jetzt genossen habe und der Lokomotivführer fuhr einen Individualstil, der ihm auf einem Juxplatz sicher großes Lob eingetragen hätte. Morgens (Sonntag) um ½7 kam ich in Port Jervis an, wo mich der Vetter Emil abholte. Ich hatte mir diesen Tag, an dem ich der völligen Geschlossenheit aller menschlichen Behausungen wegen doch nichts anderes anfangen konnte, zum Besuch des Onkels reserviert. Und ich habe es auch nicht bereut. Der Alte war goldig. Selig, daß ich kam. Es geht ihm viel besser als früher, seit er durch Massage behandelt wird. Ich machte so einen richtigen Country-Sonntag mit, besah mir alles und wurde über alles unterrichtet. Meine nunmehr schon beträchtlichen landwirtschaftlichen Kenntnisse gestatteten mir auch, die richtige Würdigung zu finden. Es ist schon bewundernswert, was dieser olle Knabe mit seinem Emil da ganz allein betreibt. Ein Riesenstück Land besitzen sie, das sie mit Traktor und allem Drum und Dran bearbeiten. Dazu haben sie noch ein Lastauto und einen großen Chevrolet. Drei Kühe sind da und es ist schön, daß sie die älteste von ihnen, die sie schon über 20 Jahre haben, nicht umbringen lassen wollen, sondern dem guten Vieh bis an sein Ende das Gnadenheu geben. Ich habe selten zwei Leute so glücklich gemacht wie diese beiden, als ich mich hinsetzte und mit ihnen Musik machte. Der Olle hat sich ein Steinway-Klavier zugelegt und bearbeitet es in Hemdsärmeln und mit seinem Hindemith-Dickschädel laut und eifrig. Mit seinen 76-jährigen Fingern findet er sich wirklich in alles hinein, spielt zwar hie und da falsche Töne, kommt aber niemals ernsthaft heraus und ist selbst den gefährlichsten Situationen restlos gewachsen. Und der Bub ebenso. Er sitzt mit seiner Heinischhaften Gestalt hinter der Geige (die er in seinen Pranken hält wie ein Orang Utang ein Brötchen) und spielt die wildesten Dinge ohne mit der Wimper zu zucken. Wir exekutierten auf diese Weise ein tolles französisches Duett für zwei Geigen und einige Triobearbeitungen aus Symphonien und Opern. Nachher machte ich mit dem Ollen ein paar Ouvertüren vierhändig, und er war weder durch mörderische Tempi, noch durch technische Schwierigkeiten kleinzukriegen. Abends lieferten wir noch einiges – Haydn Trio, Schubert-Märsche ändsoon, und beide waren selig. Der Alte salutierte mit Tränen in den Augen und sagte, daß es great honour wär, und für den Sohn war es eine fairy tale. Nachmittags fuhren wir in der sehr schönen Gegend mit dem Auto herum, alles war über und über vereist – eine ganz andere Art Vereisung als ich es bisher gesehen hatte: Das übertags Abgeschmolzene war obendrauf immer wieder spiegelglatt gefroren, so daß das ganze Land wie mit einem glänzenden Spiegel aus Milchglas überzogen schien. Abends fiel ich früh und sehr müde ins Bett und schlief ohne Pause bis 7. Wir frühstückten und dann brachten mich beide nach Port Jervis, wo ich einen Autobus nach hier nahm. Man fährt 2½–3 Stunden durch hübsche Gegend, vorüber an den bemerkenswerten Orten Mahwah und Hohokus, vom Hakkensack-River ganz zu schweigen. Überall an den Straßen gibt es Inn's und Unterkunftshäuschen, die alle recht lustig aussehen. Auch eine Schlangenfarm gibt es, die schon meilenweit vorher angezeigt ist: »Hold a snake, take a snapshot« – das dürfte einer der ersten Plätze sein, an die man den Wapuff bei seiner ersten Anwesenheit hier führen wird. Gegen Mittag kam ich hier an und nun bereite ich mich so langsam auf den großen Rutsch nach der drüberen Seite vor. Aber jetzt bin ich so müde, daß mir das Schreiben schwer fällt. Drum mache ich Schluß. Meinen allerliebsten Leuen umarme ich herzlichst und gebe ihm viele viele Küßlein, die selbst sein diffiziles Gemüt befriedigen dürften. Ich wünsche mir nur, daß die Zeit bald herumgehe, damit ich ihn wieder wirklich in meinen Armen halten kann. Dem Strauchdieb und Wurzelsepp Alfi ein Pfotchen und an die gesamten Dorfbewohner viele Grüße; an Adele und die vermauerte Familie besonders. Leb wohl, mein Guter.

Dein Y.

Florenz. Vertrag schicke ich unterschrieben an Mario – an Camus schreibe ich. Aus dem Devisenbrief geht nicht hervor, ob wir nun auch alle Einkünfte aus deutschen Verträgen frei bekommen; aber es scheint fast so, als ob das im Begriff »Ausländer« implicite eingeschlossen sei. Das wird ja wohl der Willy wissen. Auf jeden Fall wirst Du aber wohl auf diese Weise Geld genug haben, so daß ich Dir erst nach San Francisco schicken brauche.

Dein Y.

AN GERTRUD HINDEMITH

14. II. [1939]

Eben sehe ich, daß das Schiff erst morgen abgeht, so daß ich dem in großer Müdigkeit angefertigten Geschreibsel noch einiges anfügen kann. Wesentlich Neues gibt's seit gestern Abend allerdings nicht. Heute vormittags bin ich auf einigen Eisenbahn- und Omnibusbüros herumgelaufen, um mich ein bißchen in die Möglichkeiten der Kalifornienfahrt einzuleben. Dann habe ich Unterhosen gekauft, mit Voigt zusammen gegessen und dann mit einem Übersetzer wegen des zweiten Bandes Theoriebuch in englisch verhandelt. Nachher gehe ich den Balanchine treffen, um mit ihm über seinen Plan, die symphonischen Tänze als Ballett aufzuführen, zu sprechen. Das ist so ziemlich alles. Bleibt eigentlich nur noch zu erwähnen, daß in der letzten Zeit viel von mir gespielt wurde. Kussewitzky hat allein an den Weihnachtstagen die Symphonischen Tänze sechsmal mit größtem Erfolg in Boston gemacht, hier auch einmal und des Erfolgs wegen hat er sie letzten Samstag wiederholt. Ich konnte sie nicht hören, weil ich in Cleveland war, bin aber sicher, daß er sie gut aufführt. Mathis, Tänze und Nobilissima Visione laufen allenthalben. Das Ballett scheint wirklich ein großer Erfolg gewesen zu sein. Von Massine habe ich aber auch hier nichts gehört. Es ist möglich, daß sich unsere Wege in Kalifornien kreuzen. In San Francisco dirigiere ich die Streicher- und Blechbläser-Musik und in Los Angeles die Ballett-Suite, und beidemale drehe ich den Schwan. Mit Voigt sprach ich häufig über den Plan von Sommerkursen. Er hält zäh an dieser Idee fest, aber ich fürchte, mich kriegen nach den Blüscher Erfahrungen keine 10 Pferde oder deren Gegenwert in Motorkräften im Sommer hierher. So überlege ich, ob man nicht doch 6 Wochen im Juli und August in Montana so etwas aufmachen sollte. Ich bin aber gänzlich unschlüssig und weiß nicht, wozu ich mich entscheiden soll. Überlege Du Dir's doch mal gründlich. Hast Du Lust dazu, so will ich's tun, wenn nicht, so lasse ich's sein. Du müßtest das natürlich einmal mit dem temerären Haenni besprechen und auch mit der Polizei in Montana. Ich könnte mir denken, daß so etwas eine ziemlich reklamige Sache für Montana und das Wallis wäre, obwohl mir persönlich gerade an dergleichen nicht viel liegt. Wenn es zustande käme, müßte man mit einem Reisebüro eine Art Pauschalpreis ausmachen, wonach für 6 Wochen etwa ein Unterrichtspreis von 200 Doll. angesetzt würde; dazu Reisespesen 300 Doll. und ein ungefährer Pensionspreis von 100–150 Doll., so daß die ganze Geschichte für 600–650 Doll. lieferbar wäre. Also überlege Dir's mal und schreibe mir Deine Meinung. – Die Türkei können wir uns, glaube ich, in den Schornstein schreiben. Es scheint mir dort von Tag zu Tag aussichtsloser zu werden. Und warum soll ich so viel Kraft vergeuden, um durch diesen Sumpf zu waten? Ich glaube, durch die Devisenregelung und durch die hiesige Tätigkeit sind wir für die nächste Zeit aus den Schwierigkeiten heraus, so daß wir das türkische Geld nicht nötig haben. Freilich war es oft schön und noch öfter interessant und lehrreich, und die mit meinem guten Löwen verlebten Tage in Stambul, Ephesus usw. möchte ich nicht missen. Aber das ist alles reichlich teuer erkauft! – Streichst Du den Esel eifrigst? Ich habe große Sehnsucht nach unseren Musikstunden. Heute nacht bin ich aufgewacht, weil ich im Traume das Mozart-Fagottkonzert geübt hatte und eine Stelle überhaupt nicht gehen wollte!

So, mein Braver! Jetzt hat der »President Harding« genug zu schleppen für den guten Pirwag; Tausend Küßlein, viel, viel Liebes und die besten Wünsche für seine musikalische und sonstige Tätigkeit.

Dein Y.

Schicke nur immer die Post an die Pubs. Wenn ich nicht hier bin, schicken sie alles per Flugpost nach. Otherwise geht es immer 4–5 Tage lang oder sogar noch mehr bis drübenhin.

AN GERTRUD HINDEMITH

New York 16. II. 39

Mein Liebstes, Wapuff am Hallentatherschen Pianino – das ist wirklich ein eindrucksvolles Gemälde; sonderbar ist nur, daß er konstant das linke Pedal niederdrückt, aber bei so gefühlvollen Seelen ist es begreiflich, daß sie ihre Seelenkraft nicht mit voller dreisaitiger Stärke in die Welt transmitten, sondern den umfangreicheren Teil ihres gewaltigen Klangerlebens für sich behalten. Recht so! Deine Schilderungen vom Sonnenwetter und vom ultravioletten Balkon lassen mir ringsum das Wasser zusammenlaufen, es ist wirklich hanebüchen, solche Berichte zu lesen, wenn es wie gestern bei einer üblen lauen Luft in Strömen regnet oder wie heute eiskalt ist. Jetzt begebe ich mich aber in angenehmere Gegenden – in zwei Stunden geht der Zug nach dem Westen. Morgen abend werde ich noch in Chicago sein, und ab Samstag früh geht es in einem Rutsch durch bis Montag abend! Hier hat sich seit meinem letzten Brief nichts ereignet. Ich war recht faul und habe kaum Erwähnenswertes geleistet. Es hat sich allerdings allerlei gefixt. Neulich abends habe ich mit dem Balanchine getagt, der die Symphonischen Tänze als Ballett machen will. Wenn alles klappt, mache ich ihm eine Handlung dazu und ergänze und reduziere die Partitur – und das Ganze wird gut bezahlt werden. Ich will an der Handlung unterwegs knobeln und habe mir dafür aus der hiesigen Stadtbibliothek einiges mitgenommen – was es ist, wird der wissensdurstige Kollege erst erfahren, wenn ich die Nuß geknackt habe. Daß der Kepler-Roman so ist wie Du schreibst, sah ich schon beim flüchtigen Schmökern, aber sei getrost, er wird ganz anders aussehen, wenn er erst einmal richtig vorgenommen wird! Ich habe schon einige Ideen dafür und werde sicher auch noch den Punkt finden, von dem aus diese Welt zu bewegen ist. – Heute früh war der Grammophon-Mann von der Columbia herübergekommen und wir haben allerlei Pläne gemacht. Diesen zufolge werde ich wohl Mitte April die (bis dahin hoffentlich fertige) neue Bratschensonate und die vierhändige Sonate (beides mit Sanroma) auf Platten spielen und auch noch die Trauermusik. Und der Schwanendreher soll auch gemacht werden, aber wahrscheinlich wird der sehr gute englische Bratscher Primrose ihn drehen. An sonstigen Neuigkeiten gibt es eine neue Gabardin-Hose, die ich mir als

Ersatz für die flanellene gekauft habe. Sie ist weitgehend mechanisiert (so weist sie statt der Knöpfe einen Reißverschluß auf) und verspricht sich sehr gut anzulassen. Die Flanellhose präsentierte sich in einem außerordentlich abgeschabten Zustande und außerdem hat sie (offenbar auf dem Schiff) einen fünfmarkgroßen Ölflecken bekommen, der sich nur schwer verbergen läßt. Jetzt werde ich nur noch nach den karierten Cowboyjacken Umschau halten, und dann bin ich ungefähr komplett. Geld schicke ich Dir, da Du ja jetzt genügend bekommen wirst, keines, ich lasse es sich hier ansammeln, bis ich eine größere Schiffsladung beisammen habe. Daß Hugo nur 30 Pfund schickt, ist begreiflich; er hat noch nicht mehr von hier bekommen. Soviel ich weiß, sind aber weitere 200 Dollar aus Aufführungsrechten schon hier zur Abreise bereit. Also, Deine Ängste sind unbegründet! Wenn ich jetzt noch erwähne, daß ich Paul Mayer'n auf der 5th Avenue getroffen habe, so ist alles berichtet, was sich an bemerkenswerten Dingen ereignet hat. Jetzt wirst Du einige Tage nichts von mir hören, die nächste Post kann wohl erst frühestens in einer Woche von hier losfahren. Leb also in dieser langen Zeit wohl, hab Deinen alten Kollegen lieb und denke, daß er in Gedanken voller Sehnsucht oft den Füni hinaufrast!

Gruß an alle!
Viele Küßlein Dein Y.

AN GERTRUD HINDEMITH

18. II. 39

Nun, mein alter Leu, jetzt bin ich schon ziemlich weit im Lande drin. Ich sitze im Lounge-Car im Schreibabteil vor einem geräumigen Schreibtisch und bediene mich all der gebotenen Vorteile. Der Friseurladen um die Ecke hat schon dunkel und die Bar darf hier, solange der Staat Iowa durchfahren wird, keinen Alkohol ausschenken. Dafür läuft aber das Radio. Aus alledem ersiehst Du, daß in dem Zuge so ziemlich alles vorhanden ist, was der Reisende braucht – und dabei habe ich mir, um Geld zu sparen, den billigsten ausgesucht. Er fährt 12 Stunden länger als der Renommierexpreß, dafür kostet er allein auf der Hinfahrt etwa 30 Doll. weniger als dieser, und da ich doch genügend Zeit habe, wüßte ich nicht, wie ich besser als durch Herumsitzen in bequemen Schlafwagen so viel verdienen könnte. Der Sleeper ist ein Touristcar, d. h. ein Pullmannschlafwagen wie alle anderen auch, nur daß er nicht gerade einer der eben frisch aus dem Ofen gekommenen ist. Für die drei Tage und zwei Nächte von Chicago nach drüben verlangt er 18 Mark, dazu habe ich mir noch, um ganz ausschweifend zu schlafen, für 1,50 Doll. das Oberbett entfernen, d. h. gar nicht aufstellen lassen, so daß ich also das zweischläfrige Unterbett bis an die Wagendecke für mich allein benutzen kann. Wenn ich dran denke, daß die internationale Schlafwagengesellschaft für ihre miesen Kisten 2. Klasse von Berlin bis Stambul 60 Mark verlangt und auch nicht einen Teil der hier gebotenen Bequemlichkeiten bietet, kriege ich noch nachträglich Zorn. Der Speisewagen ist ganz ausgezeichnet und schon bei der zweiten Mahlzeit empfangen sie einen wie einen alten Stammgast und reißen sich die Beine aus. Heute abend gab's, um dem Wapuff eine Freude zu machen, den schönsten weichen gelben Coucouroutz. Der Zug ist trotz seiner großen Länge (er hat Teile nach San Francisco, Los Angeles und Portland) wenig besetzt, ausgerechnet neben mir im Schlafwagen quartierte eine Mutter mit drei Kindern, wovon das jüngste die amerikanische Kopie Philibertes ist und dieselben Schreie ausstößt, und die beiden Brüder geben den Florey'schen auch nichts nach. Nun, ich habe mich ausgeshipt und bin ans äußerste Ende des Wagens in Nummer 16 gemuvt, so daß ich Ruhe habe. Seit heute morgen, von Chicago an, geht es durch höchst eintöniges Gelände. Riesenfelder, Farmen, endlose Ebenen – es sieht alles sehr nach mittlerem Westen aus, auch die wenigen Leute, die man auf den Stationen sieht: Sie haben alle karierte Wollkittel an und ebensolche Mützen auf. – Gestern abend war ich in Chicago. Die mir allmählich schon geläufige Fahrt dahin ist langweilig, ich fuhr von nachts um 11 bis nachmittags um 5. Ich hatte ein Oberbett in einem schönen neuen Wagen, der überall schön blankpoliert war. Als ich morgens gegen 7 aufwachte und so halb im Dusel an die Decke guckte, traute ich meinen Augen erst nicht recht. Ich sah wie in einem sehr guten Spiegel eine völlig splitternakkichte junge Dame in ihrem Bett liegen und sich dann langsam ihrer Toilette befleißigen. Die Oberbetten sind nämlich im Gegensatz zu den unteren oben etwa zwei Handbreit offen, so daß man die Decke bis zum anderen Bett hinüber sehen kann. Und dieser Wagen offenbar neuesten Systems hatte statt der normalen Reihe Lüftungsfenster im Dach eine Tonnendecke, deren Politur sehr genau wiederspiegelt, was darunter geschieht. Mehr Dienst am Kunden kann man eigentlich kaum verlangen und die 6,80 Doll. sind in einem solchen Falle ein angemessener Preis. Wenn noch andere Reisende dieselbe Entdeckung machen, wird dieser Wagen sicher bald zu den gesuchtesten features Mr. Pullman's gehören! – In Chicago holte mich das Music Department der Chicago-Universität ab und quartierte mich im Klubhaus der Universität ein. Gleich anschließend gab's ein Dinner zu meinen Ehren – Lange war da und der alte Stock – nachher war Konzert des Studentenorchesters. Es ging fast im Zeitlupentempo vor sich, wurde aber recht gut gespielt, wenn auch (wie immer hier zulande) ohne sichtbare Begeisterung. Etwas wärmer wurden Ausführende und Zuhörer am Schluß, wo man die Kantate aus dem Plöner Musiktag machte. Es war recht hübsch. Sie sangen auf englisch – eine Übersetzung, bei deren Herstellung man sich große Mühe gegeben hatte und die wirklich etwas von dem knorrigen Charakter Agricola's wiedergab. Besonders schön sprach ein dafür sehr geeigneter Student das Melodram vom Arion, und auch die Arie war sehr nett. Chöre waren zu schwach besetzt. Das Ganze war ein großer Erfolg und alles war sehr zufrieden. Nachher hob man noch einen bei einem der Musiklehrer. Heute früh verpflegten sie mich wieder gut und brachten mich zum Zug.

Sonntag 19. 11.

Geschlafen wie ein Bär im Quadrat und noch die gewonnene Stunde (durch die Uhrrückstellung) verpennt! Als ich gegen 7 in den Waschraum ging, fand ich schon einige kräftige Männer vor, von denen mir der eine gleich einen kräftigen Drink anbieten wollte. Ich vertröstete ihn bis nach dem Frühstück, was er aber gar nicht begreifen wollte. Er finge immer morgens damit an und wo er auch immer einen haben könne, nähme er ihn. Von diesem löblichen Brauch zeugten zwei geleerte nicht allzu kleine Whiskyflaschen im Handtuchkorb. Als ich später den freundlichen Mann wieder mal im Gang traf, freute er sich sehr und klopfte mir heftig auf den Bauch. Es wird überhaupt zunehmend westlicher. Die Felder sind womöglich noch ausgedehnter als gestern, es sieht alles sehr nach Sibirien aus. Gegen Mittag hatten wir eine Stunde in der Haupt- und Residenzstadt Cheyenne Aufenthalt, die ich benutzte, um die nächstliegenden Sehenswürdigkeiten dieser Metropole anzusehen. Na, hier ist noch das richtige Cowboyland. Schon die Autonummern des Staates Wyoming sind mit einem Cowboy auf hochstehendem Pferde versehen, die nicht cowboyschen Bürger tragen mindestens einen stilgerechten Hut, von steigbügelverzierten Uhrketten und Schaftschnürstiefeln ganz zu schweigen. In den Läden findet sich allenthalben eine wunderschöne Auswahl von Gewehren und Revolvern (mit Silbernägeln und Perlmutter verziert), von Hemden in den unwahrscheinlichsten Farben und Mustern (selbst eines aus Gohrstoff mit dunkellila Nähten habe ich gesehen), von Ledergürteln, die innen einen Reißverschluß zur Geldaufbewahrung haben, von Reitstiefeln ganz besonderen Schnitts und mit vielfarbiger Lederstickerei, von Radsporen und phantastischen Sätteln mit Zaumzeug, von Fellhosen und Farmenmöbeln. Dieser Aufenthalt war also im Verhältnis zu seiner Kürze recht lehrreich. Ich kann mir allerdings nicht vorstellen, daß die Leute in dieser Tracht Mozart-Quartette spielen. – Die Fahrt ging weiter durch endlose Prärien, überall Farmen und viel Viehherden. Nachmittags wurde die Gegend hübscher, man sah im Süden Teile der Rocky Mountains, ringsum gab's seltsam geformte Hügel. Das währte aber nicht lange. Allmählich wurde es neblig, dicker Schnee lag überall und man sah gar nichts mehr. Ich saß lesend und schreibend vor meinem bequemen Tisch, den der brave Schwarze mir aufmontiert hatte und brachte auf diese Weise langsam den Tag zu Ende. Der heutige Speisewagen war ganz erstklassig. Dem Küchenlöwen schicke ich die Speisekarte von heute mittag und vom Frühstück mit, damit er sich ein Bild machen kann. Und mit Hilfe des beiliegenden Streckenfahrplanes kann er im Atlas nachsehen, wo sein Yiyale herumgefahren wird.

20. II. 39.

Heute als ich aufwachte, sah es draußen sehr öde aus. Im schönsten Sonnenschein fuhren wir durch eine todtraurige Landschaft. Erst war es wenigstens noch Steppe, aber dann kam die nackte Wüste. Graue Berge überall ohne irgendeinen Baum oder Strauch. Die Landschaft zwischen Eskischelino und Ankara ist dagegen ein wahrer Blütengarten. Nach einer

Weile wurde der Boden des Tales, durch das wir fuhren, über und über weiß. Ich dachte erst, es sei Schnee, es war aber Salz – daher der Name Salzwüste. Nachmittags kamen dann wieder vernünftigere Gegenden. Kaum hatte man mit der berühmten Scheidungsstadt Reno den Staat Nevada verlassen, so kam erst eine Art Schwarzwald mit schönen und vielbefahrenen Skihängen. Und dann wurde es großartig. Eine wilde Waldgebirgslandschaft, durch die sich hoch droben der Zug schlängelt und die prächtige Fernblicke bietet. Dann blickt man wieder in tiefe Cannons hinunter, es wird wärmer und immer hübscher. Schließlich kommt man in das Seegebirge, das wirklich etwas von einem Paradies hat. Der Boden ist ganz rot, überall stehen Palmen, man sieht endlos weit in das Bergland hinein, die hübschen Holzhäuser stehen sauber und freundlich in der Gegend, die Autos rutschen wie kleines Spielzeug auf den glatten Straßen vorüber. Und über allem ein ungetrübter blauer Himmel – das habe ich seit Blüsch nicht mehr gesehen.

21.II.

Um 9 Uhr abends kam der Zug in Oakland an. Schon auf der Fähre (wie Du im Atlas sehen kannst, muß man über einen Meerarm hinüber) sah man, daß es hier ein bißchen anders aussieht als im Osten. Die Neger sind hier Chinesen, sie sind offenbar ebenso zahlreich wie ihre schwarzen Kollegen in den übrigen Staaten. Und sonst sieht man mancherlei wilde Gestalten. Männer wie Karl May persönlich und Damen mit kreisrunden, rundum bebommelten Hüten. Der Anblick der Stadt mit der beleuchteten Riesenbrücke, den unzählbaren Lichtern und Lichtreklamen an den Häusern, dem glänzenden Schein von der rechtsliegenden künstlichen Weltausstellungsinsel war zauberhaft, so ganz anders als New York von oben. Schon auf den ersten Blick hat das alles einen mehr orientalischen Charakter, die konzessionslose Viereckigkeit scheint hier noch nicht überall Trumpf zu sein. Nun, wollen mal sehen, wie sich das alles weiter anläßt. – Ich war recht fleißig unterwegs, habe ein Libretto für Balanchine gemacht, das auf die Symphonischen Tänze zugeschnitten ist. Es handelt vom Kinderkreuzzug (1212, steht sicher in Deinem grünen Geschichtsbuch), über den ich mir einiges Material mitgenommen hatte. Ich glaube, es wird recht brauchbar und als Ballettstück von guter Wirkung sein. Wenn ich wieder zurück bin und mit Balanchine die ganze Sache durchgesprochen habe, schicke ich Dir den Text. – So, mein lieber Hasha, ich muß schließen, weil ich mich jetzt um meine Konzertangelegenheiten kümmern muß, außerdem ist es Zeit, den Brief zur Post zu geben, damit er die »Queen Mary« noch erreicht. So leb wohl und sei mit sehr langen Armen und mit noch längerer Sehnsucht umhalst und sehr liebgehabt von Deinem

Y.

Grüße an alle.
Strafe für den Versuch, Geld zu sparen: Mir sind irgendwo unterwegs 100 Schweizer Franken geklaut worden. Sonst nichts!

AN GERTRUD HINDEMITH

26. II. 39

Geliebtes Löwentier, das lesenswerte »Echo« erreichte mich gestern. Von der Finck-Sache wußte ich schon, es war das erste, was mir ein Reporter bei der Ankunft in New York erzählte. Mich packt noch nachträglich immer ein leichtes Grausen, wenn ich solche Berichte höre; nicht so sehr wegen der Maßnahmen einer stumpfsinnigen Regierung und auch nicht wegen der bedauernswerten Opfer – sie hätten ja allmählich merken können, daß sich keinerlei Späße anbringen lassen – sondern ich denke mir, wie schrecklich es geworden wäre, wenn man auch in diesem kastrierten Zustand von machtlosem Geschehenlassen und allzu fein versteckter Auflehnung versunken wäre! Seien wir froh, daß wir uns davon freigemacht haben und hoffen wir, daß wir uns auch weiterhin immer dieser Freiheit erfreuen! Vorgestern erschien im Künstlerzimmer eine Frau Pohl, bei der ich, als sie noch Pension in Wien war, anläßlich des nicht zu Ende genossenen Cardillac mal eine Nacht gewohnt hatte. An sich war ihr Besuch völlig überflüssig, sie erzählte aber, daß man gleich am ersten Tage der Österreichischen Eroberung den Tex nach Dachau gebracht habe und daß er heute noch dort sei. Von Anni und den Kindern wußte sie nichts. Trotz all dieser Sachen und trotz des Zornes darüber wird aber Palästina auch weiterhin in der Luft liegenbleiben und sich nicht realisieren. Wir werden sehr gut ohne seine Einbezugnahme in den Kreis unserer Erkenntnisse fertigwerden. Ich glaube,

daß sich vielmehr die Gegend hier in Zukunft zu einem wichtigen Arbeitsplatz auswachsen wird und mir wäre es wirklich lieb, wenn sich mit ein paar Monaten hiesiger Arbeit jeweils ein Jahr Blüsch verdienen ließe. Dann können von mir aus noch weitere Cevatte stürzen – man kann ohnehin nicht mit den Launen dieser diktaturfrohen Schauerländer rechnen.
Am Mittwoch kam in einem sehr freundlichen und höchst freudeerfüllten Telefonanruf Mr. Denham von den Russen zu Wort. Wir aßen sehr nett Mittag zusammen und es stellte sich heraus, daß er ein sehr gebildeter Mann ist, der offenbar ehrlich überzeugt ist von dem Werte des für die Truppe geschriebenen Balletts und mich in sein Herz geschlossen hat. Und mindestens zehnmal hat er bedauert, daß Du nicht mit hierseist und läßt Dich grüßen. Ich saß lang mit ihm zusammen und es ging nach russischer Weise im stark fließenden Gesprächsstrome durch sämtliche Universa und Wissensgebiete. Vom Ballett erzählte er viel und mit großer Liebe. Das Neueste ist, daß Massine geschieden ist.
Denham sagte, man könne sich nicht vorstellen, in welcher Hölle er neun Jahre gelebt habe. Genia sei sein Unglück gewesen, hätte ihn nur in übler Weise beeinflußt, jeden auch nur einigermaßen wertvollen Menschen von ihm ferngehalten und ihn auch persönlich mißhandelt. Einmal habe man ihn, als er den Franziskus tanzen sollte, im Bett gefunden voller Blut am Kopf, weil sie ihm das Telefon drangeworfen hätte. Es geht nichts über einen fest anmontierten Fernsprecher. Wollte man die Numéro cent septante Montana auf solche Weise benutzen, so hätte man erst gut eine Viertelstunde mit dem Toumeris zu hantieren. Als ich Denham erzählte von dem Ballett, das ich dem Balanchine mache, kam er nahe ans Weinen, jammerte, klagte und bot alle Verführungskünste auf, mich davon abzubringen. Ich blieb aber hart und sagte, es sei ein altes Versprechen und außerdem hätte ich nicht das Gefühl gehabt, mehr als ein gerade die Erfolgssträhne des Balletts gutkämmender Hilfeleister zu sein, denn sonst hätten sie ja einmal etwas von sich hören lassen können. Jetzt ging es in der gekannten Manier los! Er rief Massine in Portland (droben an der kanadischen Grenze) an und dieser hatte nun gar keine Ruhe mehr. Ich war der Proben wegen viel vom Hotel weg, aber so oft ich auch nach Hause kam, immer war aus Portland angerufen worden. Einmal mit der Zusicherung,

daß das nächste Gespräch nachts zwischen 12 und 1 kommen würde. Es wurde mir aber zu spät, weil ich am nächsten Tag wieder viel Arbeit hatte und so erschien Massine morgens in aller Herrgottsfrühe mit einer hohen und sehr aufgeregten Bubenstimme. Was er nicht alles wollte in den paar Minuten! Ich solle nicht für Balanchine schreiben, und wenn es gar nicht zu vermeiden wäre, solle das Stück kürzer und weniger wichtig sein als das neue, was sie von mir sofort haben müßten; wann ich es schreiben könne? Ob es nicht schon vor Juni fertigsein könne? Und er hätte mir im Januar geschrieben, und ich solle sofort mit Denham einen Vertrag machen. Und in Kansas City oder in Chicago müßte ich ihn treffen und in New York auch, und den Textentwurf müßte ich bis dahin schon haben. Ich kann nur sagen: Peifedeckel; sie werden ganz brav warten bis mir etwas einfällt. Immerhin fahre ich aber morgen nach Los Angeles hinüber (es liegt an einem der möglichen Heimwege), um mit Denham, der jetzt drüben ist, etwas festzulegen und in Chicago habe ich auch von vormittags bis zur Zugabfahrt abends Zeit, das aufgeregte Tänzergemüt zu beruhigen.
Einmal aß ich mittags mit Monteux zusammen. Er ist ein netter und harmloser Knabe und ein ausgezeichneter Kapellmeister. Sie hingegen, sehr dick und grau geworden und zur Abendtracht voller Blumenrabatten und mit Goldstaub im Haar, ist ein Erdbeben, das die Registriernadeln kleinerer Seismographen nur so hopsen läßt. Er hat das Orchester hier schön im Schuß, wir probten gut und ausführlich und so ging der Schwanendreher beide Male gut und ohne jeden Zwischenfall, besonders gestern Abend. Ich dirigierte auch, und zwar die Bostoner Streicher- und Blechbläsersache. Es ging tadellos und hatte großen Erfolg. Das Orchester gab sich große Mühe und spielte ausgezeichnet. Ich fühlte mich vom ersten Moment an wie zuhause mit den Männern und sie sich mit mir auch. So vertrugen wir uns glänzend und hatten eine wirklich angenehme Arbeit miteinander. Sie hatten kurz zuvor das Ballett gespielt und jeder kam mir zu erzählen, wie schön es sei und wie gerne sie es gespielt hätten. Es gibt viele Deutsche im Orchester, auch Böhmen und Österreicher und Russen. Ein Cellist, der in Frankfurt am Konservatorium studiert hat und der auch mal beim Rebnerquartett ausgeholfen hatte, fuhr mich gestern in der Stadt herum zu der

wirklich ganz großartigen Brücke über das Golden Gate, durch Parks und auf Aussichtshügel, zu den Fischerplätzen und durch Chinatown. Die Stadt ist schön und ihre Lage ganz unvergleichlich. Dazu das milde dalmatinische Klima und die auffällige Nettigkeit der Leute – der Aufenthalt ist dadurch recht angenehm. Heute nachmittags will ich nochmals zur Feier auf die künstliche Insel hinüber und dann beschließe ich heute Abend packenderweise mein hiesiges Gastspiel. Die Blüscher Season mit ihren sportlichen und gesellschaftlichen Ereignissen scheint nach Deinen Berichten kurz vor dem Siedepunkt angelangt zu sein. Ich habe großes Verlangen, möglichst schnell wieder dort zu landen. Aber wenn nun auch die Pariser Sache noch zustande kommt und dann Florenz steigt, werde ich wohl gerade für zwei oder drei Tage in den Genuß des Häuschens kommen. Der 4. Mai für Paris geht nicht, und ich habe ihnen wegen Verschiebung auf den 6. bis 9. gekabelt. Das letzte Konzert in New York ist am 23. April und das nächstmögliche Boot geht am 26. und kommt am 4. erst in Havre an. Dort wird dann eine größere Löwenschar in Reih und Glied am Pier stehen und der komponierende Wapuff endlich wieder die kollegiale Tatze seinem Heimkehrer entgegenstrecken. – Das Kolofonium habe ich natürlich nicht mitgenommen! Es liegt in dem Bratschenkasten, den Du von Basel aus mitheimgenommen hast. Sprengers Bratsche war im großen Theater und mit dem Orchester zusammen ganz vorzüglich und es ist eine reine Wonne, darauf zu spielen! Leb wohl, mein liebstes Tier, sei vielmals liebgehabt! Grüße alle! Gib dem Alfi ein Extraerinnerungsstückchen Wurst oder Speck!

Dein Y.

AN GERTRUD HINDEMITH

[März 1939]

Hasha Leu, ich sitze wieder mal auf der Bahn, diesmal auf dem Rückwege nach New York, und da ich mein Abendbrot schon hinter mir habe, weiß ich bis zur Besteigung des Schlafwagenbettes nichts besseres zu tun als Wapuff's Wißbegierde zu befriedigen. Diesmal kommt er zum mindesten auf seine Kosten! Am Sonntag (vorgestern) habe ich mir die berühmte Weltausstellung in San Francisco angesehen, die vor 10 Tagen auf einer speziell zu diesem Zwecke (d. h. später soll sie Fluglandeplatz werden) aufgeschütteten Rieseninsel eröffnet worden ist. Sie ist enttäuschend. Einzig die Gemäldeausstellung war sehenswert. Einesteils wegen der wirklich großartigen Schau alter Bilder, die teils aus amerikanischen Sammlungen, teils aus Italien hergegeben waren – aus Venedig, aus Pitti und Uffizien mancherlei Bekannte, ansonsten sehr schöne Franzosen, ein Greco, einige Rembrandt – andererseits wegen der wirklich schreckenerregenden modernen Abteilung, in der die entarteten Zeitgenossen aller Länder ausgiebig ihr Wesen trieben; unter anderen hingen da ein paar greuliche Schinken neuester Provenienz aus dem bunten Pinsel Maxe Beckmanns. Im übrigen besteht die Fair, soweit sie überhaupt fertig ist, hauptsächlich aus Häusern südamerikanischer und asiatischer Länder, die von außen meist recht hübsch sind; drinnen befinden sich jedoch keinerlei Dinge, die nicht ein Privatmann, der sich einiges von dort mitgebracht hat, auch besäße. In größeren Hallen befinden sich die üblichen Schaustücke über Bergwerke, Viehzucht, Eisenbahnen und Schwindsucht, gemischt mit auffallend viel Candy- und Erdnußverkäufern und Graphologen. Das schönste war eigentlich die Rückfahrt mit der Fähre in der Abenddämmerung, wo man die beiden wunderbaren Brücken herrlich vor sich hatte und die Stadt mit ihren Millionen Lichtern wie in einem Märchen glänzte. Eigentlich hatte mich auf des Pub Aufforderung der Direktor der ganzen Messe angerufen, vermutlich wollte er mir sie persönlich zeigen. Ich war aber offiziell schon vormittags abgereist und so war ich ungestört gewesen und hatte nicht mehr bewundern müssen als mir nötig schien. – Gestern (Montag) fuhr ich morgens um 8 los. Man braucht selbst mit diesem schnellen und sehr gut eingerichteten Zug immerhin 10 Stunden bis Los Angeles. Die Fahrt ist wunderschön. Wenn man aus den Häusern der Stadt heraus ist, kommt man in parkähnliche Gegenden, bergumsäumt und voller Blütenbäume. Man fährt durch unendliche Plantagen von allen Arten Gemüsen. Später wird es sehr bergig, alle Matten sind voller Kühe und Kälber. Dann fährt man zwei Stunden am Meer entlang und gerät dann in ein südliches Paradies mit Palmen, Eukalyptuswäldern, Zitronen- und Orangenpflanzungen. Es ist wirklich ein schönes Land, und sogar die Ortschaften haben durch die Konservierung des spanischen Charakters ein netteres Aussehen als sonst die nach dem Rezept eines Rechenheftes angelegten amerikanischen Dörfer und Städte. In der Dunkelheit kam der Zug in Los Angeles an und ich ging ins Biltmore-Hotel – ein Kasten mit einigen Tausend Zimmern und dem entsprechenden Ameisengewimmel überall. Ich war müde, hatte keine Lust auf Betrieb und ging nach einem sehr guten Abendessen bald schlafen. – Heute, Dienstag, gings ziemlich hoch her. Nach dem Frühstück traf ich Denham, der (durch Massine offenbar angestachelt) auch völlig ballettwild war und es nun auch nicht erwarten kann, bis »das neue Ballett« fertig ist. Da er mich nun mal in sein russisches Herz geschlossen hat, wollte er mir nun auch Gutes über Gutes tun und telefonierte bei sämtlichen Filmindustrien herum – und siehe da, vor dieser russischen Selbstverständlichkeit kapitulierten selbst die siebenmal verriegelten Sekretärinnen höchster Märchengestalten. Er steckte jedem von uns eine Nelke ins Knopfloch, da man nicht unverziert in die Welt der Sterne aufsteigen dürfe, wie er sagte, und dann fuhren wir mit einem Taxi eine gute ¾ Stunde lang durch endlose Straßen voller flacher und nichtssagender Häuser. Manchmal sieht man einen ägyptischen Tempel, der einen Eispalast enthält oder eine romanische Halle als Public Library, ansonsten wechseln Tankstellen, Lunchrooms, kleine Läden und Autozubehörteile einander ab. So geht das Meilen und Meilen. Da die Stadt bis auf ein paar Ausnahmen im Centrum fast nur aus ein- und zweistöckigen Häusern besteht (der häufigen Erdbeben wegen), kannst Du Dir ungefähr vorstellen, welchen Flächenraum die 2½ Millionen Einwohner ausfüllen. Auf der einen Seite wird die Stadt vom Gebirge begrenzt (aber offenbar erstreckt sie sich auch noch hinein), auf der anderen vom Meer; davon sieht man aber nichts, man sieht in dieser Richtung nur einen dichten Wald von Ölbohrtürmen. Der Götterort Hollywood, durch keinerlei sichtbares Zeichen kenntlich gemacht, unterscheidet sich nur dadurch von der übrigen Stadt, daß in den bergigeren Teilen hübsche Privathäuser stehen und in der Nähe der großen Filmfabriken zu den obenerwähnten Tankstellen noch Maskenverleihe, Friseure, Leihanstalten für Geld und Leute usw. kommen. Wir fuhren zuerst zum Georg Antheil, der bei der Paramount großes Musiktier ist und uns dort überall herumführte. Es war allerdings gerade Mittagspause und so sahen wir keine Aufnahme. Immerhin liefen wir in dem Kram herum und

beguckten alles, besonders die Musikabteilung. Na, es ist nichts Neues; man kennt das von Radios und sonstigen Musikmanufakturen her; hier durch die Menge des aufgestapelten Zeugs und der in Kabäuschen schwebenden Komponisten wirkt es vielleicht noch blöder als sonst. Wir aßen in einer Riesenkantine zu Mittag und da saß der ganze Zubehör zu einem amerikanischen Bürgerkriegsfilm herum. Einige Musiker umzingelten mich bald und machten das übliche Geschwätz. Wir zogen aber bald wieder weiter und ließen uns von Antheil zu den etwa 10 Kilometer entfernten Fox-Ateliers fahren. Dieses Institut schätze ich auf etwa den zehnfachen Umfang wie Paramount, und es macht auch sonst einen besseren Eindruck. Denham hatte hier einen alten Freund, der gerade Aufnahmen machte und zu dem gingen wir. Es war in einer von etwa 15 Riesenhallen, da war irgendwo zwischen Gärten, Schlössern, Gebirgen und Straßenzügen ein Zimmer aufgebaut. Und nun war alles, wie es der kleine Moritz sich vorstellt: Einer der Beaus, die man vom Film her xmal kennt (nennen wir ihn kurzerhand Spencer Knuttel), saß am Pianino, und einer der momentanen Hauptstars, in Gottes Namen Mabel Bay oder was ähnliches, krächzte neben ihm einen Schlager von 1919, von einer übermütigen Schar Freunde berhythmet. So lange ich da war, mußten sie alle sechsmal übermütig sein. Währenddessen bekam man immer wieder die Größe der betreffenden Helden vors Gesicht geführt.
Der junge Mann galt demnach etwa 1 800 Doll. wöchentlich, während auf den Kopf des Mädchens schon 2 500 gesetzt sind. Für ihren sechsmaligen Gesang hätte ich ihr allerdings kaum mehr als alles in allem 2,50 Doll. zugebilligt. Seit »meiner Filmzeit«, ich meine damals, als ich in der Hochblüte der Filmerei 1925 und später oft in Tempelhof herumwimmelte, hat sich in dem ganzen Aufnahmebetrieb offenbar nichts geändert. Hier ist natürlich alles viel größer (und dabei ist ja Fox nur eine der vielen Firmen) und der Hauptunterschied ist, daß hier die Arbeit ganz ruhig vor sich geht. Niemand schreit, niemand ist nervös, obwohl sie anscheinend alle abgekämpft sind, niemand tut sich wichtig. Und dabei sind es zum Teil ja dieselben Leute, die damals in Berlin so große Töne spuckten. Ein paar von den Aufnahmeleuten kannte ich wieder und wir unterhielten uns. Denhams Freund

Ratoff leitete die Aufnahme, und obwohl er augenscheinlich ein ausgekochter Theater- und Kinofritze ist, hatte ich doch den Eindruck einer ins Übermenschliche gesteigerten Schmiere. Da laufen Apparaturen in nie geschauter Menge, da strampeln sich für ein paar Schlagertexte monatelang Dichter, Musiker, Stars, Regisseure, Beleuchter usw., usw., usw. ab, diese Maschine läuft mit einem Aufwand an Bewegung und Gebrumm, den der nicht für möglich hält, der das nicht gesehen hat. Und das arme Mäuschen, das dieser kreißende Berg unter so viel Wehen endlich gebiert, ist dann mehrschtens doch kaum lebensfähig. Denselben Eindruck hatte ich bei einer anderen Aufnahme, wo mit einem großen Auftrieb von englischen Parlamentsherren, von anderen teuren Stars und von einem 4500 Doll. gültigen Stagemaster (King Applekrotze oder so ähnlich) etwas mit Stanley und Livingstone gedreht wurde. Hierauf setzten wir uns abermals auf ein Taxi und fuhren wieder 10–12 Kilometer in anderer Richtung zu Walt Disney. Das war zum mindesten interessant, obwohl der bittere Nachgeschmack sich auch einstellte. Zwei Jünglinge führten uns überall herum und es war nett zu sehen, wie die Micky-Mäuse usw. entstehen. Allerdings kann es einem bei der weitgehenden Organisation dieser humoristischen Manifestationen auch todtraurig zumute werden. Da haben sie eine spezielle Schule, wo der begabte Kunstjünger ausschließlich Micky-Mäuse oder Donald Ducks malen lernt und bis zu seinem hoffentlich recht späten Tode wird sich seine Liebe und Hingabe immer wieder in diese Gestalten verströmen. Irgendetwas Selbständiges kann er niemals einschmuggeln! Etwas besser sind die »Animators« dran, die immer die Hauptpunkte einer Bewegung auf schreibpapiergroße Blätter aufzeichnen – sie dürfen doch wenigstens diese Hauptpunkte frei erfinden. Freilich sitzt auch da ein Direktor drüber, der aufpaßt, daß keiner irgendwelche genialen Dinge heimlich anbringt. Und ganz obendrüber waltet Mr. Disney selbst. Er ist ein netter Mann von etwa 45 Jahren, aber gar nicht so wie man sich einen vorstellt, der Mickymäuse und dergleichen ausknobelt. Offenbar reichlich ungebildet und ahnungslos. Ich war im Allerheiligsten zugelassen, wo man zu der Bach-Toccaten- und Fugen-Platte von Stokowsky die etwa 180 Hauptpunktbilder einer Mischung von Orchesterreklameschottenbilder und Fischinger vorführte. Disney gab einen tollen Salat von Meinungen über seine musikalischen Eindrücke von sich, ehrfürchtig und widerspruchslos speichelgeleckt von etwa 12 anwesenden Animators, und sekundiert von dem Weltwunder Stokowsky, das all das Unglück auf dem Gewissen hat. Sie machen tatsächlich das, was ich mir schon immer von ihnen wünsche: Einen ernsten gezeichneten Film. Aber wie! Er beginnt mit besagter Stokowsky-Platte und besteht auch weiterhin aus Meisterwerken seiner Stabführung, wobei allerdings die Meisterwerke der Komponisten schwer unter seiner Bearbeiterfaust zu leiden haben. Das ganze ist ein irrsinniger Mischmasch von Programm: Zauberlehrling, Nußknackersuite, Sacre du Printemps, Nacht auf dem kahlen Berge und Ave Maria von Schubert. Zum Strawinsky sah ich die Bildentwürfe, die wirklich hübsch zu werden versprechen, aber in dem allgemeinen Kuddelmuddel völlig sinnlos sein werden und zur Frühlingsfeier wie ein Zahnstocher ins Arschloch passen: Sie handeln nämlich (ich glaube, angeregt durch Massine's 7. Symphonie) von der Entstehung der Welt aus den Nebelflecken – und ich konnte den Werdegang bis zur Komplettierung der Saurusse verfolgen. In all dieser Atmosphäre von ausgefeimtester Trickkunst habe ich aber doch die Meinung, daß die Leute unpraktisch und umständlich arbeiten. Mit einer verbesserten Form des seinerzeit so geschmähten Musikchronometers könnten sie sich eine Menge Arbeit ersparen. Ich sprach noch mit dem Musikgott Stokowsky und hatte das Gefühl, daß er bei aller Freundlichkeit sehr unsicher war und meinen Besuch durchaus nicht so sehr schätzte. Wie ich sah, was er da für einen Schund macht und daß er obendrein zu seinem etwas albinohaften, an Fritz Stein erinnernden verkitschten Gesicht ein ultramarinblaues Seidenhemd mit citronengelber Tuchkrawatte trägt, konnte ich natürlich auch nicht das landesübliche Maß an Ehrfurcht aufbringen. Das letzte Zipfelchen schwand dann noch, als ich dabeisaß, wie er einem seiner Bearbeiter, der eine so gewandte und durchaus zweckentsprechende Partitur wie die »Nacht auf dem kahlen Berge« ihm auf den Leib schreiben, d. h. verhunzen muß, daß kein Stein mehr auf dem anderen bleibt, in der Partitur herumstrich und -schrieb. Als die beiden dann noch das Ave Maria durchnahmen, war mir's hart vorm Übelwerden und ich kam zu der festen Überzeugung, daß die musikalische Welt nur durch eine gehäufte Hand voll Rattengift von diesem Übel zu kurieren wäre. Es ist wirklich zum Einmachen! Hier sind nun wirklich mal alle Mittel vorhanden, mit denen eine gute Filmkunst gemacht werden könnte – und in diesem Garten stapft ausgerechnet eine solche Sau herum. Fischinger, der auch drüben ist und bei Disney seine Sachen weiterverfolgt und dort eine eigene Werkstatt hat (die ursprüngliche Fassung der Bach-Sache ohne die Orchesterschattenbilder war von ihm), war auch etwas niedergeschlagen über all diese Dinge und klagt auch über die Überorganisation und die Befehlsgewalt der Göttergleichen, wobei alle Frische und Ursprünglichkeit verloren geht. Immerhin, sagt er, seien aber alle Mittel, viel Geld und guter Wille vorhanden, so daß man mit der Zeit zumindest Disney zu etwas Vernünftigerem bringen kann. Na, vielleicht spiele ich doch noch einmal eine Rolle in diesem Laden. Fischinger, der noch netter geworden ist als er schon war, fuhr mich mit seiner kleinen Muckepicke den stundenlangen Weg in die Stadt. Dort verabschiedete ich mich noch von ihm und nachher noch von Denham und begab mich dann langsam zum Santa-Fe-Bahnhof. Es war so ähnlich wie im Piräus: Vornedran stand der »Superchief No 49«, ganz aus poliertem Stahl mit einer unglaublichen Diesellokomotive vornedran. Er fährt eine Viertelstunde früher ab und kommt 16 Stunden früher in Chicago an als mein schwarzer Zug, der bescheiden im Hintergrund wartete.

14. III. 39.

Mein liebster Kollege, ich habe ein Schiff verpaßt, die »Queen Mary« am 10., sodaß Du erst nach so langer Pause eine Nachricht bekommst. Ich hatte auf der Reise in die kleineren Plätze der Landpraxis kein Kursbuch mit; außerdem war die Arbeit wirklich reichlich die letzte Zeit. Aber ich will der Reihe nach erzählen. Zuletzt schrieb ich Dir aus dem Zug irgendwo in Oklahoma oder Kansas. Am nächsten Morgen kam ich in Chicago an, um verabredungsgemäß Massine zu treffen. Ich quartierte mich im gleichen Hotel ein wie er, aber (wie zu erwarten war) er war nicht da. Ich dachte mir, nachdem ich herausbekommen hatte, daß sie am Vorabend in Des Moines getanzt hatten, sie würden mit dem nächsten Zug von dort kommen, gegen Mittag. Ich begab mich darum in die Gemäldegalerie, die ich ausgiebig beanspruchte. Es sind wunderbare Sachen dort. Ein ganz großer Greco (Mariä Himmelfahrt), aber sonst von alten Malern nicht gerade das Bedeutendste. Aber dafür haben sie einen ganzen Saal von Monet (herrliche Dinge darunter!), einen für Liebhaber sicher mehr erfreulichen als für mich von Renoir, und Manet und was man sonst noch von Franzosen sehen will. Unten im Parterre haben sie eine große Abgußsammlung, in der sich ganze Portalstücke von Chartres und anderes neben allem Erdenkbaren aus anderen Zeiten und Erdteilen befindet. In halber Höhe der Halle führt ein geländerter Übergang in einen anderen Teil des Hauses, und wenn man dort steht, hat man zur Rechten in Lebensgröße einen Meter von sich den Gattamelata mit seinem Gaul und auf der linken Seite den Colleoni. Es ist gar nichts dabei – aber ich habe doch laut lachen müssen, als ich mich plötzlich zwischen den beiden Pferden sah, die den Raum zwischen den Plätzen vor dem Dom in Padua und vor Giovanni und Paolo in Venedig so kühn zusammengeritten hatten. Es hat allerdings das Angenehme, daß man diese beiden Figuren sehr genau begucken und vergleichen kann, und man sieht dann erst richtig, wie der Gattamelata doch viel großartiger in seiner Einfachheit ist als der pompöse andere Reiter. Massine kam auch mit dem Mittagszuge nicht an und so bereitete ich mich wieder langsam auf meine Abfahrt vor. Aber gegen 3 rief er an. Er war natürlich, ohne irgendwas zu hinterlassen, in ein anderes Hotel gegangen! Wir hatten lange Unterredungen in der bekannten russischen Manier. Ich gab ihm den komischen Text, den ich gemacht hatte und wir sprachen über alle anderen Pläne, die er für die Zukunft hat. Leider konnte ich mit keinem so recht einverstanden sein. Abends fuhr ich nach New York und verbrachte den nächsten Tag bis zur Ankunft am nächsten Spätnachmittag damit, komische Novellen über Musikinstrumente zu schreiben (wenn ich sie fertighabe, bekommst Du sie). Hier konnte ich gerade all meine Sachen umpacken, Wäsche zurechtmachen usw., dann mußte ich mich wiederum zur Bahn begeben und bestieg den Zug, um nunmehr die fünfte Nacht im Schlafwagen zuzubringen. Sonntag mittag kam ich in Hanover an, das ist droben in New Hampshire. Scheußliches Regenwetter, so daß man nichts von der Gegend sah, die offenbar eine Art Skiparadies ist. Das Konzert war abends mit Hoffmann-Behrendt, die sich zur

Abwechslung die dritte Klaviersonate von mir angelernt hatte und sie wirklich ausgezeichnet spielte. Nächsten Tag nach umständlicher Bahnfahrt Landung in Syracuse, wo der Nabokoff mit Auto wartete. Er ist in Well's College in Aurora, eine hübsche Gegend mit einem bodenseeähnlichen Lake. Es war bitterkalt. Am nächsten Morgen sah ich mir die Schule an, gab Lectures und verzapfte Weisheiten. Abends war wieder Konzert. Mittwoch verarztete ich den Nabokoff, der mit dem blauen Theoriebuch ganz verrückt ist und dem es, als ich ihm auf meine Weise gründlich seine Kompositionen zurechtgerückt hatte, wie Schuppen von den Augen fiel. Er lief die ganze Zeit mit einer rührenden Mischung von Dankbarkeit, Verehrung und Erstaunen herum, die komisch anzusehen war. Er ist von seiner Natascha geschieden, heiratet aber offenbar noch diesen Monat wieder. Mittwoch abends war Konzert in einem Riesenmädchencollege hier in der Nähe mit großer, am nächsten Morgen folgender Lecture; und am Donnerstag passierte dasselbe in Saratoga Springs droben bei Albany. Das ist ein großer Kurort, der wirklich sehr hübsch liegt und allerlei nette Gebäude, Parks usw. aufweist. Das Hotel war allerdings nicht so auf der Höhe wie die Saisonhotels, die zur Badesaison 25 Doll. Pension nehmen. Das Roastbeefsandwich war nur dadurch genießbar, daß es über sein eigenes Volumen hinaus mit Ketchup bedeckt werden mußte. Nach der unvermeidlichen Lecture am nächsten Tage begab ich mich endlich wieder hierher, und seitdem bin ich ununterbrochen schon vier Tage hier! Die Ruhe währte allerdings nicht lange, denn am Montag in aller Frühe rief Massine an – er konnte es natürlich nicht erwarten.
Mittlerweile ist die Balanchine-Sache infolge Abspringens der Geldgeber aufgeflogen, worüber Massine froh war, und das komische Seeräuberballett, das ich ihnen in Chicago gegeben hatte, reizte sie nicht. So saß ich also, mit zwei brauchbaren Ballettstoffen da! Er wollte aber seinen Bruegel haben und so wühlten wir in der deutschen Buchhandlung, bis wir die nötigen Buchunterlagen fanden. Seitdem bossele ich also wieder an einem neuen Thema und bin auf dem allerbesten Wege, etwas Schönes zu finden. Gestern abend war erster Ballettabend hier. Ich wollte nicht hingehen, aber bei der Probe taten sie alle so, als ob das Gelingen der Sache und ihre

eigene Seligkeit von meinem Erscheinen abhing, und so ging ich dann und machte nach dem großen Erfolg der wirklich guten Aufführung ein paar Männchen. Nachher saß ich einsam im Blue Ribbon bei einem Glase Mosel und knobelte an der neuen Ballethandlung. Ich war ganz erstaunt, wie schön die Visione ist und wie sauber die Musik klingt. Auch die Choreographie ist, bis auf die paar dummen Sachen, wirklich schön und sie tanzten alle mit richtiger Hingebung und augenscheinlicher Sicherheit. Ich sah natürlich Genia, die zuerst nicht recht wußte, was los war. Aber da ich gänzlich unbefangen war und sie für heute mittag zum Essen einlud, war alles wie immer. Gerade komme ich vom Lunch mit ihr. Ich wollte nichts mit ihr über den ganzen Kram reden, aber es ließ sich doch nicht vermeiden und so erzählte sie. Sie ist sicher kein Engel, aber ich bin sicher, daß sie für Massine nicht die Schlechteste war und daß Tanya, die offenbar ihre Nachfolgerin ist, nicht gerade zu seiner Entwicklung beitragen wird. Er ist so unsicher wie er immer war und hat keine guten Ideen für Ballette, sein Ideal sind noch immer Symphonien und dergleichen, dazwischen dann Loreley-Kitsch oder gänzlich abstrakte und für meinen Geschmack häßliche Matisse-Bühnenbilder, für die einstweilen weder Musik noch Handlung da ist. Und dann wieder so was wie Tannhäuser-Bacchanale, herausgerupft aus seiner Umgebung und vom Perversling Dali bebildert. Sie wollen mich als Dauer- und ausschließlichen Mitarbeiter haben (das heißt, ich soll keine Ballette für andere schreiben dürfen), aber solange eine solche Geschmacksverwirrung herrscht, überlege ich mir das sehr. Jetzt gehe ich gleich zu Denham, um all diese Dinge zu besprechen. – Was Du schreibst über die Sommerkurse, ist nur allzu richtig. Also weg mit der Idee. Das geht umso leichter, als heute früh ein endloser und begeisterter Brief von Nabokoff kam, in welchem sein College die Einrichtung von Sommerkursen speziell für mich vorschlägt. Ich will mal alle die Vorschläge genau prüfen und auch mal abwarten, was sich nächste Woche in Hollywood alles abspielen wird. Dann werde ich bei meinem nächsten Hiersein Anfang April mit Nabokoff über alle Einzelheiten verhandeln. Der Vorschlag ist gut und in Verbindung mit ein paar Konzerten oder einer Filmsache ernsthaft in Erwägung zu ziehen für nächstes Jahr. – Das Buch, zu dem nur noch das Vorwort fehlt, ist nun endlich, nachdem ich noch viel daran gearbeitet und verbessert hatte, an Schott abgegangen. Jetzt muß ich dann an die Fertigstellung der Bratschensonate gehen, die am 23. April hier uraufgeführt wird. Zwischen 17.–23. April mache ich für Victor Grammophonplatten: Trauermusik; vierhändige und Bratschensonate, beide mit Sanroma. – Aufs Skilaufen bin ich neidisch. Grüß den Erwin. An Julle werde ich schreiben. Jetzt schnell Schluß, denn ich muß weg. Ich habe die Löwen sehr lieb und habe große Sehnsucht nach ihnen. Ich habe schon die Hälfte meiner Verbannungszeit um! Bald kann ich wieder an Wapuffs mitfühlendem Busen ruhen! Grüße an alle!

Dein Y.

AN GERTRUD HINDEMITH

Chicago, 18. III. 39

Geliebter Pushu, Deine Berichte von Schnee, Zermatt und Ski haben mich in hohem Grade neidisch gemacht, umso mehr, als New York sich in den letzten Tagen nur noch als eine öde Zusammenrottung von Regen und Steinen präsentierte. Ich bin darum einen Tag eher als nötig dort abgerückt und habe eine Zwischenlandung hier eingeschoben. – Als ich Dir zuletzt schrieb, hatte ich gerade die einigermaßen beruhigende Genia verlassen und ich dachte, daß damit meine Berührung mit den Russen im wesentlichen erledigt sei. Weit gefehlt. Um 5 nachmittags mußte ich zu Denham, wo man die neuen Ballettpläne für nächstes Jahr besprechen wollte. Massine, umgeben von einem vertrottelten russischen Grafen und einer Mrs. Frost-ähnlichen Figur wartete voller Aufregung und Ergebenheit auf seine neueste Eroberung und Offenbarung: das Phänomen Dali. Alles war sehr in Spannung auf diese Erscheinung und Massine völlig benommen von den Ideen, die ihm dieser neue Halbgott suggeriert hatte. Sie wollen zusammen, wie ich Dir schon schrieb, das Pariser Tannhäuser-Bacchanale machen, und es berührte offenbar Massine nur wenig, daß ich dagegen war, weil man ein Stück nicht aus dem Zusammenhang reißen soll; weil dieses Stück gar kein Ende hat sondern unmittelbar in die Oper übergeht; weil man die Orchestration nicht ändern darf und weil schließlich der Stil und die Handlung dieses Balletts von Herrn Wagner sehr genau festgelegt sind, und beides verträgt sich herzlich schlecht mit Denkweise und Kunst des Herrn Dali: Ja, aber Herr Dali sei ein großer Wagner-Verehrer und er habe auch gemeint, man könne den Feuerzauber als Ballett aufführen; was ich davon hielte. Ich bekam einen solchen Zorn, daß ich sehr rot wurde und Massine anbrüllte, ob er mich noch weiterhin mit dergleichen Narrheiten zu belästigen gedenke. So wurde die Stimmung allmählich lieblich. Herr Dali ließ die speziell zur Entgegennahme seiner Weisheiten versammelte Gesellschaft bis nach 6 Uhr warten – Du kannst Dir denken, daß ich immer rosiger wurde. Schließlich kam das Wundertier an – ein völlig pervertierter Nickel mit Schlitzaugen und einem bis auf einen Fadenstrich zusammenrasierten Schnurrbart. Er redete auf Französisch den schnödesten Stumpfsinn über Musik, und Massine schlürfte diese Manifestationen begierig. Mir genügte es bald und als ich vernahm, daß im Venusberg (falls überhaupt der Venusberg im Tannhäuserballett verwendet würde) Herr Wagner persönlich auftreten sollte, verabschiedete ich mich schnell. Ich war so voller Zorn, daß ich zu Fuß durch die ganze Stadt heimlief und mich nur mäßig über das wahrgenommene Übermaß an Frechheit, Anmaßung und Stumpfsinn beruhigen konnte. Um ½ 8 hatte mich Massine zu sich zum Abendessen eingeladen. Ich ging hin und er und Tanya brachten mich an einen Parkplatz, wo ein großer Auto-Anhängewohnwagen stand, mit dem er offenbar im Lande herumreist. Ich hatte neulich so gelacht, als Nabokoff erzählte, daß Massine in den vornehmsten Hotels wohne, aber zum Essen immer in seinen Trailer ginge. Es ist tatsächlich so. Andrea hatte gekocht, und es saß sich recht nett in dem engen Kämmerchen. Ich machte Massine ernsthafte Vorwürfe wegen seiner Ballettpläne und er schien auch etwas mehr darauf zu hören. Am Ende der Mahlzeit luden mich beide für den nächsten Abend um 1 Uhr nachts nach der Vorstellung ein: Sie würden um Mitternacht getraut und hätten anschließend eine Party. Das kam etwas überraschend, aber da das mich nichts angeht und ich nichts gegen das Brautpaar einzuwenden habe (ausgenommen, daß die Braut ein ziemlich ungebildetes Trampeltier und für den Massine wahrscheinlich verderblich ist), so sagte ich zu. Es scheint, daß diese Hochzeit vom Brautonkel Denham dringend gefordert wurde; Eile tut offenbar not! Nach dem Essen begleitete ich Massine ins

Theater und sah mir hinter der Bühne ein Ballett an, das ich noch nicht kannte. Als mich Genia sah, bekam sie einen Heulkampf erster Klasse und brach in einer Ecke der Bühne völlig zusammen. Massine hatte ihr zu Beginn der Vorstellung bekannt gemacht, daß sie die Truppe zu verlassen habe. Offenbar hat das die junge Braut zur Bedingung gemacht und verlangt, daß diese Affäre noch vor der Hochzeit bereinigt würde. Nun, wenn Genia die böseste Bissgusa auf der Welt wäre, hätte sich sicher eine bessere Form für eine Kündigung finden lassen als gerade vor einer Vorstellung und in einer Situation, wo die Frau ohnehin nicht recht in Fassung ist. Es war ein Kapitel aus einem russischen Roman; sie schrie und jammerte, daß sie nichts auf der Welt habe und wolle als Tanzen und daß man sie zu Tode quälen wolle. Diese Szene, die mehr in das Gebiet des Tierschutzvereines als in normale menschliche Verhältnisse gehörte, setzte mir ziemlich zu und ich saß mit Kurt noch eine Weile zusammen, der ebenso aufgeregt war wie ich. Am nächsten Tage hatte ich noch eine Verabredung mit Massine. Ich sagte ihm nichts von diesen Sachen, denn was gehen mich die persönlichen Verhältnisse der Leute an. Aber ich machte ihm einen klaren Aufriß über die jetzigen und künftigen Möglichkeiten des Balletts: Daß er mit seiner künstlerischen Unsicherheit die Arbeit und den Fleiß seiner Leute mißbrauche, daß er dieses Jahr ausschließlich vom Erfolg zweier Stücke gelebt habe (Nobilissima und Gaité) und für nächstes Jahr, um hier existieren zu können, mindestens vier gute Neuigkeiten, darunter zwei große Erfolge haben müsse. Daß unter seinen Plänen aber nicht ein einziger erfolgversprechender sei und daß sie bis auf einen einzigen alle künstlerisch anfechtbar seien. Daß er mit seinen getanzten Symphonien schon jetzt die Musiker geschlossen gegen sich habe und daß er auf dem besten Wege sei, dereinst in die Geschichte des Balletts zwar als guter Choreograph, aber als künstlerischer Schandfleck einzugehen. Daß auf die bisher gehandhabte Weise das Ballett kaum mehr als die nächste Saison überstehen würde.

Daß er sich auf die Choreographie beschränken und die Erledigung der produktiv-künstlerischen Fragen anderen Leuten überlassen solle. Daß er sich aus dem ihn in allem beeinflussenden Ring von meschuggenen Großen und alten Weibern befreien solle. Und daß ich schließlich ablehne, mich

in dauernde enge Verbindung mit einer Truppe zu begeben, deren künstlerische Leitung so unsicher und geschmacklos sei. Bestenfalls würde ich von Fall zu Fall für sie arbeiten. Er war sehr beeindruckt, beschwor mich, für nächstes Jahr ein neues Ballett zu machen und doch den Posten als künstlerischer Berater selbst zu übernehmen. Das wäre nun nach all den Erfahrungen noch das einzige, was mir fehlte!! Er ist bei aller Begabtheit doch ein armer Kerl, denn er muß, um einigermaßen durchzukommen, in all den Löchern seiner reichen Gönner herumkriechen – und außerdem ist er halt doch ein maßloser Egoist, der glaubt, daß er alles alleine machen muß, selbst wenn er tausendmal sieht, daß sich die künstlerischen Fragen nicht zwischen zwei Proben hier inmitten hundert anderen Appointments erledigen lassen. Ich sagte ihm noch, daß ich bei der Hochzeit nicht sein könne, da ich abreisen müsse; ich hätte es nach den gestrigen Ereignissen nicht gut fertiggebracht, als freundlicher und erfreuter Festgenosse dazusitzen und dazu noch ab 1 Uhr nachts!! Nachher war ich noch auf dem Büro bei Denham und Rubinstein und erzählte ihnen auch nochmals die ganze Ballettgeschichte. Sie waren erstaunt, einmal so eine klare und ungeschminkte Aufrechnung zu erhalten und es wurde ihnen recht mulmig. Schließlich machten wir noch einen Vertrag für das neue Ballett auf derselben Basis wie das vorige, nur mit Sicherstellungen gegen Namensänderungen und dergleichen! Mehr Geld herauszuholen war unmöglich (Kurt hatte mir früher schon erzählt, daß selbst diese 2000 $ sie schwer bekümmert hätten!) Sie waren sogar so naiv, zu verlangen, daß etwaige Grammophon- oder Filmrechte aus der Musik ihnen übertragen werden sollten. Das Haus hat selten so ein Hohngelächter gehört wie das meinige! Seitdem habe ich mich also wieder einmal auf die Suche nach einem Ballettext begeben und habe an Hand der Bruegel-Bilder so was ähnliches wie eine flandrische Bauern-Persephone herausgeknobelt, an der ich jetzt auf der Fahrt in den Westen arbeiten will. Verspricht sehr schön zu werden.
Hier bin ich gestern mittags angekommen und habe Lange getroffen, mit dem ich bei einer Quartettprobe war. Man spielte das alte Op 16-Quartett von mir. Ich hatte es kaum noch in Erinnerung und war erstaunt, welch starken Eindruck es macht trotz seiner übertriebenen Chromatik und

trotz allen Massenauftriebs an Tönen und Klängen. Abends war ich bei ihm (Lange) zum Abendessen, wo die Frau ein tadelloses Szegediner Gulasch und nachher Apfelstrudel gemacht hatte. Wir waren ganz allein und schwätzten eine Weile, dann ging ich bald heim. Heute früh hörte ich mir den Rest des Quartetts an, ließ mir die Haare schneiden und kaufte mir einen Hut. Dann war ich mit Lange und dem alten Storc lunchen. Sie bestellten für nächstes Jahr, wo das hiesige Orchester Jubiläum hat, ein Orchesterstück bei mir. Über die Bedingungen wird man noch verhandeln. Nach allem scheint es, daß die Zukunft (wenigstens die nächste) gesichert ist. Das fällige Geld aus Europa wird ja wohl langsam eingetrudelt sein, von hier werde ich einiges mitbringen. Nobilissima bringt etwa 300 $ und dann das neue Ballett 2000 $ – also es geht wieder langsam aufwärts. Nachher begebe ich mich in den Zug nach Denver, wo ich morgen zu spielen habe. Dann geht es wieder weiter nach dem Westen. Von Amsterdam telegrafierten sie begeistert und Mengelberg fragt, wann ich eine Uraufführung bei ihnen machen wolle. Paris telegrafierte, sie müßten das Konzert auf 15. Mai verlegen. Das geht aber nicht; ich sagte, daß der 10. allerletzter Termin sei. Na, vielleicht müssen wir, wenn der neuerliche Stumpfsinn in Europa größere Formen annimmt, überhaupt auf alle die dortigen Attraktionen verzichten – wer weiß! Vertrauen wir auf das Schicksal, das uns bisher doch recht gutgesinnt war! Die freundlichst übersandten »De la manière de...« habe ich gelesen. Manches ist sehr komisch, besonders der Tolstoi. Aber anderes scheint mir so nachgemacht, daß es schon gar keinen Unterschied gegen die Originale aufweist und darum lacht man kaum noch, z. B. Daudet und so. Sicher verstehe ich auch viele Anspielungen nicht oder lese Harmlosigkeiten wo Anspielungen sind. So, mein liebes Tier, ich sage Moshmu und sende Ihnen tausend Küßlein. Es ist nur noch ein Monat, dann besteige ich bald das Schiff um zu meinem braven Leuen zu fahren. Sei lieb all die Zeit über und behalte Deinen herumfahrenden Bratscher im Gedächtnis. Gruß an alle, und dem Alfi ein Pfötchen vom Herrchen.

Dein Y.

22. III. 39

Mein liebster Pushu, seit ich Dir von Chicago aus schrieb, hat sich nicht viel ereignet, ich will aber, obwohl ich keinerlei bemerkenswerte Dinge zu berichten habe, doch nicht die Queen Mary abfahren lassen, ohne Dir ein Briefchen zu schicken. Mittlerweile bin ich zum zweiten Male durch den ganzen Erdteil gereist. Von Chicago aus nach Denver in einem der neuen Prachtzüge, die es vielfach hier gibt. Dieser hieß Streamliner City of Denver und bestand aus einer Reihe gelber Stahlwagen, die ohne Abschnitt ineinander übergehen – auch die Diesellokomotive ist in das Ganze miteinkomponiert. Und drinnen ist natürlich alles, was man sich vorstellen kann. Als besondere Attraktion gab's hier einen Frontier Shack Car; ein Barwagen, den sie als grobe Wirtschaft aus der Kolonistenzeit aufgezogen hatten. Völlig sinnlos, aber sehr nett (was könnten die europäischen Bahnen alles machen, wenn sie in dieser Richtung gehen wollten!). Braungestrichene rohe Bretterverschalung, Petroleumfunzeln (nicht hundertprozentig echt), allenthalben Zeitungsausschnitte, Plakate und Bilder aus der Zeit der ersten Eisenbahn. Die Stilreinheit war so weit getrieben, daß der Servierkellner an seiner gestreiften Jacke lauter verschiedene Hornknöpfe – große und kleine, schwarze und weiße – angenäht hatte. Dieses Lokal genoß ich ausführlich und begab mich dann in den sehr schönen und erstklassigen Speisewagen, wo ich Hoffmann-Behrendt vorfand. Der Tag schloß um ½9, dafür begann der nächste, teils dieserhalb, teils wegen der Uhrzurückstellung auf »Mountain-time« sehr früh. In Denver war der Konzertvorstand in großer Aufmachung am Bahnhof erschienen. Gemeinsames Mittagessen, und dann fuhren sie uns in der Gegend herum. Die Stadt, nicht gerade die sehenswerteste auf der Welt, liegt herrlich vor den Rocky Mountains, die hier über 4000 Meter hoch sind. Eine wirklich schöngeformte, schneebedeckte Bergkette – schade, daß keine Zeit war, hineinzufahren. Das Konzert ging nachmittags vonstatten, gut und erfolgreich. Anschließend Reception und Abendessen bei einer ollen Dame in einem schöngelegenen Poloklub. Dann Schluß. Montag habe ich mich um 8 Uhr morgens wieder einem Schlafwagen anvertraut und bin bis Dienstagabend hierhergefahren, zum Teil über die schon

neulich beschriebene Strecke in Wyoming, zum Teil durch den südlichen Teil von Nevada, der sich wegen seiner Trostlosigkeit sehen lassen kann! Nix wie Wüste oder bestenfalls Steppe, gelb, grau und rot, mit scharf- und tiefeingeschnittenen Flußtälern, meist ohne Wasser.
Das geht so bis zwei Stunden vor Los Angeles; dann fängt das bebaute Land an und man fährt durch endlose Zitronengärten und sonstige Pflanzungen. Als ich hier ankam, fand ich schon ein Begrüßungstelegramm von Klemperer vor. Sie hatten mich abholen wollen, wußten aber nicht den Zug. Sie schickten mir ihr Auto, das mich hinaus zu ihnen brachte und ich aß dort zu Abend. Sie wohnen schön (man fährt 3/4 Stunde durch Häuser) auf den Nordhügeln über der Stadt und man hat das ungeheure Lichtermeer gerade unter sich. Er ist gänzlich unverändert, redet, tut und ißt genau so wie damals; Johanna etwas dicklicher, aber sonst ebenfalls so wie gewöhnt – selbst die Debatten, ob sie noch ein Glas Wein haben solle, waren nicht ganz ungewöhnlich! Na, wir redeten über die Proben und die Stücke, die verschobene Weltlage und sonstige Wichtigkeiten und um 1/2 10 begab ich mich wieder heim. – Nachher ist Probe, heute nachmittag ebenfalls, morgen früh nochmals. Es gibt den Schwanendreher und die Nobilissima Visione. Disney, dem ich geschrieben hatte, ist anscheinend erpicht, mich zu sehen – ich schicke ihm Karten für's Konzert; Fischinger rief gleich gestern abend an. Wollen mal sehen, was sich sonst alles ereignet. – Auf der Bahn habe ich feste komponiert– Bratschensonate mit Klavier für das New Yorker Konzert. Ich will sie möglichst fertighaben bis zur Rückkehr nach dort. Jetzt nur noch einen Monat, dann fahre ich zum Pushu! Im Zuge sah ich ihn oft im Geiste mit seinen dicken Skihosen und seiner Schneehaube vom Füni abends nach Hause stapfen. Ich habe sehr große Sehnsucht nach dieser vielseitigen Künstlernatur! – So, jetzt muß ich hinüber zur Probe. Küßlein und Yashny, lieber Hasha! Dein weitentfernter Y.

AN GERTRUD HINDEMITH

27. III. 39

Mein liebster Pushu, es ist ein rechtes Labsal, in diesem Landstrich der Phantome, Schemen und Dämonen einen Brief von einem wirklichen Lebewesen zu bekommen, be-

sonders wenn ihm noch das erste Schneeglöckchen aus dem Garten und die Creteller Gänseblümchen beiliegen. »Sehnsucht nach dort« ist schon fast kein Ausdruck mehr für das, was mir diese Stadt trotz ihrer himmlischen Umgebung immer ungenießbarer macht. Das endgültige Ergebnis meiner Erfahrungen hier ist: Wenn es irgend geht, nicht hierher gehen müssen, nicht einmal in effigie.
Letzten Monat, als ich hier war, schien mir alles, was ich von der Musikindustrie hier hörte, mehr oder weniger komisch. Ich habe auch jetzt wieder, besonders bei den ausführlichen Erzählungen Tochs, über vieles helle Tränen gelacht – aber es ist alles mehr als schändlich. Das Ganze ist ein Alpdruck, ein Goldgräberwahn. Wen Du auch siehst und sprichst, er sucht eins von den herumliegenden Goldklümpchen zu finden. Wer durch Agenten, Freunde, Schiebungen oder Zufälle einen Augenblick an die goldene Krippe herankommt, frißt sich voll – vielleicht (oder sogar wahrscheinlich) wartet er nachher wieder Jahre und Jahre auf einen günstigen Zufall. Manche, die mit Direktoren und momentan glänzenden Sternen über die bekannten Wege des Bartischs oder Bettes obenauf sind, verdienen Vermögen. Fast alle sind absolute Nichtskönner, viele der prächtigen Komponisten (so wurde mir geschworen) haben es aufgegeben zu erfahren, was für ein Ding ein Sextakkord ist – es ging nicht in ihren Kopf. Kleine Orchestermusiker, die an dem Riesenkadaver dieser Kunstleichen ebenso herumschieben wie ein winziger Mistkäfer unter einem toten Esel, verdienen bis zu 1 000 $ die Woche – ein Fagottist im Orchester hier hat zwei schwarze Diener und einen Koch für sich ganz allein! Auf Können und Qualität wird nirgends gesehen – alles hängt davon ab, ob einer den gerade gültigen oder für gültig gehaltenen Geschmack der Menge trifft. Andere bekommen Geld, schreiben aber nichts, die meisten sitzen da und warten vergebens auf den goldenen Segen. Das Ganze hat große Ähnlichkeit mit dem Heringslaichen. Da schwimmen Hunderttausende von winzigen und wertlosen Eierchen in der Riesenlache herum und jedes wartet auf den glorreichen Augenblick, wenn der Producer seinen belebenden Seich drüberspritzt. Dann werden einige befruchtet, der Rest kann krepieren. Und was zum Schluß herauskommt, ist wirklich nicht viel mehr wert als Heringe. Selbst Disney, der offenbar mit seinen Absichten und auch

mit der Art der Arbeit turmhoch über den anderen zu stehen scheint, ist trostlos. Mit Fischinger war ich einen Abend zusammen, und was der erzählte, war so wenig ermunternd, daß ich froh war, als der beiliegende Brief von Disney kam (Ich hatte ihm von New York aus geschrieben). Selbst wenn alles großartig und vertrauenerweckend wäre, fragt es sich noch immer, ob man mit einem Manne arbeiten könnte, der solche I-Punkte von sich gibt! Ich glaube, daß ich von der Idee, hier am Film irgendwas mitzumachen, (die noch durch die völlig wahnwitzige Idee, etwas künstlerisch Wertvolles hervorzubringen, gestützt war) ziemlich kuriert bin. Ernsthaft kann man das nicht betreiben. Die einzige offene Frage wird bleiben, ob man ein etwa einmal kommendes Angebot aus geldlichen Gründen annehmen soll – aber die Wahrscheinlichkeit eines solchen Angebots ist so gering, daß man seine Erwägungen besser in anderer Richtung sich erstrecken läßt.

Von einem Musikleben außerhalb der Movies kann man in dieser Riesenstadt kaum reden. Es gibt nicht mal eine richtige Musikschule. Klemperer dirigiert das Orchester, aber das steht so allein wie der berühmte Baum im Odenwald. Irgendeine musikgebildete Gesellschaft oder selbst interessierte oder erhaltende Organisationen als Hintergrund gibt es nicht, wenn man nicht den üblichen Troß dicker und alter Weiber, Board of Trustees oder sowas, dafür ansehen will. Mir wirds immer leicht übel, wenn (wie ichs schon wiederholt sah) so ein aufgetakelter Fleischpatzen sich vor das Orchester stellt und mit ihm über Dienst, Gagen und künstlerische Fragen verhandelt. Ein Kapellmeister hat da gar nichts dreinzureden! Immerhin gibt es hier zur Heranbildung der dereinstigen Protektricenkühe eine Junior-Women's Association von noch nicht zur Überreife gediehenen Ladies, denen es obliegt, das diesjährige Defizit von 150 000 $ teils aus der eigenen Handtasche zu zahlen, teils zusammenzuschnorren. Bei diesem Verein mußte ich am Freitag vormittag eine halbe Stunde lang das übliche Frage- und Antwortgequatsche veranstalten. Es war insofern nicht ganz so abgrundtief blöd wie meistens, weil sich offenbar unter den Pelzen aller erdenklichen Zwei- und Vierfüßler, unter den getrockneten Quetschen, den Mausefallen, den Frühstückshörnchen, Knödeln und Lakritzklumpen (und was sie sonst alles mit 80 cm hohen bunten

Federn als Hüte tragen) und hinter dem millimeterdicken Lippenlack, den schon ins Blaue hinüberspielenden Karmoisinfingernägeln, den hektisch rotgeknallten Backen und den wie Mikoschs Schnurrbartspitzen zusammengedrehten Augenwimpern immerhin einige hübsche Gestalten befanden. Lert, immerhin ein Name, der Jahre lang an der Berliner Staatsoper Kapellmeister war, wenn auch kein erstklassiger, kondöktet in Pasadena sowas wie ein halbes Dilettantenorchester, Schönberg gibt in der Universität Anfängerunterricht in Harmonielehre (geschieht ihm recht) und so fummeln alle die einstmals Großkopferten etwa so herum wie ein Stadtmusikdirektor im bekannten Kyritz an der Knatter, nur mit dem Unterschiede, daß diese Knatter, verglichen mit dem Los Angeles River an Kunstgeschwängertheit den kastalischen Quell ungefähr so überragt wie der Main das Königsbrünnche. –
In den beiden Konzerten habe ich tadellos gespielt. Wir haben sehr gründlich geprobt: für beide Stücke hatten wir fast 8 Stunden drangehängt, und das Orchester kam dann auch entsprechend leicht und durchsichtig. Nobilissima-Suite (der ich wegen des großen Streicherkörpers in den Sälen neben Blasverdopplungen noch ein Paar Posaunen und die Tuba eingeimpft hatte) ging schön und machte ebenso wie der gedrehte Schwan einen so großen Erfolg wie niemals bisher.
Nach den Konzerten zog Berlin in voller Größe, wie es leibte und lebte vor 15 Jahren, herbei und währte bis gestern!! Schlagen wir freudig drei Kreuze und singen wir laut Halleluja, daß wir damit nichts zu tun haben!!! Als erste (allerdings verhältnismäßig erfreuliche Erscheinung) trat Christel Ehlers auf. Nicht mehr so hübsch und nett wie sie als Kind war. Eine Mischung von Sylvia Kind'scher Geschäftigkeit und Medis Art; schwätzt zu viel und zu intellektuell und ist geschieden. Sie holte mich Samstag nachmittags mit ihrem Wagen ab und wir fuhren erst eine halbe Stunde lang in einen der benachbarten Blocks zu ihrem Haus, das sie mit ihrem Buben und Alicen bewohnt. Mama zupft in New York augenblicklich. Der Bub, Peter, von 4 Jahren ist ungefähr das netteste Bübchen, was ich seit Jahren gesehen habe. Christel hat irgendeinen Modesalon oder sowas aufgemacht, sie wohnt sehr hübsch. Wir luden den Bub auf und fuhren wieder eine halbe Stunde in die weiteren Nachbarblocks zu Lert. Der bewohnt mit seiner berühmten

Vicki eines der schönstgelegenen und schönsteingerichteten Häuser – so wie man sich's von den Ultrafilmgrößen vorstellt, nur mit großem Geschmack, offenbar von ihr eingerichtet (sie ist gerade in Europa). Aber trotz aller Schwimmpools, trotz der phantastischsten subtropischen Blütenbäume, trotz Bali-Bar und Kostbarkeitenbibliothek ist mir Blusch tausendmal lieber und der Sternenhimmel über dem Rhonetal und den Hörnern ist halt über allem anderen, denn der Himmel hier, und wenn er noch so blau ist, ist doch nur ein heaven mit Stars statt richtiger Sterne.

Im Hause war alles aufgeregt und mit Vorbereitungen zur Abendgesellschaft beschäftigt. In der Zeit badete ich den kleinen Bub und brachte ihn ins Bett. Wir vertrugen uns sehr gut und er wollte mich gar nicht mehr von seinem Bett fortlassen. (Christel hatte ihn hierhergebracht, weil sie daheim niemand hatte und nachts nicht mehr mit ihm heimfahren wollte). Dinner bestand aus Klemperers nebst herzlich unsympathischem Sohne Werner, haushaltsführender wienerischer Schwester Lerts mit mäßig geistesstarkem Tiroler Sohn, Frau Peter Lorre mit bei Autounfall gebrochener Hand (sonst aber sehr nett; scheint mal mit Rudel was gehabt zu haben, denn sie wußte erst nicht und suchte durch vorsichtiges Fragen herauszukriegen, ob ich derjenige Hindemith sei, der dann und dann und da und da vor 10 Jahren in Frankfurt – ne, ich war's nicht gewesen), blöder Movie-Komponist Wachsman mit waschbärenähnlicher Frau voller Rilkekult. Man bewegte sich in den üblichen Bahnen blöden Gewäschs, aber gottlob stoppte Lert jeden geringsten Versuch politischer Gespräche. Das Ehepaar Klemperer oblag eifrig seinen ständigen heimlichen und öffentlichen Zwiekämpfen, in denen (was immerhin zugegeben werden muß) Johanna mit ihrem ebenso häufigen wie unbefriedigten Verlangen nach etwas Alkoholischem fast immer unterlag. Nachher erschien noch eine Native-Komponistin mit Radioansagergemahl, der hauptsächlich an Baseball und dergleichen interessiert war: Ein gefundenes Fressen für den ebenfalls auftretenden Rolf Nürnberg nebst Madam. Dieser Liebling hat als Brechmittel noch um einige Stärkegrade gewonnen – es ist wirklich nicht mehr vorstellbar, daß so ein Schmierlappes mal einen Zipfel des Geisteslebens in einem Lande in der Hand hatte. Mir genügte es gegen Mitternacht und das Composeransagerpaar

brachte mich nach 50 Minuten Fahrt in das nachbarliche Hotel.
Gestern (Sonntag) holte mich bei strömendem Regen der Toch ab. Wir fuhren eine Stunde lang wieder in die Nachbarblocks zu ihm in Santa Monica, fast direkt am Meer. Und dort trat in Gestalt von Frau Toch und Olga Wolfstal der Rest des damaligen Berlin auf die Schaubühne. Olga ist als Frau Heifetz dünn geworden und sieht darum manierlicher aus als damals. Sie wohnt auch hübscher (die ganze Gegend ist sehr schön dort draußen und alle Häuser sind in einem angenehmen, spanischartigen Kolonialstil erbaut), ihr Mann ist mit dem Quartett gerade in Europa, die sogenannte Dedda ist bei ihnen und das Kind Susi sieht seinem Papa sehr ähnlich und spielt ebenso wie er Geige. Toch erzählte und fragte, Frau Toch erzählte und fragte, Olga erzählte und fragte. Dann kam noch Lert nach halbstündiger Fahrt aus der Nachbarschaft und in einem Regen von seltener Fülle und Ausgiebigkeit fuhren wir in zwei Autos (Tochs haben trotz ihrer allseits beklagten Armut und Unsicherheit wie alle armen Hascherln zwei Viersitzer) eine Stunde weit in die benachbarte Strandpartie, wo Toch sich aus seinen Berliner Möbeltransportkisten ein nettes Strandhaus erbaut hat. Abends brachte mich Lert dann heim ins Hotel und ich schwätzte noch eine Weile mit ihm.
Ein Erlebnis eigener Art ist noch nachzutragen. Nach dem zweiten Konzert (es fand nachmittags statt) erschien hinter der Bühne eine etwas schüttere (gelinde gesagt) Gestalt, ein Stück kleiner als ich, alt, mit sauerkrauthaftem Vollbart und quäkender Stimme. Er war sehr begeistert und redete heftig auf mich ein. Der Hauptinhalt seiner Rede war, daß er ein alter Gegner von mir sei. Mich interessierte das gar nicht sehr und ich sagte, ich hätte deren viele und das sei nichts Besonderes. Ja, aber er sei ein ganz richtiger und ernsthafter und ich solle raten, wer er ist. Auch das wäre mir egal, sagte ich, und als ich mich schon gar nicht weiter mit ihm befassen wollte, demaskierte er sich, indem er sagte, er sei der alte Korngold. Auf das war ich allerdings nicht gefaßt gewesen und ich schlug eine laute Lache auf. Ich bewunderte seinen Mut, denn nach alledem, was er über mich von sich gegeben hatte, konnte er doch kaum ganz sicher sein, ob er mit heiler Haut wieder von der Bühne herunterkäme. Er sagte, er hätte

das gewußt, er kenne mich. Ich hätte mich nicht so bedingungslos auf die Gutmütigkeit anderer verlassen und ihm gewünscht, daß er so viel Weisheit und Voraussicht früher bei seinen Kritiken gezeigt hätte. Er schluckte alles, was ich ihm versetzte, mit quäkender Heiterkeit, und da ich die Situation so komisch fand und ihm unter ständigem Lachen die größten Gemeinheiten versetzte, versicherte er immer wieder, daß es ja ganz natürlich sei, wenn ich jetzt meine Vorteile gegen ihn alte Ruine ausspiele. Na, ich wollte keine Vorteile ausspielen und lud ihn ein, ein Glas auf unsere altbewährte und dauerhafte Feindschaft mit mir zu trinken, was er dann auch begeistert tat. Klemperers kamen noch dazu und der Alte bekam noch einiges zu hören. Er ist aber wirklich keine herrische Natur und er gab nur blödes Zeug von sich. Als er auf sein Steckenpferd, die fest zusammenhaltende Partei der heimtückischen modernen Komponisten zu reden kam, und ich ihn aus Gesundheitsgründen warnte, das bisher noch nicht restlos verspritzte Gift nicht gerade hier im Kaffeehaus von sich zu geben, und als er überdies nicht einmal vier von dieser zusammengehörigen eisernen Garde nennen konnte, schlossen wir die Sitzung. Er empfahl mir noch, seinen Äärich anzurufen, der leider nicht ins Konzert hätte kommen können, moviehalber. Darauf empfahl ich ihm, daß sein Äärich mich anrufen könne, und er empfahl sich.
So mein Hashalein, jetzt weißt Du alles, was sich bisher hier ereignet hat. Morgen habe ich mich noch einmal mit Fischinger verabredet und warte noch auf einen Bescheid von Toch, ob und wann ich mit ihm die Mount Wilson-Sternwarte besuchen kann. Dann werde ich mich so schnell wie möglich wieder auf den Weg nach Osten machen. – Jetzt habe ich aber genug geschrieben, deshalb sage ich jetzt gar nichts mehr und setze auf den freien Raum nur noch eine große Anzahl Küßleins.

Leb wohl, mein Lieber!
Dein Y.

Paris telegraphierte, daß sie erst im Juni das Konzert machen können. Das ändert in meinen Fahrplänen natürlich nichts und der Pushu ist gleichwohl in Cherbourg erwünscht. – Die Künstlermaßnahme in Deutschland ist durchaus in der Linie der gesamten Unternehmungen des Reiches, die ausschließ-

lich nur noch von Größenwahn, Sadismus und Rohstoffmangel diktiert zu sein scheinen. Ich komme mir immer vor wie die Maus, die leichtsinnig vor der Fallentüre tanzte und auch hineinging; zufällig, als sie gerade mal draußen war, klappte die Türe zu! Daß für meine Betätigung dort keine wirtschaftliche-politische Notwendigkeit bestanden hätte, solange Sir Drewes zu entscheiden hat, dürfte zweifelsfrei feststehen. – Willst Du nicht die Gartenpläne mit den einheimischen Sachkennern beraten? Ich komme schlecht dazu, weil ich noch die Bratschensonate fertigmachen muß! Vielleicht macht man das Sitzplätzchen unter dem ersten Äppelbaum links vom Tor, den ich neulich entäpfelt habe? – Deine Buchsendung werde ich wohl in New York vorfinden. – Was Du von dem Cellomeister schreibst, ist nichts Neues, so sind fast alle Lehrer. Aber das macht nichts, man kann auch da lernen.
Mashmu Lieber, jetzt habe ich Hunger.

AN GERTRUD HINDEMITH

6. April 39

Mein allerliebster Strohlöwe, als ich vorgestern früh nach vier Nächten Schlafwagen wieder hier einkreuzte, fand ich voller Freude Deine beiden Briefe vor, auch die Büchersendung war vorhanden. Vielen Dank, nun habe ich wenigstens was für die freien Augenblicke (mehr sinds wirklich kaum noch), die mir bis zur Abfahrt bleiben. Diese letzten Wochen habens in sich! Eben bin ich gerade von Philadelphia zurückgekommen, wo ich vormittags mit dem Orchester geprobt habe. Das war wirklich ein Vergnügen, und die Arbeit mit so einem Musikinstrument kann einen mit vielen der hier angehäuften Scheußlichkeiten wieder aussöhnen. Das Orchester ist neben dem Bostoner das beste der Welt. Beide sind vielleicht gleich gut, aber mir ist das Bostoner noch um einen Grad lieber. Die Philadelphia-Leute sind mehr amerikanisch in ihrem Charakter (in Boston hat man das Gefühl, vor dem Idealbild eines europäischen Orchesters zu stehen), ungeheuer gewandt und flexibel, dabei von einer fast unübertrefflichen Spielkultur und Zusammenspieltechnik. Sie waren sehr freundlich zu mir, begrüßten mich sehr ehrenvoll und erklärten mir öffentlich auf dem Podium, wie gerne sie das Stück (Nobilissima) hätten – sie hatten es fürs Ballett gespielt. Sie machten mir auch viel Komplimente übers Dirigieren, und der Konzertmeister sagte mir, man merkte halt doch gleich in den ersten zwanzig Sekunden, daß einer dastünde, der seine Sache könnte und der wüßte, was er will. Auf diese Weise hatten wir eine sehr angenehme, aber gründliche Probe, die ich zur Freude aller schon nach 1½ Stunden als erledigt betrachten konnte. Samstag und Montag sind die Konzerte drüben und am Dienstag geht dasselbe nochmals hier in der Carnegiehall vonstatten. Die hinzugefügten Hörner, Posaunen usw. machen sich ausgezeichnet und so wirkt die Suite selbst in den größten Sälen als vollwertiges Orchesterstück. Mittwoch (13.) muß ich nach Boston fahren. Dort mache ich für »Victor« am Donnerstag den Schwanendreher auf Platten, mit den Bostoner Leuten und dem Kapellmeister Fiedler, der ihn schon vor zwei Jahren dort dirigiert hat. Eigentlich sollten am Ostersonntag noch Plattenaufnahmen von der Nobilissima-Suite mit dem Philadelphia-Orchester sein, aber es geht doch nicht mehr, da die ganzen Tage für Stokowsky und seine Aufnahmen für Disney beschlagnahmt sind. Inzwischen muß ich auch noch die Bratschensonate fertigmachen, die hier am 23. steigt. Auf der Herfahrt von Los Angeles habe ich den zweiten Satz gemacht und habe ihn vorgestern und gestern herausgeschrieben. Morgen hoffe ich mit dem kürzeren dritten zu Rande zu kommen und wenn alles gut geht, habe ich bis Mittwoch das Ganze fertig. Nach den Aufnahmen in Boston muß ich die ganzen Tage proben (entweder ganz dort oder zum Teil wieder hier): Die Bratschensonate und die vierhändige mit Hoffmann-Behrendt, mit der ich beides am 19. in Cambridge (Boston) in der Universität spiele (das ist noch neu dazugekommen; es ist eine kleinere Sache, aber mir ist's ganz lieb, daß ich die Sonate vor dem New Yorker Konzert schon einmal spielen kann). Dann probe ich dieselben Sachen mit Sanroma, der die Bratschensonate hier spielen wird und die vierhändige Sonate mit mir für Victor spielt. Außerdem ist mit den Bostoner Leuten das Quartett zu proben. Rechne nun noch dazu, daß ich noch die Lauferei mit Steuer, Schiffskarte und französischem Visum habe, so siehst Du die vollgestopften Tage vor Dir. Nach dem 19. sind die Victor-Aufnahmen für die beiden Sonaten und die Trauermusik hier und dann steigt am 23. das berühmte Konzert hier; 24.–25. Abrechnerei und dergleichen und dann kommt der erste Schritt in Richtung Pushu. Hoffentlich ist bis dahin das Pulverfaß in Europa noch nicht explodiert. Es sieht alles etwas trübe aus und ich gucke nicht gerade mit rosigsten Gefühlen in die Zukunft. Kommt es zum allgemeinen Krach (und einmal scheint das ja eintreffen zu müssen), dürfte unser geliebtes Wallis auch aufgerollt werden und dann bleibt uns nichts anderes übrig, als wieder auszurücken. Und der einzige freie Weg führt dann hier herüber. Nun, einstweilen ist offenbar keine akute Gefahr und ich warte geruhig ab. Immerhin will ich aber doch in den nächsten Tagen einige Sicherungen hier vornehmen und zu erreichen suchen, daß wir im Falle dringender Gefahr sofort nach hier abdampfen können, ohne allzu große Schwierigkeiten mit dem Konsulat zu haben. Mache Du Dir jedenfalls keine Sorgen. Bekanntlich fällt kein Spatz ohne die Vorsehung vom Dache, darum wird es auch den Löwen gut gehen. Es ist (wiederum mal!) ein großes Glück, daß ich die paar amerikanischen Reisen gemacht habe – und gerade die heurige, die ich so über die Achsel angesehen habe, ist in jeder Beziehung wichtiger und erfolgreicher als die beiden vorangehenden. Ich bin sicher, daß ich auf den heuer angesammelten guten Kredit ohne weiteres hier hereinkommen kann, wenn die Sache brenzlich wird. – So, nun laß Dir noch berichten, was sich seit meinem letzten Briefe alles ereignet hat. Zuletzt schrieb ich Dir von einem Sonntag mit Toch, Lert und so. Montag duddelte ich mit Wäsche, kleinen Einkäufen und Ansichtskartenschreiben etwas faul und dämlich herum; abends hatte ich nochmals die Christel Ehlers zu mir ins Hotel in den Grill eingeladen (sie erwies sich als bedeutend weniger erfreulich als zuerst) und ab dann war ich offiziell abgereist. Nur nicht für den Toch, mit dessen Hilfe ich noch zu einem außerordentlich eindrucksvollen Erlebnis kam. Dienstag und Mittwoch schrieb ich von morgens bis abends Briefe und erledigte alle Postschulden durch einen Stoß von 40 Postsachen, bis auf ein paar Postkarten alles Briefe, darunter recht ausführliche! Donnerstag holten mich Toch's ab und wir fuhren erst nach Pasadena, wo wir sahen, wie der 6 Meter-Durchmesser-Spiegel für ein neues Sternwartenteleskop geschliffen wurde.

Man schleift schon seit drei Jahren dran und hofft, in etwa einem Vierteljahr damit fertig zu werden. Der Astronom Herr Zwicky (aus Bäärn oder Umgegend) zeigte uns alles und erklärte die ganze Sternwartensache, außerdem zeigte er uns alle möglichen Bilder über einen von ihm entdeckten Super-Nova-Stern, der voriges Jahr plötzlich an einem Tage in millionenfacher Sonnenstärke explodierte (natürlich irgendwo... 0000000 Lichtjahre entfernt) und in den nächsten Tagen rapid nachließ, bis er kaum oder überhaupt gar nicht mehr zu sehen war. Anschließend wurden wir auf den Mount Wilson gefahren. Eine herrliche Bergfahrt von etwa 1½ Stunden von Pasadena aus, durch ein wildes, gänzlich leeres Schluchtengebirge auf einer schwindligen Alpenstraße. In der Dunkelheit kamen wir droben (2000 Meter Höhe) an und hatten einen überwältigenden Anblick auf die Millionen von Lichtern der unten ausgestreckt liegenden Riesenstadt (sie bedeckt ein Gebiet von der Größe der Provinz Rheinhessen!). Es ist ein hübsches Hotel droben (sogar mit Schwimmbassins!), wo wir aßen. Mr. Sanford holte uns ab und führte uns durch die Sehenswürdigkeiten. Auf dem Mount Wilson befindet sich nämlich das größte Observatorium der Welt. Wir sahen alles, die Teleskope in den Riesenkuppeln und die ungeheure Maschinerie mit allen ihren Feinheiten für Beobachtung des Himmels. Leider war der Himmel bedeckt, so daß man kaum Sterne sehen konnte, aber den Mond hatten wir in einem gewöhnlichen Linsenteleskop herrlich und in den verschiedensten Größen und Einzelansichten. Dann kamen auch noch einige Sterne, aber da sie halt bei der allergrößten Vergrößerung immer nur Punkte bleiben, ist der Eindruck nicht gar so überwältigend, da man das ja alles schon so viel photographiert gesehen hat und einem die Beschreibungen dieser Dinge schließlich genauere Auskunft geben als der punktübersäte Himmel, der im Fernrohr (so weit er sich stückweise zeigte) für den Nichtfachmann nicht gar so anders aussieht als von Blusch aus in der Weihnachtsnacht. Wir bekamen alles erklärt, was wir wissen wollten, die Kuppeln drehten sich, das Riesenteleskop von 3 Meter Durchmesser bewegte sich nach allen Richtungen, die Uhren spielten und die Apparaturen aller Art taten ihr Bestes, um den armen Nichtwissenden zu imponieren. Es war wirklich erschütternd zu sehen, wie man mit diesen Dingen den fernen Geheimnissen näherrückt, aber auch, wie man halt auch mit den noch xmal größeren Teleskopen immer wieder die Bestätigung erhalten wird, daß man nichts weiß und nichts von all

den Dingen jemals begreifen wird. Es war rührend, den älteren Mr. Sanford zu sehen, der (mit anderen Astronomen) hier seit mehr als zwanzig Jahren arbeitet, fast wie in einer Art Kloster, wie er uns all seine Herrlichkeiten zeigte. Er ging, der nächtlichen Kälte wegen, in einer Art Filzkapuzenmantel, was den Eindruck mönchischer Abgeschlossenheit noch erhöhte. In einem der Kuppelbauten, den wir betraten, ertönte Musik: Ein Photograph, der hinter dem zweitgrößten Teleskop saß und stundenlange Aufnahmen irgendeines Sternes machte, spielte sich zum Zeitvertreib in Dunkelheit und Kälte per Radio von Grammophon die Mozart-Es dur Symphonie. Das war recht seltsam zu hören, in dieser Sternenumgebung, denn man stellt sich doch auch unter der Arbeit mit diesen Objekten so etwas wie eisiges Schweigen in der unendlichen Weite vor. Und doch war es nach der ersten Überraschung so, daß diese Musik wirklich sich mit dieser Unendlichkeit zu einem Organismus von Maß und Klang verband, in dem kein Fehler und keine Trübung störte. Ich glaube kaum, daß außer Bach und Mozart eine Musik solche Konfrontierung ausgehalten hätte! – Spät nachts fuhren wir heim. Freitag hatte ich allerlei Lauferei mit meinem Rückfahrticket.
Um 6 nachmittags fuhr ich dann ab. Diesmal ganz unten herum an der mexikanischen Grenze entlang. Ungefähr die langweiligste Fahrt, die man sich denken kann: Nix wie Wüste, den ganzen Samstag durch, nur manchmal ein bißchen Grün. Vielfach Kaktusbäume aller Arten und Agaven. Alle Stunde mal ein ärmliches Dorf, Städte ganz wenig. Viel Cowboys in wildromantischen Trachten, in der Luft große Adler. Sonntags immer noch Wüste in Neu Mexiko und Texas, erst mittags fing das bebaute Land an. Das erstreckt sich endlos, ohne einen Berg oder Hügel in kilometerlangen schnurgeraden Feldern mit eingestreuten Farmen bis fast nach Chicago hin. Es ist zum Angstkriegen, so viel ebener Raum – das Getreide, das hier wächst, kann unmöglich alles von der Menschheit verzehrt werden. Montag früh kam ich in Chicago an und fuhr nach zweistündigem Frühstücksaufenthalt gleich weiter hierher.– Gestern früh habe ich bei Denham den Vertrag für das neue Russenballett unterzeichnet und abends war ich dann mit ihm und noch ein paar seiner Bekannten in einem Russenlokal, wie man sie zum Überdruß mit Cabaret (sonderbarerweise ohne Wolgalied) von Berlin

her kennt. Und damit bin ich also wieder am Beginn angelangt! – Mein lieber Hashar, ich brauche nicht im einzelnen auf Deine Berichte und Sendungen einzugehen, es nimmt zu viel Zeit und Du weißt ja ohnehin, wie ich mich über alles von Dir kommende freue. So leb wohl für heute und denke so wie ich, daß ich Dich bald wiederhabe und wie ich mich danach sehne.

Gute Nacht, Liebstes. Dein Y.

Felicitas Kuckuck war um 1930 Schülerin Hindemiths in Berlin gewesen. Hindemiths Schreiben bezieht sich offensichtlich auf ihre Hochzeit.

AN FELICITAS KUCKUCK

Sierre (Wallis) 31. VII. 39
Poste restante.

Liebe Verflossene, was es nicht alles gibt! Wenn ich Ihnen als Lehrer gesagt hätte »Gehen Sie zum Kuckuck«, hätten Sie es sicher nicht getan. Es zeigt sich wieder einmal, daß die guten Einfälle erst kommen, wenn man den Unterricht hinter sich gebracht hat. Läuft die Musik immer weiter? Suchen Sie sich anzuregen, indem Sie die Erbsen als Notenköpfe und das Sauerkraut als (ein wenig durcheinander geratene) Notenlinien ansehen. Ich schicke Ihnen als Glückwunsch die vor kurzem herausgekommene vierhändige Sonate von mir. Die beiden fehlenden Hände werden Sie mit der an Ihnen bekannten Geschicklichkeit sicher irgendwo auftreiben. Viele Grüße, und auch Ihrem Mann herzliche Glückwünsche, von meiner Frau und dem Alfi auch.

Ihr Paul Hindemith.

Im Februar 1940 verließ Hindemith Europa und schiffte sich nach Amerika ein; auf abenteuerlichem Wege über Lissabon folgte ihm seine Frau nach. In den Jahren bis 1945 entfaltete Hindemith eine ungemein fruchtbare Tätigkeit. Die Reisen mit den vielen Auftritten als Interpret entfielen jetzt fast völlig. An deren Stelle trat die pädagogische Arbeit, die bald einen bedeutenden Raum einnahm. Hindemith unterrichtete am Wells-College (Aurora), an der Sommerresidenz des Boston Symphony Orchestra, »Tanglewood«, an den Universitäten Buffalo, Cornell (Ithaca) und Yale, wo er dann schon 1941 zum Professor ernannt wurde.
Auch die kompositorische Ausbeute dieser Jahre ist beachtlich. Es entstanden das Konzert für Violoncello und Orchester, die 3. Orgelsona-

te, beide Werke noch in der Schweiz begonnen, dann die Symphonie in Es, das Ballett »Die vier Temperamente« für George Balanchine, das Tanzpoem »Hérodiade« für Martha Graham, die »Symphonischen Metamorphosen«, die Sonate für zwei Klaviere und schließlich vor allem der bedeutende Klavierzyklus »Ludus tonalis« (1942) sowie 1945 das Klavierkonzert.
In allen verlegerischen Angelegenheiten dieser Jahre standen ihm die AMP und Karl Bauer zur Seite. Karl Bauer stammte aus Mannheim und war bereits vor 1933 in die Vereinigten Staaten ausgewandert. Er arbeitete bei der Association of Music Publishers (AMP) und gehört seit der ersten Amerika-Reise Hindemiths im Jahre 1937 zu dessen Betreuern. Zwischen ihm und Hindemith entwickelte sich in der Folgezeit eine nahezu freundschaftliche Beziehung. Ihre Basis hatte sie in dem ungemein rührigen Engagement, mit dem sich Bauer um Hindemiths Interessen kümmerte. Sein Einsatz galt dabei vor allem den neuen Werken Hindemiths, die von der AMP publiziert wurden. Bauers Sachverständnis machte ihn zum wichtigen Ansprechpartner in allen Angelegenheiten. Die ungezwungene Umgangsart veranlaßte Hindemith immer wieder zu Briefen voller Witz und Spielereien, ohne daß er befürchten mußte, verletzend zu sein.

AN KARL BAUER

[November 1943]

Liebes Bäuerle,
besten Dank für Ihre Sendungen. Die photogestaltete Sonate sieht gut aus, und anscheinend funktioniert sowohl der neue Apparat wie auch sein Bediener vortrefflich. Es geht halt nichts über ein gutes Zusammenspiel. – Einliegend die Antwort für Mr. Mendels Frau Musika-Vorschläge. – Wir werden uns sehr freuen, Sie und Herrn Winter hier zu haben. Lassen Sie uns nur wissen, wann Sie kommen. Montag nachmittag und Freitag nachmittag (evtl. auch Donnerstag nachmittag) sind für mich die geeignetsten Zeiten. –
Der Kürze halber beantworte ich hier gleich Herrn Winters Anfrage. Der Knabe Wagner war keineswegs mein Schüler in Berlin. Er kam zwar, nachdem man ihn in der Hochschule wegen mangelnder Kenntnisse nicht angenommen hatte, flehend mit seiner Mutter als Unterstützungsmannschaft zu mir und ich nahm ihn dann schließlich an. Woraufhin er zweimal erschien und nie mehr je gesehen ward, auch nie irgendeine Erklärung verlautbaren ließ. Ich sehe also keinerlei Grund, warum man diesem Jungen einen speziellen Vorteil bieten sollte. Natürlich kann den »Ludus« jeder spielen, und nur das Manövrieren mit Welt-, universalen und sonstigen

lokalen und intestaten -Uraufführungen ist zu vermeiden. Wenn schon QXR oder sonst jemand das Stück aufführen lassen will, wäre mir's natürlich lieber, es spielte es jemand, den ich mag und der's im Sinne des Komponisten hinlegt. Für solche Gelegenheiten möchte ich dringend unseren hiesigen Bruce Simonds empfehlen. – Die einliegende Miss Lehrer bescheiden Sie bitte telefonisch abschlägig.

Eilgruß
Ihr P. H.

Am 16. November 1945 feierte Hindemith seinen 50. Geburtstag. Die ihm verbundenen Institutionen wie die AMP fühlten sich natürlich verpflichtet, dieses Jubiläum öffentlich zu feiern, und sahen auch in der allgemeinen und weitverbreiteten Anerkennung, die Hindemith in den USA genoß, dazu reichlich Grund. Hindemith selbst war von den Plänen zu solchen Feierlichkeiten wohl nicht so begeistert, wie der nachfolgende Brief vom Spätsommer 1945 zeigt. Es kam aber dann schließlich doch zu einer zweitägigen Ehrenveranstaltung an der Juilliard School of Music in New York, an der Hindemith selbst mitwirkte. Aufgeführt wurden dabei unter anderen Werken ›Die vier Temperamente‹ und ›Hérodiade‹.

AN KARL BAUER

11. Sept. 45.

Werte assoziierte Verschwörer,
besten Dank für den ausführlichen Novemberjuilliardsdummanngeburtstagsfeierplan-Brief. Ich finde es ist kaum ein Verdienst, so langsam über einen fünfzigsten Geburtstag ins Greisenalter zu schleichen. Viele haben das schon vorher getan und der Schritt entbehrt somit völlig jeder Originalität. Außerdem werden solche Feiern doch immer nur zur Schadenfreude der Jüngeren und zur satten Genugtuung der noch Älteren (»warte nur, alter Freund, bald bist du auch so klapprig wie wir!«) veranstaltet. Wäre es darum nicht am allergescheitesten, getreu dem Grundsatze »the less said about it the better« das Ganze mit einem privaten Lunch abzutun und im übrigen so tun als wäre nichts gewesen – was ja ganz der Wahrheit entspräche.
Es ist sehr rührend von Ihnen allen, daß Sie solche Anstrengungen machen wollen und außerdem noch die Unkosten auf sich nehmen wollen. Mir ist noch das Konzert in Erinnerung, das wir auf derselben Basis vor sechs Jahren in der Town Hall veranstaltet haben: die Veranstaltung war sehr schön, ein mäßig besetzter Saal hat sie mäßig erfreut hingenommen, am

nächsten Tag war alles vergessen und die AMP (besser Schott) mußte 1 300 Dollar auf den Tisch legen. Diesmal würde es genau so kommen, höchstens daß noch die NY Times einen ausführlichen Artikel über die reaktionäre, so gänzlich die Zeichen der so fortgeschrittenen Zeit mißverstehende Haltung des Jubilars dranhängen würde. Es war schon damals schwer genug, den armen Voigt über das fortgeschwommene Geld einigermaßen zu trösten; diesmal einer ganzen Gruppe Schuldiger (Verschuldeter) den Verlust versüßen zu müssen, würde die rapide abnehmenden Geisteskräfte der gefeierten Ruine noch schneller dem absoluten Nullpunkt entgegentreiben. Überlegen Sie sich's darum nochmals gründlich. Mir genügt der gezeigte gute Wille völlig, und das sogenannte Musikleben fühlt sich ohnehin viel wohler bei seinen so bequemen -sky's, witsch's und -eff's.
Wenn ich mit diesen Erwägungen Ihren Entschluß zwar ins Wanken bringe, andere sogenannte Interessierte mit der sogenannten idealen Gesinnung sich aber von der Idee nicht abbringen lassen – aufgrund der Erwägung, daß einem alten Musiker recht ist, was jedem Briefträger billig – so hielte ich dafür, das Ganze so kurz und schmerzlos wie möglich zu machen. Vier Konzerte halte ich für viel zu viel. New York hat nur 8 Millionen Einwohner, und die Besucherzahl für derartige Veranstaltungen kann sich nur aus einem Territorium von der Größe Texas' und einem Menschenreservoir von der Dichte der gesamten östlichen Vereinigten Staaten zur viermaligen Saalfülle herausdestillieren lassen. Zwei dürften demnach völlig genügen.
Das Konzert mit alter Musik kann ich jetzt, am Anfang der Schulsaison, mit vielen neuen Schülern und nur wenigen der alten vorhanden, nur schlecht vorbereiten; das müßten wir aber außer Betracht lassen – ich wäre aber gerne bereit, die angebotene Gastfreundschaft für eine oder mehrere Wiederholungen später in Yale zu veranstaltender Konzerte mittelalterlicher Musik dankbar anzunehmen. Hérodiade und Four Temperaments ist als Programmplan sehr gut – und wenn es dazu kommt, würde ich beide Stücke gerne dirigieren. Dagegen ist die Marienleben-Idee nicht ausführbar. Die Lieder sind sehr schwer, der ganze Zyklus dauert ungefähr 1¼ Stunde, und kein Mensch kann die große Menge Material in sechs Wochen studieren – selbst wenn er nichts als das in

dieser Zeit zu tun hätte. Hingegen wäre es sehr schön, wenn statt dessen Miss Tourel etwa 4 der neuen Lieder singen würde (Belle dame – Enjoy – Moon – Echo). Wenn sie die mag und schön singt, kann sie später immer noch das Marienleben tacklen. Ich hielte eine Sängerin für die Lieder für besser als einen Mann, besonders sehe ich Gepharten noch nicht als Sieger im Kampf gegen ihm ungewohnte Tonschritte, nachdem er schon bei Machaut die originalen Töne durch häufig recht freie und individualistische Substitute umging.
Budapest-Quartett, restlos einverstanden. Vielleicht könnten sie sogar das neue Quartett spielen? Im gleichen Kontext könnte der Ludus studiert werden – aber ich würde vorziehen, keines der beiden bisherigen Experten ihn lädieren zu sehen. Ein Ausweg aus dieser Situation wäre folgendes: Wenn Juilliard eine Veranstaltung macht, kann unsere Yale Music School eigentlich nicht umhin, auch etwas zu tun – und das wäre ziemlich peinlich, denn erstens hat niemand dort die geringste Neigung dazu, und zweitens wäre es sehr ungerecht gegenüber den anderen vor zwei oder drei Jahren fünfzig oder sechzig gewordenen Yale-Komponisten, die man mit vornehmem Schweigen ihre zahlreichen Geburtstagslichtchen privatim zu Hause hat bewundern lassen. Würde man aber unseren Dean Bruce Simonds auffordern, den Ludus in New York zu spielen, so hätte er und damit seine Schule auf neutralem Boden seiner moralischen Pflicht (unter unmoralischem Zwange) genügt. Er würde die Stücke sicher sehr viel besser spielen als die früheren Ludanten, denn er ist ein sehr guter und intelligenter Pianist und hat beispielsweise die 4hd. Klavier-Sonate von mir mit seiner Frau wirklich ausgezeichnet und unvergleichlich viel besser als das Originalgespann Ruzicka-Dongwerty gespielt. An Stelle des mittelalterlichen Konzerts könnte man zu allem Überfluß noch die alten Chöre zwischen Ludus und Quartett singen, und dafür könnte ich gut und gerne meinen Gesangsverein in Yale dirigieren.
Nun, das sind Vorschläge – vage und lediglich als Vereinfachung ihres zu sybaristischen Plans gedacht. Wenn Sie nach alledem nicht gesonnen sind, die ganze Geschichte aufzugeben, können wir auf der Basis aller vorausgehenden Erwägungen ja alles genau besprechen, wenn ich Sie sehe. Das könnte in den letzten Septembertagen geschehen. Lassen Sie uns daher eine Entscheidung bis dahin vertagen; Ihre Begei-

sterung wird sich derweil etwas legen, und ich kriege vielleicht mehr Geschmack an der Sache.
Morgen verlassen wir unsere Halbinsel, nachdem wir sechs Wochen ein sehr ruhiges, weltabgeschlossenes Feriendasein mit einiger dabei getaner Arbeit genossen haben, und begeben uns noch für 8 oder 9 Tage nach dem Mount Desert, um dort herumzuwandern. Sie erreichen uns da unter Miller Cottage Inn, Bar Harbor, Ml. Gegen den 20. schlängeln wir uns langsam heimwärts; spätestens am 23. muß ich wieder in New Haven sein.
Das Klavierkonzert geht munter voran. Der zweite Satz ist fertig, aber ich bin noch nicht durch mit dem Herausschreiben; das wird wohl alles erst in New Haven erledigt werden können.
Beiliegend sind ein paar Briefe, die besser von Ihnen als von mir erledigt werden.
Hiermit schließe ich diese lange Epistel, und meine besten Wünsche begleiten sie.

Wie immer
Ihr P. H.

Nach Kriegsende erreichten Hindemith zahlreiche Anfragen, ob er nicht wieder nach Deutschland zurückkommen wolle, um in leitender Stellung am Wiederaufbau des deutschen Musiklebens mitzuwirken. Hindemith lehnte alle Angebote ab, kam dann aber als Gast, um vor allem als Dirigent und mit einer auf Kurse begrenzten Lehrtätigkeit wieder eine aktive Rolle im Musikleben zu spielen. Daß Hindemiths Verhältnis zu seinem Heimatland gebrochen war, belegt der nachfolgende Brief an seinen Verleger und Freund Willy Strecker. Dieser hatte Hindemith vorgeschlagen, die zweite Fassung des Liederzyklus ›Das Marienleben‹ herauszugeben. Hindemith hatte bereits 1937 unmittelbar nach Abschluß der Arbeit am Theoretischen Teil der ›Unterweisung im Tonsatz‹ die ersten Lieder neu komponiert. Er verstand, wie er es selbst in einem ungedruckt gebliebenen Nachwort dieses Buches geschrieben hat, diese Neufassung auch als »praktische Erläuterung« seiner Theorie. Inzwischen war der ganze Liederzyklus in seiner neuen Fassung der Fertigstellung nähergerückt. 1947 war die Arbeit abgeschlossen. Im Herbst 1948 brachte der Schott-Verlag dann die gedruckten Noten auf den Markt.

AN WILLY STRECKER

15.7.46.

[...] Das Marienleben, obwohl es fertig vorliegt, möchte ich offen gestanden jetzt nicht herausgeben. Oder wenn nach einiger Zeit doch, dann erst in den Staaten und erst wenn es da genügend bekannt ist, später in Deutschland. Der Grund hierzu mag Dir etwas seltsam erscheinen, ich zweifle aber nicht, daß Du ihn verstehen und gutheißen wirst. Es verhält sich folgendermaßen:

Wie Du richtig vermutest, habe ich seit dem Kriegsende Hunderte von Briefen erhalten, und der Strom reißt noch keineswegs ab. Nach den Jahren der Trennung haben wir jede kleine Nachricht mit Spannung und Sehnsucht erwartet. Auf all das Unglück, die Zerstörung und die Misere waren wir durch die sehr ausführliche Berichterstattung wohl vorbereitet, trotzdem erregten all die traurigen persönlichen Schicksale, die sich vor uns ausbreiteten, unsere tiefste Anteilnahme. Unsere allgemeine Stimmung war: Schnell hinüber und helfen so viel wir können. Mehr und mehr Nachrichten kamen, und nachdem die Schilderungen der vergangenen oder gegenwärtigen Situation etwas ihren Aktualitätswert eingebüßt hatten, schälte sich als der Tenor fast aller Schreiben heraus: Wir wünschen das, helft uns mit jenem, ihr könntet doch dies und das tun, wir erwarten folgendes ... Nun, das ist verständlich, und solange es sich bei der Erfüllung solcher Wünsche ums rein Materielle handelt, ist durch ein kleines Schulgehalt mit nur wenigen Nebeneinnahmen dem Unternehmungsgeist bald eine Grenze gesetzt. (Die Verlagsrechte der paar gutgehenden Sachen, wie etwa das Harmoniebuch, gehören nach Mainz oder London und unterliegen deshalb der Jurisdiktion des Alien Property Custodian, der keinen Pfennig freigibt). Auch die fortgesetzten Anfragen nach Bescheinigungen, daß die Schreiber niemals Nazis waren, lassen sich erledigen, obwohl sich doch jeder klar sein könnte über die Wertlosigkeit eines Gutachtens, das notwendigerweise sich für die letzten kritischen acht Jahre auf keinerlei persönliche Kenntnis stützen kann. Hinzu kommen noch zahlreiche Aufforderungen, Affidavits zu geben, Reisegeld vorzustrecken, Stellen zu vermitteln etc., etc. – aber gottlob erledigen sich diese Fragen ohne weiteres durch die geschilderte Finanzlage. Wie gesagt, all das ist verständlich, und es hat, obwohl ich nicht viel tun kann, meine vollste Sympathie. Wo aber meine Sympathie leider nicht recht mitgeht, das ist das musikalische Gebiet.

Was sich da in den Briefen tut ist einfach übel. Ich habe mich von jeher als musikalischer Privatmann gefühlt, und was ein Publikum mit der von mir gelieferten Musik anfängt, soll mein Privatleben nicht berühren, ebenso wie ich mit dieser Musik auch nicht das Privatleben anderer anrühren will. Nachgerade komme ich mir aber vor wie ein Eckstein, an dem jeder Vorübergehende das Wasser seiner künstlerischen Meinung abschlägt. Aber auch damit könnte man noch einverstanden sein, da schließlich Bekanntwerden und Erfolghaben solche Folgeerscheinungen zeitigen. Nicht einverstanden ist man aber, wenn selbst von den besten Freunden – und gerade von denen – alles in die Öffentlichkeit geschrieen wird, was sie von einem wissen. Es geschieht unter dem Deckmantel der »Förderung der Kunst«, der »Wiedergutmachung«, der »alten Anhänglichkeit«, und leider stellt sich selbst bei flüchtigem Hinsehen heraus, daß jeder damit nur für sich selbst das Beste aus der augenblicklichen Konjunktur herausholen will. Zum Überdruß kriegt man außerdem immer wieder erzählt, daß der und der das und das aufführt, stets mit der unverhohlenen Absicht, ihn herauszustreichen oder den Komponisten zu interessieren oder gar zu verpflichten. (Dasselbe ohne jedes Geschrei geschieht ja hier drüben auch, keiner drängt seine Person so hervor, und dabei sind wahrscheinlich, wie mir verschiedene von drüben geschickte Plattenaufnahmen zu zeigen scheinen, die Aufführungen hier weitaus besser). Außerdem weiß jeder ganz genau, was ich zu tun habe! Es gibt nur die Forderungen des musikalischen Augenblicks in Deutschland, ihnen hat man sofort zu gehorchen! Daß sich Horizonte verschieben, daß Herausgeschmissene nicht alle paar Jahre sich eine neue Existenz aufbauen können und wollen, und daß es noch andere Aufgaben geben könnte als Wiederaufbau eines zerschlagenen Musiklebens – so groß und faszinierend das auch sein mag! – und daß schließlich der, dem man Forderungen stellt, auch noch eine Meinung hat, die sich notwendigerweise auf eine sehr verschiedene physische und geistige Entwicklung stützt, das kommt keinem in den Sinn. Für sie alle ist man lediglich ein Spielstein, den sie mit aller Gewalt in ihrem Egoismus in die für sie beste Stellung zu schieben versuchen, um damit das Günstigste für sich herauszuschlagen. Und das alles mit der Berufung auf den künstlerischen Idealismus! *Ich* soll den Idealismus haben, hier alles mühsam Errungene sofort aufzugeben, um drüben lediglich

den persönlichen Schiebereien *Anderer* zum Vorteil zu verhelfen. Gott, wie hat man erwägt, drüben wieder anzufangen, wieviel Gedanken, Sorgfalt und Liebe hat man an die Möglichkeit gewendet, drüben wieder Ordnung schaffen zu helfen! Aber es zeigt sich nur allzu klar, daß einseitiger Idealismus nur von geringem Nutzen sein kann. Man muß einfach warten, bis die offenbar besonders hoch an mich hinschlagenden Wellen des künstlerischen Egoismus sich verlaufen und klareren Stimmen einer vernünftigeren Musikanschauung Platz machen. Nun wirst Du verstehen, wie zuwider mir es wäre, ein Stück wie das Marienleben, das mir besonders ans Herz gewachsen ist, in diesen Pfuhl zu werfen. Es wird zweifellos viel besser in der zwar auch nicht idealen aber doch gesünderen hiesigen Atmosphäre gedeihen. –
Die Idee, Strobeln das alte Buch erneuern zu lassen, finde ich nicht sehr gut. Was weiß er denn über mich? So gut wie gar nichts. Und über die Stücke kann er doch auch kaum schreiben, da vieles Gedruckte ihm kaum zugänglich ist und außerdem vieles Neuere auch gar nicht gedruckt ist. Und wenn ich erst einem alles erzählen müßte, was ich getan habe und was davon zu halten ist, dann würde ich mir einen aussuchen, der auf einer höheren geistigen Basis steht als einer, der halt doch nur ein (wenn auch sehr guter) Journalist ist. Vor zwanzig Jahren konnte man's so machen; heute sind aber die Voraussetzungen anders, man müßte deshalb andere Wege finden – oder aber (und das wäre mir am sympathischsten) man läßt's am besten ganz! –
Ich hatte gehofft, vielleicht diesen Sommer oder Herbst hinüberkommen zu können, um zum mindesten meine Mutter zu sehen – nicht zu reden von allen möglichen zu erledigenden Fragen, die sich angehäuft haben – es scheint aber keine Möglichkeit zu bestehen. Ich selbst habe nicht das Geld, die Reise zu zahlen (etwa $ 1800 – 2000 für uns beide hin und zurück mit kurzem Aufenthalt) und irgendeinen, der mir das zahlen würde, habe ich bis jetzt nicht gefunden. Zwar war mal vor zwei Monaten eine Diskussion mit Tompkins. Wie Du weißt, sind seit langem Verhandlungen im Gange, die AMP in andere Hände zu bringen, und Tompkins ist der Hauptreflektant. Ich persönlich hielte vom rein geschäftlichen Standpunkte den Anschluß an eine große Organisation gleicher Art für sehr wichtig – obwohl die Pubs, soweit das

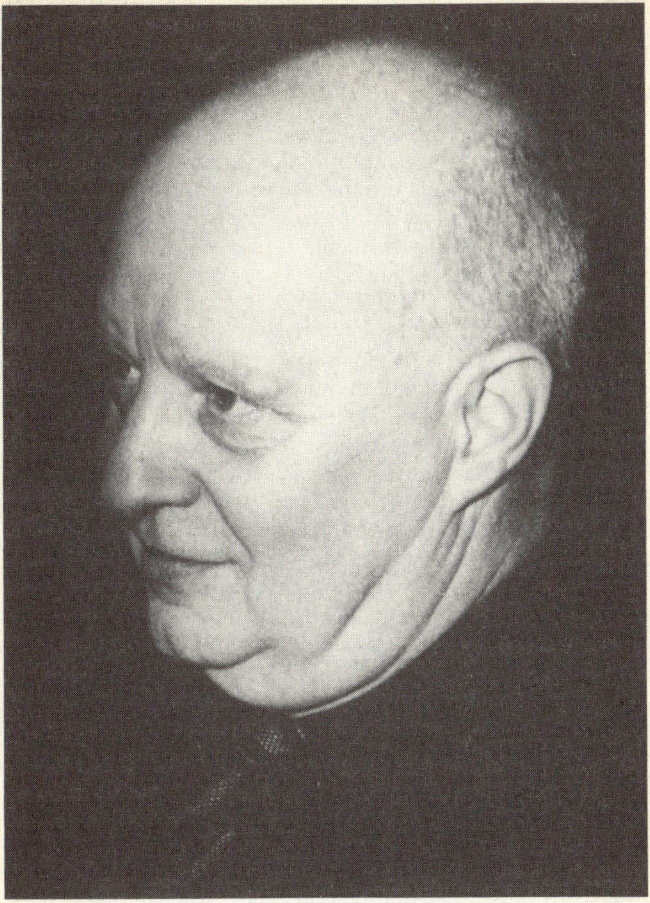

10 Hindemith Ende der Fünfziger Jahre

Verlegerische geht, in der neuen Form (seit Voigts Tode) ausgezeichnet gearbeitet haben. Anscheinend ist man sich nicht über den Preis einig, und die jetzigen Stockholder, nachdem sie plötzlich den Wert der Sache sehen, schrauben offenbar hinauf. Wäre der Handel vonstatten gegangen, so wäre vielleicht (das war Tompkins' Meinung) die Reise eines Abgesandten zu Euch und anderen europäischen Mitbeteiligten nötig gewesen, und dafür jemand zu nehmen, der mehr als Repräsentant freundschaftlicher denn geschäftlicher Beziehungen hätte gelten können, schien angebracht. Da wäre ich vielleicht geschickt worden. Aber, wie gesagt, nichts Gescheites hat sich bis jetzt ereignet, und ich weiß auch nicht, ob sich was ereignen wird. –

Von meiner Mutter hören wir Gutes. Sie ist anscheinend einigermaßen durch die Scheußlichkeiten gekommen trotz ihres hohen Alters, und auch den 50 Jahres-Geburtstagsrummel, zu dem man sie wiederholt schleifte, scheint sie ganz wie früher und durchaus im Sinne des Jubilars hingenommen zu haben. Von anderen haben wir weniger gute Nachrichten. Der Rudi Heinisch sitzt mit einem Baby in Hamburg und versucht sich kümmerlich durchzuschlagen. Ein anderer Unglückswurm, der Rabsch, haust mit sieben Kindern in Itzehoe, augenblicklich rausgeschmissen aus allem, da er irgendwann mal notgedrungen in die Partei eintreten mußte, um seine Gören nicht verhungern zu lassen – und wenn einer von jeher kein Nazi war, so ists der! Wenn Du zufällig weißt, wie man solchen Knaben etwas helfen kann, laß nichts unversucht!

Mein Bruder scheint auch etwas in Ungnade zu sein, wenigstens deuteten einige Briefe das an. Wie gehts denn dem Gieseking? Er könnte doch mal was von sich hören lassen. Ich bin so froh, daß der gute Willms heil zurückgekommen ist, um ihn hab ich mich oft gesorgt! Der Dr. Böttcher, einer der Besten, ist noch ganz zuletzt in Berlin gefallen, und Genzmer schrieb mir, daß der Spittler auch fiel. Was ist eigentlich dem Schnell geschehen?

Anfang Juni sind wir, ziemlich ermattet von der vielen, anfangs geschilderten Arbeit (zu der noch der Schulschluß mit allen Examen etc. kam) ganz langsam hier hinuntergereist. Im Flugzeug kann mans in 1½ Tagen machen, aber wir haben eine Woche gebraucht, mit angenehmen Aufenthalten in New Orleans und San Antonio, Tex. Nach den beiden sehr erfolgreichen Konzerten hier (Metamorphosis, Cupids Psyche, Nobilissima, Mathis) sind wir ein bißchen im Lande herumgereist (Du kennst es doch, wenn ich mich recht erinnre?), waren in Puebla und Umgebung, in Taxco und Cuernavaca, und gehen nun noch nach einem kleinen Hotel nahe bei Morelia in Michoacan. Ende August gehts wieder heim.

Deine Familie aus Buenos Aires schrieb oft. Der letzte Brief ermahnte uns, Euch fortlaufend mit Paketsendungen aufzupäppeln. Mittlerweile ist ja durch die Pubs ein regelmäßiger Paketdienst eingerichtet worden, und wie ich höre, ist er, so weit möglich, ausreichend, so daß ich mich im Rahmen meiner finanziellen Möglichkeiten anderen Bedürftigen widmen kann. Aber wenn irgendwas fehlt, springe ich natürlich immer gerne ein, wenn Du mich's wissen läßt. –

So, das soll nun für heute alles sein.

Gertrud läßt herzlich grüßen, sie ist infolge des Herumlaufens in dem hiesigen Höhenklima etwas ermattet. Laß bald wieder von Dir hören und sowie sich was Berichtenswertes ereignet, schreibe ich auch wieder. Gruß an alle und auch Ludwig und Dich besonders.

Dein Paul

Für das Frühjahr 1947 plante Hindemith die erste Europareise nach Kriegsende. Nicht zuletzt mochte ihn dazu veranlassen, daß man sich jetzt in Deutschland auf ihn und das lange Verbotene und Verdrängte besann und seinem Werk starke Aufmerksamkeit und großes Interesse entgegenbrachte. Über Italien, Österreich und die Schweiz führte ihn der Weg nach Deutschland und zurück in die Heimatstadt Frankfurt. Äußerer Anlaß war die Einstudierung der Oper ›Mathis der Maler‹, die zweite nach Stuttgart in Deutschland. Vor allem wichtig aber war ihm der Besuch bei seiner Mutter. Familiencharakter hatte jedoch dann nicht nur diese Wiederbegegnung, sondern auch Hindemiths Anwesenheit im Sendesaal von Radio Frankfurt anläßlich eines Konzerts, in dem Walter Gieseking die ›Vier Temperamente‹ spielte und Winfried Zillig dirigierte. Hans Mayer berichtete damals über den begeisterten Empfang: »Es war nicht nur ein Gruß an den wunderbaren Musiker, sondern auch an ein Familienmitglied, das jetzt zu Besuch zurückgekehrt war.«

[1947]

Lieber Willy, vorhin kam Dein ausführlicher Brief mit dem Stuttgarter Mathisbericht, und da heute sowieso ein Briefschreibetag ist, mache ich mich gleich dran, ihn zu beantworten. Ich hörte schon von verschiedenen anderen Seiten über die Aufführung und kann mir ganz gut vorstellen, wie es war. Es ist im ganzen natürlich bewundernswert, daß in all dem Schutt die Leute so ein Stück herausbringen können, und deshalb darf man wohl kaum mit den technischen Unzulänglichkeiten rechten, ganz zu schweigen von den geistigen Kapriolen der Kapellmeister, Inszenierer und Bühnen(un)bildner. Deine Beschreibung der Hamburger Nobilissima und von anderswo hereingeflogene Kritiken der Berliner Aufführung erweckten ungefähr denselben Eindruck. Obwohl ich im allgemeinen froh bin, daß ich nicht all die Teilnahme, die Ausbrüche der Begeisterung und das wahrscheinlich doch ebenso starke wenn auch wohl verborgene oder noch nicht recht zur Klärung gekommene Ressentiment miterleben muß, werde ich vielleicht doch in die Lage kommen, eine der späterfolgenden Aufführungen – vielleicht in Frankfurt – mir anzusehen. Es hängt davon ab, wie lange die Spielzeit in Frankfurt läuft. Unsere Europatour nimmt nämlich mittlerweile festere Formen an. Obwohl zwar noch nicht allzu viele Daten feststehen, wissen wir doch, daß das erste Konzert am 14. April stattfindet, in Rom. Anschließend folgt noch einiges andere in Italien, das mit anderem Drum und Dran in Österreich, Belgien etc. sich in den Mai hineinziehen wird. Anschließend könnte der Besuch in Frankfurt und Umgebung stattfinden, und dann würden wir uns zu einem wohlverdienten Ferienaufenthalt ins alte Wallis zurückziehen. Im September würde noch eine Reihe Konzerte folgen, und dann würden wir wieder zum Schulanfang in die connecticutanische Heimat zurückkehren. *Bitte halte aber diesen ganzen Plan geheim.* Ich möchte weder ein Opfer der gesamten »Freundes«meute werden noch will ich mich irgendwie musikalisch oder sonstwie offiziell in Deutschland betätigen. Selbst auf der geplanten ganz privaten und möglichst verschwiegenen Basis wird es mehr Trubel und Durcheinander geben, als einem harmlosen New Englander lieb sein kann.

Deine Bemerkungen über Kepler, Freischütz und Fidelio treffen ein Problem, das ganz natürlicherweise sofort in aller Stärke auftauchte, sobald wir endgültig hier landeten. Anfangs kam ich ungefähr zu den gleichen Ergebnissen wie Du, denke aber heute gänzlich anders darüber. In jüngeren Jahren mag Landschaft, Stimmung, Erziehung und persönliche Verbundenheit zu Dingen und Ereignissen ein wichtiger Stimulus für die künstlerische Arbeit sein, ich finde aber nun, daß die Geschichte von Personen, Ereignissen und Erlebnissen sowie ihre Interpretation und Gestaltung durch künstlerische Mittel gar nicht mehr so sehr mit diesen Äußerlichkeiten verbunden ist. Es kommt darauf an, wie einer seine Erfahrungen verarbeitet und nicht darauf, immer wieder neue an Ort und Stelle zu sammeln. Wäre es anders, dann müßte einem ja das Gelüst, einen deutschen Stoff zu behandeln, im Laufe der letzten zwölf Jahre endgültig abhandengekommen sein. Zum Ausarbeiten tieffundierter Pläne scheint für etwas gesetztere Gemüter der Rhein nicht wichtiger zu sein als der Mississippi, das Connecticut Valley oder die Wüste Gobi. Der immer wieder hinausgeschobene Kepler wird also doch eines Tages das Licht der Welt erblicken. Daß ers nicht schon längst getan hat, ist ebenso wie beim seit zehn Jahren entstehenden Theoriebuch einmal durch die ständige Hoffnung auf größere Reife, Kenntnis und Gestaltungskraft des Autors zu erklären, anderseits durch den einen Fluch des Erdenlebens bildenden ständigen Zeitmangel. Der ersterwähnte Punkt hat mit der Umgebung gar nichts zu tun, und was den zweiten betrifft, so wäre man drüben wahrscheinlich durch den wenn auch noch so nötigen Aufbau zum kompositorischen Selbstmord gezwungen. Und den möchte ich so weit wie möglich hinausschieben – besonders jetzt, wo's gerade so schön geht!

Die Herzlichkeit und Dankbarkeit, die Hindemith bei seinen ersten Europa-Besuchen nach dem Krieg erfuhr, war unerwartet groß. Und so konnte es bei der steigenden Nachfrage nach Lehrtätigkeit und Dirigaten nicht ausbleiben, daß eine engere Bindung an den Heimatkontinent erwogen wurde. Im November 1949 erreichte Hindemith eine Anfrage von Professor Heinrich Straumann, dem Dekan der Philosophischen Fakultät der Universität Zürich. Darauf antwortete Hindemith mit dem nachstehend wiedergegebenen Schreiben. Die Bemühungen Zürichs führten 1950 zu einem zustimmenden Entschluß. Der Vertrag sah ein persönliches Ordinariat für Musiktheorie, Komposition und Musikpädagogik vor, das von Hindemith unter Beurlaubung in jedem zweiten Jahr wahrgenommen werden sollte. Von 1951 bis 1953 lehrte er im Wechsel an den Hochschulen in Zürich und New Haven. 1956 sah sich Hindemith infolge seiner starken Beanspruchung durch Konzertreisen gezwungen, die feste Lehrtätigkeit in Zürich aufzugeben.

AN HEINRICH STRAUMANN

[November 1949]

Sehr verehrter Herr Dekan,
Die viele Arbeit, die ich mit den Vorträgen hier in Harvard hatte (meine Frau hat Ihnen die Ankündigung vor einiger Zeit geschickt), läßt mich erst heute zu einer Antwort auf Ihr so freundliches Schreiben vom 4. dieses Monats kommen.
Von den zahlreichen Anfragen und Angeboten europäischer Schulen und Musikinstitute hat mich keine so sehr geehrt und gerührt wie die Ihrige. Hinge eine Entscheidung lediglich von persönlichen Neigungen ab, so sähen Sie mich in Kürze dort anreisen und den so herzlich angebotenen Lehrstuhl übernehmen. Zürich wäre für mich das ideale Operationszentrum, so weit meine europäischen Verbindungen in Frage kommen. Es sind aber noch einige andere Punkte in Betracht zu ziehen – und ich ersehe aus Ihrem Briefe, daß Sie sich dessen bewußt sind. Zunächst bin ich ja, wie Sie auch erwähnen, kein Musikwissenschaftler. Allerdings gehört nach meiner Meinung zum Rüstzeug eines Komponisten eine umfassende Kenntnis auf allen Gebieten der Musik, darunter auch der Musikwissenschaft. Im wesentlichen kann ich aber da, der Natur meiner Haupttätigkeit nach, doch immer nur ein Nutznießer der Tätigkeit von Spezialisten sein, und ich möchte auf keinen Fall einen Platz einnehmen, der einem Berufeneren gehört. Ich habe aber den Eindruck, daß in Ihrer Universität die Absicht besteht, die ausschließliche Beschränkung auf die historisch orientierte Musikwissenschaft etwas zu lockern und sie mit dem Schöpferischen zu verbinden, das ja dereinst doch das Material für künftige Wissenschaftler abgeben muß. Wenn Ihnen ein solches Unterrichtsideal vorschwebt (das weder durch wirklichkeitsfremde Musikologen noch durch Universitätsmusikdirektoren verwirklicht werden kann), wäre ich froh, mithelfen zu können bei seinem Zustandekommen. Dazu müßten Sie allerdings noch einen Musikwissenschaftler haben, mit dem gemeinsam man solch neues Werks errichten kann. Ich bin sicher, daß ich mich auf

11 Aus dem letzten Lebensjahr

dieser Basis an der Arbeit beteiligen könnte. Ganzjährig wäre das allerdings in der nächsten Zeit noch nicht möglich, aber ich bin sicher, mit meiner Universität (Yale University, New Haven, Conn.) ein Abkommen treffen zu können, das mir eine jährlich zeitweilige Beteiligung erlauben würde.
Ein anderer wichtiger Punkt ist die in Kunst und Wissenschaft, besonders aber in der Musik so stark ausgeprägte nationale Schweizer Empfindlichkeit. Es liegt mir fern, sie zu kritisieren, aber nachdem ich lange genug in der Schweiz gelebt habe, weiß ich recht gut darüber Bescheid. Zudem bin ich als treuer Abonnent der Zürizytig unterrichtet über die Schwierigkeiten, die gerade Ihr Institut jüngst durch die Berufung eines Ausländers – siehe die Diskussion im Oktober gelegentlich der Berufung eines Nachfolgers für Herrn Dr. Anderes – gehabt hat. Natürlich sind das Nebenerscheinungen, die man unbeachtet lassen muß, wenn man von der Notwendigkeit und Richtigkeit einer Arbeit überzeugt ist. Durch sie könnte einem aber die Arbeit sehr erschwert und gar unmöglich gemacht werden. Ich fürchte, ich würde nicht die Energie zu fruchtlosen Kämpfen auf diesem Gebiete aufbringen.
Ich wäre Ihnen sehr verbunden, wenn Sie mich Ihre Meinung über diese Fragen wissen lassen würden. Wenn Sie finden, daß man über die angeführten Schwierigkeiten hinwegkommen könnte, bin ich sicher, in irgendeiner Weise Ihren Plänen dienen zu können. Ich werde auf jeden Fall im Frühjahr wieder in Europa sein und gegen Ende April wieder durch die Schweiz kommen. Ich werde mir dann erlauben, mit Ihnen persönlich in Verbindung zu treten, würde mich aber freuen, durch eine baldige Nachricht über Ihre Stellungnahme zu hören. Natürlich bleibt, wie Sie es wünschen, die ganze Angelegenheit vertraulich.
Mit vorzüglicher Hochachtung bin ich, sehr verehrter Herr Dekan, Ihr sehr ergebener

Paul Hindemith

Der Frankfurter Musiker Hermann Hock veröffentlichte 1950 ein kleines Buch mit »Erinnerungen« an die Geschichte des Frankfurter Opernhauses, das 1944 den Kriegszerstörungen zum Opfer gefallen war.

AN HERMANN HOCK

Lieber Pultgenosse, Sie treten zum ersten Mal als Schriftsteller aufs Podium. Haben Sie nicht Angst, daß Ihnen der Bogen wackelt und das Vibrato etwas zu weit ausschlägt? Seien Sie unbesorgt. Wenn Sie bei allen Lesern denselben Erfolg haben wie bei mir, können Sie mit dem Ertrag Ihrer »Erinnerungen« das Frankfurter Opernhaus wieder aufbauen. Mir ist beim Lesen manchmal recht wehmütig geworden. Ich bin zwar durch Ihr Geigerleben nur quasi con sordino durchgehuscht, noch dazu als Einer, der sich später der jedem Geiger verdächtigen Bratsche verschrieben und sich dann sogar in noch obskurere Gefilde musikalischer Tätigkeit begeben hat, aber die Jahre im Frankfurter Opernorchester, in denen wir oft genug zusammen gespielt, gejauchzt, gestöhnt und geflucht haben, sind auch mir unvergeßlich geblieben. Mit gutem Grund, denn wir erlebten damals die Blütezeit unserer Oper. Lassen Sie uns unserer Heimatstadt die Wiederaufrichtung ihres Opernhauses und einer seiner Tradition würdigen Opernkultur wünschen. Ihr Büchlein wird sicherlich eine junge musikliebende Generation ermuntern, sich diesem Wunsche anzuschließen, und der älteren wird es manche glückliche Stunde zurückzaubern, die sie genoß, als die Oper eine Selbstverständlichkeit war, ohne die man sich Frankfurt nicht vorstellen konnte.

Hals und Beinbruch zu Ihrem Paradestück!
Ihr Paul Hindemith
August 1950

Ende Juli 1963, wenige Monate vor seinem Tod, schickte Hindemith seinem Musikalienhändler Willy Ernst Fuchs in Frankfurt zum 80. Geburtstag Glückwünsche und Dankesworte.

AN WILLY ERNST FUCHS

Vevey, poste restante 30. VII. 63

Lieber Herr Fuchs, letzthin in Frankfurt hörte ich, daß Sie ihren 80. Geburtstag hatten, haben oder haben werden. Ich wollte noch vorbeikommen und persönlich gratulieren, es kam aber was dazwischen und wir mußten wieder abfahren. Im Gedenken an unsere nun schon uralte Freundschaft und mit nie vergessenem Dank für all die Notenwohltaten, die Sie mir als Bub erwiesen haben und für vielmaliges aus-der-Klemme-helfen, wollen meine Frau und ich Ihnen hiermit einen kleinen Schweizergruß schicken. Der von mir immer sehr bewunderte überlebensgroße Wecker in Ihrer Jackentasche kann ja auch nicht lebensfrischer geworden sein, auch die ihm wahrscheinlich nicht allzu freundlich gesinnte Tasche wird ihm wohl zugesetzt haben – kurzum, wir wagen es, ihn durch eine revidierte, mit allen Schikanen versehene Neuauflage zu ersetzen. Die herzlichsten Wünsche gehen mit ihm, und wenn Sie dem alten Wecker noch das Gnadenbrot (was immer das bei einem Wecker ist) in seiner gewohnten Tasche geben wollen, müssen Sie den neuen halt in die gegenüberliegende Tasche verweisen – man kann nie genug Wecker in seinen Taschen haben. Wie immer Ihre

Paul & Gertrud Hindemith.

Anhang

Wichtige Lebensdaten

1895 Geboren am 16. November in Hanau.
1902 Erster Musikunterricht beim Vater und bei Eugen Reinhardt.
1907 Geigenunterricht bei Anna Hegner in Frankfurt.
1908 Violinschüler Adolf Rebners. Ab Wintersemester an Dr. Hoch's Konservatorium in Frankfurt.
1912 Kompositionsunterricht bei Arnold Mendelssohn.
1913 Kompositionsschüler von Bernhard Sekles. Musizieren in Kurkapellen in der Schweiz.
1914 Komposition op. 1: Andante und Scherzo für Klarinette, Horn und Klavier. Zweiter Geiger im Rebner-Quartett.
1915 Konzertmeister im Frankfurter Opernhausorchester. Der Vater fällt in Flandern.
1917 Die ›Drei Stücke für Violoncello und Klavier‹ op. 8 werden als erstes Werk Hindemiths verlegt (Breitkopf & Härtel).
1918 Regimentsmusiker im Elsaß und in Flandern.
1919 Erster Kompositionsabend Hindemiths am 2. Juni. Der Schott-Verlag, Mainz, verlegt Werke von Hindemith.
1921 Die Einakter ›Mörder, Hoffnung der Frauen‹ und ›Das Nusch-Nuschi‹ werden in Stuttgart erstaufgeführt. Uraufführung des Streichquartetts op. 16 während der »Donaueschinger Kammermusik-Aufführungen zur Förderung zeitgenössischer Tonkunst«.
1922 Gründung des Amar-Quartetts und der »Gemeinschaft für Musik« in Frankfurt. Die Kammermusik Nr. 1, op. 24, wird in Donaueschingen uraufgeführt.
1923 Kündigung der Konzertmeisterstelle. Der Schott-Verlag tritt mit Hindemith in ein festes Vertragsverhältnis. ›Das Marienleben‹, op. 27, Klarinettenquintett, op. 30.
1924 Hindemith heiratet Gertrud Rottenberg.
1926 Die Oper ›Cardillac‹, op. 39.
1927 Die Donaueschinger Musiktage werden in Baden-Baden unter der Bezeichnung »Deutsche Kammermusik« fortgeführt. Ruf als Kompositionslehrer an die Berliner Musikhochschule. Konzertreise in die UdSSR.
1929 Zusammenarbeit mit Brecht und Weill (›Lindberghflug‹). Hindemith verläßt das Amar-Quartett. Gründung eines Streichtrios. Die Oper ›Neues vom Tage‹.
1930 Die Baden-Badener »Deutsche Kammermusik« wird nach Berlin verlegt (»Deutsche Kammermusik Berlin«). Zerwürfnis mit Brecht und Eisler. Kinderoper ›Wir bauen eine Stadt‹; Konzertmusik für Streichorchester und Blechbläser op. 50.

1931 Zusammenarbeit mit Gottfried Benn: das Oratorium ›Das Unaufhörliche‹, erstaufgeführt durch Otto Klemperer an der Kroll-Oper, Berlin.

1932 Das ›Philharmonische Konzert‹ – Auftragskomposition aus Anlaß des fünfzigjährigen Jubiläums der Berliner Philharmoniker. – Plöner Musiktag.

1933 Hindemiths Werke, als »kulturbolschewistisch« eingestuft, dürfen nicht mehr öffentlich aufgeführt werden. Musizieren auf alten Instrumenten. Zahlreiche Liedkompositionen.

1934 Uraufführung der Symphonie ›Mathis der Maler‹ am 12. März in Berlin unter Leitung von Wilhelm Furtwängler. »Der Fall Hindemith« – »Kampagne« gegen Hindemith im Herbst 1934.

1935 Hindemith läßt sich von der Berliner Hochschule beurlauben. Im April/Mai erste Reise in die Türkei mit dem Auftrag, Vorschläge für den Aufbau des türkischen Musiklebens zu erarbeiten. ›Schwanendreher‹-Konzert. Die Oper ›Mathis der Maler‹ wird abgeschlossen.

1936 Im Frühjahr zweite Türkeireise. Kompositionen von Sonaten. Beginn der neuen Komposition des Liederzyklus ›Das Marienleben‹.

1937 Im Februar dritte Türkeireise. März/April erste Reise in die USA. Im Herbst letzte Türkeireise. ›Unterweisung im Tonsatz‹ (1. Teil).

1938 Februar/April zweite Reise in die USA. Am 28. Mai Uraufführng der Oper ›Mathis der Maler‹ in Zürich. Am 21. Juli Uraufführung des Balletts ›Nobilissima Visione‹ in London. Im September verläßt Hindemith Deutschland und übersiedelt nach Bluche (Schweiz).

1939 Von Januar bis April dritte Amerikareise. Konzert für Violine und Orchester; ›Six Chansons‹ nach Rilke; Sonaten.

1940 Im Februar Reise und Übersiedlung in die USA. Ruf an die Yale University in New Haven. Konzert für Violoncello und Orchester; ›Die vier Temperamente‹.

1941 Sommerkurse. Beginn der lateinischen Motettenkompositionen für Sopran und Klavier.

1942 ›Ludus tonalis‹ für Klavier; Lieder.

1943 ›Symphonische Metamorphosen‹; Bearbeitung von Monteverdis ›Orfeo‹; Streichquartett in Es.

1944 ›Hérodiade‹ (Orchester-Rezitation).

1945 Klavierkonzert; Collegium musicum der Yale University mit Aufführungen alter Musik.

1946 Hindemith wird amerikanischer Staatsbürger. Konzertreise nach Mexiko. Requiem nach Walt Whitman; Sinfonia serena.

1947 Von April bis September in Europa. ›Apparebit repentina dies‹; Klarinettenkonzert.

1948 Fertigstellung der Neufassung des ›Marienlebens‹. Wieder Reise nach Europa mit zahlreichen Vorträgen.

1949 Dr. h. c. der Universität Frankfurt. Tod der Mutter. Vorlesungen an der Harvard University.

1950 Bach-Rede in Hamburg. Sinfonietta in E. Ruf an die Universität Zürich.
1951 Bach-Preis der Freien und Hansestadt Hamburg. Symphonie ›Die Harmonie der Welt‹; Symphonie in B für Blasorchester.
1952 ›Cardillac‹, zweite Fassung. Veröffentlichung der Harvard-Vorlesungen unter dem Titel ›A Composer's World‹.
1953 Übersiedlung in die Schweiz. Ab September Wohnsitz in Blonay. ›Cantique de l'espérance‹ (Paul Claudel).
1954 Südamerika-Tournee als Dirigent von Juli bis November. Dr. h. c. der Oxford University.
1955 Sibelius-Preis für Baßtuba und Klavier.
1956 Im April und Mai Japan-Tournee als Dirigent.
1957 Aufgabe der Züricher Lehrposition. Die Oper ›Die Harmonie der Welt‹ (Uraufführung unter Hindemiths Leitung in München).
1958 Kunstpreis des Landes Nordrhein-Westfalen. Oktett; Madrigale (Josef Weinheber).
1960 Einakter ›Das lange Weihnachtsmahl‹ (Thornton Wilder).
1962 Orgelkonzert.
1963 Vortrag ›Sterbende Gewässer‹ in Bonn. Balzac-Preis. Messe für gemischten Chor a cappella. Im November letztes Konzert mit den Wiener Philharmonikern in Wien.
Hindemith stirbt am 28. Dezember in Frankfurt.

Werkverzeichnis

Bühnenwerke

Orchesterwerke

Symphonie ›Die Harmonie der Welt‹ (1951)
Symphonie in B (1951)
Pittsburgh Symphony (1958)
Marsch ... ›Schweizerton‹ (1960)

Solokonzerte

Klaviermusik f. d. linke Hand mit Orch. op. 29 (1923) 121
Konzertmusik f, Klav., Blechbl. u. Hf. op. 49 (1930) 146
Klavierkonzert (1945) 19
Orgelkonzert (1962)
Violinkonzert (1939)
Konzertmusik f. Va. u. Orch. op. 48 (1930)
Konzertmusik f. Va. u. Orch. (Neufassung)
»Der Schwanendreher« (1935) 18, 159ff, 193, 195, 220, 223, 227f
Trauermusik (1936) 159ff, 195, 214
Cellokonzert op. 3 (1915) 25, 44, 121
Cellokonzert (1940) 19, 232
Klarinettenkonzert (1947)
Hornkonzert (1949)
Konzert f. Holzbl. u. Orch. (1949)
Konzert f. Trp., Fag. u. Streichorch. (1949)

Konzertante Kammermusik

Kammermusik Nr. 1 op. 24,1 (1922) 11, 102, 113
Kammermusik Nr. 2 op. 36,1 (Klav., 1924) 114, 118
Kammermusik Nr. 3 op. 36,2 (Vc., 1925)
Kammermusik Nr. 4 op. 36,3 (V., 1925)
Kammermusik Nr. 5 op. 36,4 (Va., 1927) 141
Kammermusik Nr. 6 op. 46,1 (Va d'amore, 1927)
Kammermusik Nr. 7 op. 46,2 (Org., 1927)

Kammermusik

Sonate f. 10 Instr. [op. 10a] (1917)
Oktett (1957-58)
Septett (1948)
Kleine Kammermusik f. 5 Bläser op. 24,2 (1922) 105f
Quintett f. Kl. u. Streichquartett e-moll op. 7 (1916-17) 54, 57, 75, 82, 84, 87
Klarinettenquintett op. 30 (1923) 102

Drei Stücke f. 5 Instr. (1925)
Klarinettenquintett (Neuf. 1956) 102
Quartett f. Klar., V., Vc. u. Klav. (1938)
Sonate f. 4 Hr. (1952)
Trio f. Va, Heckelphon u. Klav. op. 47 (1929)
Kanonische Sonatine f. 2 Fl. op. 31,3 (1929)
Acht Stücke f. Fl. solo (1927)

Sonate f. Fl. u. Klav. (1936)
Sonate f. Ob. u. Klav. (1938)
Sonate f. Fag. u. Klav. (1938)
Sonate f. Klar. u. Klav. (1939)
Sonate f. Horn u. Klav. (1939)
Sonate f. Trp. u. Klav. (1939)
Sonate f. Englischhorn u. Klav. (1941)
Sonate f. Pos. u. Klav. (1941)
Echo f. Fl. u. Klav. (1942)
Sonate f. Althorn u. Klav. (1943)
Sonate f. Baßtb. u. Klav. (1955)

Streichquartett C-Dur op. 2 (1915) 25, 40, 44, 87, 99f
Streichquartett f-Moll op. 10 (1918) 15, 67, 75f, 81, 82, 86, 87f, 91, 94, 96
Streichquartett C-Dur op. 16 (1921) 16, 95, 98ff
Streichquartett op. 22 (1922) 16, 99ff, 123
Streichquartett op. 32 (1923) 16, 118f, 123
Streichquartett in Es (1943)
Streichquartett (1945)

Trio f. V., Va. u. Vc. op. 34 (1924)
Trio f. V., Va. u. Vc. (1933)
Duett f. Va. u. Vc. (1934)
Sonate f. V. allein op. 11,6 (1917)
Sonate f. V. allein op. 31,1 (1924)
Sonate f. V. allein op. 31,2 (1924)
Sonate f. Va. allein op. 11,5 (1919) 113
Sonate f. Va. allein op. 25,1 (1922) 106f, 111, 113, 161
Sonate f. Va. allein op. 31,3 (1923) 139
Sonate f. Va. allein (1937) 161
Sonate f. Vc. allein op. 25,3 (1923) 113

Sonate f. V. u. Klav. op. 11,1 (1918) 15, 67, 82, 87, 91, 94
Sonate f. V. u. Klav. op. 11,2 (1918) 15, 81, 82, 87
Sonate f. Va. u. Klav. op. 11,4 (1919) 104, 111, 113
Sonate f. Va. u. Klav. op. 25,4 (1922) 139
Drei Stücke f. Vc. u. Klav. op. 8 (1917) 54, 60, 75

Sonate f. Vc. u. Klav. op. 11,3 (1919) 90, 103f
Kleine Sonate f. Va d'amore u. Klav. op. 25,2 (1922)
Fragment einer Sonate f. V. u. Klav. (1914)

Sonate f. V. u. Klav. (1935)
Sonate f. V. u. Klav. (1939)
Sonate f. Va. u. Klav. (1939) 195, 214, 228
Variationen »A frog...« f. Vc. u. Klav. (1941)
Kleine Sonate f. Vc. u. Klav. (1942)
Sonate f. Vc. u. Klav. (1948)
Sonate f. Kb. u. Klav. (1949)

Orgelwerke

Zwei Stücke f. Org. (1918)
Sonate I f. Org. (1937)
Sonate II f. Org. (1937)
Sonate III über alte Volkslieder f. Orgel (1940) 232
Sonate f. Hf. (1939)

Klavierwerke

Walzer f. Klav. 4hd. op. 6 (1916)
»In einer Nacht« op. 15 (1919) 67, 70
Klaviersonate op. 17 (1920) 93f
Tanzstücke op. 19 (1922)
Suite »1922« op. 26 (1922) 11, 102ff, 111
Klaviermusik op. 37 (1925/27)

Sonate I in A »Der Main« (1936)
Sonate II in G (1936)
Sonate III in B (1936) 212
Sonate f. Klav. 4hd. (1938) 195, 213, 228, 232
Ludus Tonalis (1942) 19, 233, 236f
Sonate f. 2 Klav. (1942) 233

Lieder

Klavierlieder:
Liedkompositionen op. 5, op. 13a, op. 14 10, 91, 94ff
  op. 18 93, 95f
  op. 27 (›Das Marienleben‹) 16, 84, 106f, 111, 113, 235f

Liedkompositionen nach Texten von M. Claudius, Fr. Rückert, Fr. Novalis, W. Busch, Fr. Hölderlin, A. Silesius, Cl. v. Brentano, G. Keller, Fr. Nietzsche u.a. (1933-39)/›Das Marienleben‹ (Neuf. 1936-48)
Dreizehn Motetten (1941-60)/Einundzwanzig New Haven-Lieder (1942-44)/Neun englische Lieder (1942-44)/Two Songs (1955) u.a.

Sologesänge mit Instrumenten

Melancholie (Chr. Morgenstern) op. 13 (1919) 10, 12, 90, 91, 96
Des Todes Tod (E. Reinacher) op. 23,1 (1922) 103, 143
Die junge Magd (G. Trakl) op. 23,2 (1922) 103, 106, 111
Die Serenaden op. 35 (1925) 126

Sologesänge mit Orchester

Drei Gesänge f. Sopran u. Orch. op. 9 (1917) 10, 15, 25, 57, 105
Sechs Lieder aus ›Das Marienleben‹ (Neuf. 1938-59) 62ff

Chorwerke mit Orchester

Oratorium ›Das Unaufhörliche‹ (1931) 18, 143, 148
Requiem ›Als Flieder jüngst ...‹ (1946) 19
Kantate ›Ite angeli veloces‹ (1953-55) 20
A Song of Music (1941)
Altes Irisches Lied (1940)
Apparebit repentina dies (1947)
Mainzer Umzug (1962)

Chorwerke a cappella

Lieder nach alten Texten op. 33 (1923)/Five Songs on old Texts (1936) 161/Wahre Liebe (1936)/Six Chansons (1939)/Zwölf Madrigale (1958) 20/Messe für gemischten Chor a cappella (1963) 21/Über das Frühjahr (1929)/Eine lichte Mitternacht (1929)/Du mußt dir alles geben (1930)/Fürst Kraft (1930)/Vision des Mannes (1939)/Der Guguck f. 6st. gem. Chor (1925)/Der Tod (1932)/Drei Chöre (1939)/Erster Schnee (1939)/›Das jung und auch das alte‹ (1939)/Galgenritt (1939)/ Spruch eines Fahrenden/Chorlieder für Knaben (1930)

Theoretische und literarische Schriften

Vorschläge für den Aufbau des türkischen Musiklebens 1936/37 (unveröffentlicht)
Unterweisung im Tonsatz – 1. Teil: *Theoretischer Teil* 1937; 162, 181, 237f
2. Teil: *Übungsbuch für den zweistimmigen Satz* 1939; 193
3. Teil: *Der dreistimmige Satz* 1970 (herausgegeben aus dem Nachlaß)
A Concentrated Course in Traditional Harmony, 2 Bde. 1943 und 1948; deutsche Ausgabe: *Aufgaben für Harmonieschüler* und *Harmonieübungen für Fortgeschrittene* 1949
Elementary Training for Musicians 1946; deutsche Ausgabe: *Übungsbuch für elementare Musiktheorie* 1975
A Composer's World. Horizons and Limitations (Vorlesungen an der Harvard University) 1952; deutsche Ausgabe: *Komponist in seiner Welt. Weiten und Grenzen* 1959
Johann Sebastian Bach. Ein verpflichtendes Erbe. (Hamburger Bach-Rede vom 12. September 1950) 1950 und 1953
Sterbende Gewässer 1963

Aufsätze

Zur mechanischen Musik, in: *Programmheft Deutsche Kammermusik Baden-Baden* 1927
Über Musikkritik, in: *Melos* 8/1929
Forderungen an den Laien, in: *Musik und Gesellschaft* 1/1930
Aufsätze für ein Handbuch der Musik 1933/35 (unveröffentlicht)
Über die Viola d'amore 1937, in: *Hindemith-Jahrbuch* 1974/IV
Hören und Verstehen ungewohnter Musik 1955, in: *Hindemith-Jahrbuch* 1973/III

Diskographie

Aufnahmen mit Hindemith als Bratscher
(die Platten sind zur Zeit im Handel nicht erhältlich)

Sonate für Bratsche solo op. 25 Nr. 1
Duo für Bratsche und Violoncello (mit Emmanuel Feuermann)
Die Serenaden: Duo für Bratsche und Cello (mit Rudolf Hindemith)
Sonate für Bratsche und Klavier (1939)
Streichtrio op. 34, 1. und 3. Satz mit Walter Caspar und Rudolf Hindemith
Streichtrio (1933)
Streichquartett op. 22 – Amar-Quartett
Der Schwanendreher (1935) mit der Arthur Fiedler Sinfonietta Boston
Trauermusik (1936)

Aufnahmen mit Hindemith als Dirigent
(nur in Einzelfällen zur Zeit im Handel erhältlich)

Kammermusik Nr. 1
Kammermusik Nr. 3
Konzert für Orchester op. 38
Konzertmusik op. 49
Konzertmusik op. 50
Philharmonisches Konzert
Symphonie ›Mathis der Maler‹
Symphonische Tänze
Nobilissima Visione (Suite)
Violinkonzert (1939)
Die vier Temperamente
Symphonische Metamorphosen
Ouvertüre Amor und Psyche
Requiem ›Als Flieder jüngst...‹
Symphonia Serena
Apparebit repentina dies
Klarinettenkonzert
Hornkonzert
Symphonie in B für Blasorchester
Symphonie ›Die Harmonie der Welt‹

Wichtige neuere Schallplatteneinspielungen von Werken Paul Hindemiths (Auswahl)

Sämtliche Werke für Klavier zu zwei Händen – Osamu Nakamura (Klavier). Audio Lab. Record

›In einer Nacht‹ op. 15, Tanzstücke op. 19, Suite 1922 op. 26 – Hans Petermandl (Klavier). Supraphon

Die drei Klaviersonaten – Glenn Gould (Klavier). CBS

Sonate für Klavier und Violine op. 11 Nr. 1 – Gidon Kremer (Violine) und Andrej Gawrilow (Klavier). Electrola

Sonate in C für Violine und Klavier (1939) – Isaac Stern (Violine) und Alexander Zakin (Klavier). Columbia Odyssey

Sonate für Viola und Klavier op. 25 Nr. 4 – András von Tószeghi (Viola) und Hamish Milne (Klavier). Aloiv

Streichquartette op. 16 und op. 22 – Kreuzberger Quartett. Teldec

Streichquartette »Minimax« und op. 22 – Dornbusch-Quartett. Da Camera Magna

The Complete Sonatas for Brass and Piano – Mitglieder des Philadelphia Brass Ensemble und Glenn Gould (Klavier). CBS

Das Marienleben op. 27 (1. Fassung) – Roxolana Roslak (Sopran) und Glenn Gould (Klavier). CBS

Die 7 Kammermusiken – ensemble 13 unter Leitung von Manfred Reichert. Harmonia mundi / EMI

Konzert für Violoncello und Orchester op. 3 – Angelica May (Violoncello) / Orchester des Staatstheaters Kassel unter Leitung von James Lockhart. Musicaphon

Konzert für Orgel und Orchester (1962), 7 Triostücke für 3 Trautonien (1930), Konzertstück für Trautonium mit Begleitung des Streichorchesters (1931) – Anton Heiller (Orgel) / ORF-Symphonieorchester unter Leitung von Milan Horvat – Oskar Sala (Trautonium) / Münchner Kammerorchester unter Leitung von Hans Stadlmaier. Teldec

Konzertmusik op. 50, Symphonische Metamorphosen – Philadelphia Orchester unter Leitung von Eugene Ormandy. EMI

Messe (1963), Apparebit repentina dies (1947) – Stuttgarter Schola cantorum / Bläser des SWF-Orchesters unter Leitung von Clytus Gottwald. Wergo

Cardillac. 1. Fassung von 1926. Gesamtaufnahme mit Dietrich Fischer-Dieskau in der Titelrolle. – Chor und Orchester des Westdeutschen Rundfunks. Leitung: Joseph Keilberth. Deutsche Grammophon Gesellschaft

Mathis der Maler. Gesamtaufnahme mit Dietrich Fischer-Dieskau in der Titelrolle. – Chor und Sinfonieorchester des Bayerischen Rundfunks. Leitung: Rafael Kubelik. EMI

Erwähnte Personen

Bildnachweis

Alle Abbildungsvorlagen stellte das Paul-Hindemith-Institut, Frankfurt am Main zur Verfügung.